Dominik Petko (Hrsg.)

Lernplattformen in Schulen

Dominik Petko (Hrsg.)

Lernplattformen in Schulen

Ansätze für E-Learning und
Blended Learning in Präsenzklassen

VS VERLAG

Bibliografische Information der Deutschen Nationalbibliothek
Die Deutsche Nationalbibliothek verzeichnet diese Publikation in der
Deutschen Nationalbibliografie; detaillierte bibliografische Daten sind im Internet über
<http://dnb.d-nb.de> abrufbar.

1. Auflage 2010

Alle Rechte vorbehalten
© VS Verlag für Sozialwissenschaften | Springer Fachmedien Wiesbaden GmbH 2010

Lektorat: Katrin Emmerich / Sabine Schöller

VS Verlag für Sozialwissenschaften ist eine Marke von Springer Fachmedien.
Springer Fachmedien ist Teil der Fachverlagsgruppe Springer Science+Business Media.
www.vs-verlag.de

Das Werk einschließlich aller seiner Teile ist urheberrechtlich geschützt. Jede Verwertung außerhalb der engen Grenzen des Urheberrechtsgesetzes ist ohne Zustimmung des Verlags unzulässig und strafbar. Das gilt insbesondere für Vervielfältigungen, Übersetzungen, Mikroverfilmungen und die Einspeicherung und Verarbeitung in elektronischen Systemen.

Die Wiedergabe von Gebrauchsnamen, Handelsnamen, Warenbezeichnungen usw. in diesem Werk berechtigt auch ohne besondere Kennzeichnung nicht zu der Annahme, dass solche Namen im Sinne der Warenzeichen- und Markenschutz-Gesetzgebung als frei zu betrachten wären und daher von jedermann benutzt werden dürften.

Umschlaggestaltung: KünkelLopka Medienentwicklung, Heidelberg
Druck und buchbinderische Verarbeitung: STRAUSS GMBH, Mörlenbach
Gedruckt auf säurefreiem und chlorfrei gebleichtem Papier
Printed in Germany

ISBN 978-3-531-16718-3

Inhalt

Vorwort 7

Dominik Petko
Lernplattformen, E-Learning und Blended Learning in Schulen 9

Dominik Petko
Die Lernplattform educanet^2 in der Schweiz 29

Thomas Moser / Dominik Petko
Die Einführung von Lernplattformen als Schulentwicklungsprozess 43

André Frey / Dominik Petko
Lernplattformen und neue Unterrichtskultur 53

Dominik Petko
Fallstudien zur Nutzung von Lernplattformen in Schulen 63

Dominik Petko
Schulportrait: Berufsschule Bülach 79

Barbara Wespi
Schulportrait: Berufsbildungszentrum Freiamt 87

Dominik Petko
Schulportrait: Gymnasium Kantonsschule Rychenberg 95

François Flückiger
Schulportrait: Collège Saint-Michel, Fribourg 105

Dominik Petko
Schulportrait: Kantonsschule Beromünster 113

François Flückiger
Schulportrait: Cycle d'orientation de la Gradelle 121

Barbara Wespi
Schulportrait: Schulhaus Matt, Sekundarstufe I, Littau/Luzern 127

François Flückiger
Schulportrait: Oberstufe Jolimont, Fribourg 135

Gideon Urbach
Schulportrait: Sekundarschule Vuillonnex, Genf 143

Barbara Wespi
Schulportrait: Primarschule Pfyn 151

Dominik Petko
Schulportrait: Primarschule Ruopigen 159

Barbara Wespi
Primarschule Blumenfeld, Zuchwil 167

Beat Döbeli Honegger
Lernplattformen entwickeln sich rasend langsam 177

Autorinnen und Autoren 191

Vorwort

Das vorliegende Buch beschäftigt sich mit internetgestützten Lernplattformen in Schulen. Während die Nutzung solcher Plattformen an Hochschulen und in größeren Unternehmen bereits alltäglich geworden ist, geschieht ihre Verbreitung an Schulen mit einiger Zeitverzögerung und nahezu unbemerkt. Die Aufmerksamkeit eines Großteils der Fachwelt liegt bereits bei Online-Werkzeugen der nächsten Generation, etwa bei den Möglichkeiten des Web 2.0 oder des mobilen Lernens. Trotzdem lohnt sich ein Blick auf die aktuelle schulische Praxis mit Lernplattformen. Als Werkzeug zur Ergänzung des Präsenzunterrichts und in der Arbeit mit Schülerinnen und Schülern unterschiedlicher Altersstufen entstanden andere Einsatzszenarien als in den E-Learning-Veranstaltungen der Hochschulen und Firmen. Hierzu liegen erst sehr wenige Darstellungen vor.

In der Schweiz wird der Einsatz von Lernplattformen in Schulen durch Bund und Kantone in besonderer Weise unterstützt. Im Rahmen des Schweizerischen Bildungsservers *educa.ch* wird die Lernplattform *educanet2.ch* betrieben, die von Schulen und anderen Schweizer Bildungsinstitutionen gratis genutzt werden kann. Mittlerweile arbeitet fast die Hälfte der Schweizer Schulen mit diesem Angebot. Fast fünf Jahre nach Inbetriebnahme ist es nun an der Zeit für eine Bestandsaufnahme, deren Ergebnisse hier berichtet werden.

In einem vom Schweizerischen Nationalfonds und der Milton Ray Hartmann Stiftung geförderten Projekt wurden einerseits die Administratorinnen und Administratoren der angemeldeten Schulen und andererseits die aktiven Lehrpersonen befragt. Analysen von Logdaten ergänzen das Bild. Die Ergebnisse liefern erstmals einen Überblick über die Nutzungsmuster der Lernplattform und deren Randbedingungen in Schweizer Schulen. Für vertiefende Analysen wurden zwölf Schulen verschiedener Schulstufen gewonnen, die die Plattform besonders intensiv nutzen. Diese Fallstudien illustrieren exemplarisch die ganze Breite der möglichen Einsatzweisen und geben wertvolle Hinweise zur Ausgestaltung sinnvoller Rahmenbedingungen. Sie besitzen sowohl für die Wissenschaft wie für die Praxis einen Impulswert.

Die Beiträge sind inhaltlich eng verbunden. Die theoretischen Ausführungen im ersten Beitrag bilden die Grundlage für alle weiteren Kapitel. Die methodischen Hinweise und deskriptiven Befunde des zweiten Beitrags sind wichtig für das Verständnis der darauf folgenden differenziellen Analysen zu Fragen der

Schulentwicklung und zur neuen Lernkultur im Kontext von Lernplattformen. Das Überblickskapitel zu den Analysen der Fallstudien gibt Hinweise für die Lektüre der einzelnen Schulportraits. Die Schlussreflexion im letzten Beitrag bietet einen Ausblick auf mögliche Weiterentwicklungen.

Die Autorinnen und Autoren im vorliegenden Herausgeberwerk sind allesamt Mitglieder des Projektteams. Ich danke Thomas Moser, André Frey, Barbara Wespi und Beat Döbeli Honegger vom Institut für Medien und Schule der PHZ Schwyz sowie François Flückiger, Gideon Urbach und Andreas Fehlmann von *educa.ch* für die produktive Zusammenarbeit. Bettina Krause danke ich für ihr sorgfältiges Lektorat. Weiterhin danke ich dem Schweizerischen Nationalfonds und der Milton Ray Hartmann Stiftung für die zur Realisierung des Projektes notwendigen Fördergelder. Besonderer Dank geht an die beteiligten Schulleitungen, ICT-Verantwortlichen, Lehrpersonen und Lernenden, die sich für die Befragungen Zeit genommen und uns im Rahmen der Fallstudien Einblick in ihre Praxis gewährt haben. Ich hoffe, das Buch ermöglicht einen Beitrag zu einer theoretischen und praktischen Weiterentwicklung der bestehenden Ansätze der Nutzung von Lernplattformen in Schulen.

Goldau, Januar 2010, Dominik Petko

Lernplattformen, E-Learning und Blended Learning in Schulen

Dominik Petko

1 E-Learning und Blended Learning – Strömungen einer Entwicklung

E-Learning war in den letzten Jahren ein wichtiges Thema sowohl in der Hochschullehre als auch in der betrieblichen und außerbetrieblichen Erwachsenenbildung (vgl. gesammelt in Hohenstein & Wilbers, 2005; Miller, 2005). Im schulischen Kontext ist der Begriff, zumindest im deutschsprachigen Raum, jedoch kaum verbreitet. Dies liegt nicht daran, dass in Schulen keine technologische oder didaktische Entwicklung stattgefunden hätte, sondern an den Konnotationen des E-Learning-Begriffs, der trotz seiner großen Konjunktur relativ unscharf geblieben ist. Der Begriff pendelte lange Zeit zwischen verschiedenen theoretischen Polen, in denen sich relativ unabhängig voneinander wesentliche theoretische und praktische Entwicklungen abspielten, die in ihrer Kombination die heutige Situation prägen.

Der bis heute vermutlich einflussreichsten Hauptströmung des E-Learning ging es vor allem um die Herstellung von interaktiven und multimedialen Inhalten für das eigenständige Lernen. Kennzeichen der frühen Ansätze des computerbasierten Trainings (CBT) oder des daraus abgeleiteten webbasierten Trainings (WBT), die sich auf Theorien des Instructional Design stützten, waren sorgfältig vorgezeichnete Lernwege, Tests und standardisiertes Feedback (vgl. Issing, 2002; Schulmeister, 2002; Reigeluth, 1983). Heute werden die Potenziale der Multimedialität, Interaktivität und Adaptivität vermehrt auch für die Gestaltung offener und problemorientierter Lernformen genutzt (vgl. Petko & Reusser, 2005; Jonassen, 1999). Multimediale Lerninhalte umfassen nicht mehr nur Informationsbausteine und Übungsprogramme, sondern auch Simulationen, Games und komplexe Lernwelten (vgl. z. B. Petko, 2008; de Jong & van Joolingen, 1998). Die Gestaltung multimedialer Lernmaterialien erfordert in jedem Fall ein sorgfältiges didaktisches Design, wobei u. a. darauf zu achten ist, visuelle und auditive, text- und bildhafte Information optimal zu kombinieren, Inhalte sinnvoll zu sequenzieren, Interaktivität einfach und benutzbar zu gestalten und computerbasierte Hilfestellungen und Feedback transparent zu machen (vgl. Weidenmann, 2002; Mayer, 2001). Ein besonderer Mehrwert von multimedialen

Lernressourcen im Vergleich zu herkömmlichen Lehrmitteln besteht in ihrer einfachen Distributierbarkeit und Wiederverwendbarkeit, vor allem dann, wenn mit neueren Standards für learning-objects gearbeitet wird (z. B. IMS Content Packaging oder SCORM; vgl. Baumgartner, 2004; Wiley, 2001). Nachteilig hierbei sind jedoch die hohen Produktionskosten, die sich nur für Kursmaterialien lohnen, die wiederholt eingesetzt werden können. Lerninhalte müssen zudem in sinnvolle Lernaufgaben eingebettet werden, die den Besonderheiten einer Online-Didaktik entsprechen. Die Entwicklung von Online-Tests und intelligenten tutoriellen Systemen, die eng mit dieser Strömung des E-Learning verknüpft war, ist ebenfalls stark fortgeschritten. Hier wird nicht mehr nur mit einfachen Multiple-Choice-Tests gearbeitet, sondern mit adaptiven und stärker aktivierenden Testmethoden (vgl. Conole & Warburton, 2005).

Eine zweite Hauptströmung des E-Learning fokussierte auf die Förderung der Kommunikation mit digitalen Medien. Vertreterinnen und Vertreter des computerunterstützten kollaborativen Lernens („computer supported collaborative learning", kurz CSCL) sehen in den elektronischen Kommunikationsmöglichkeiten des Internet wichtige Potenziale für einen intensivierten und vertieften Austausch zwischen Lernenden bzw. zwischen Lernenden und Lehrenden (vgl. Stahl, Koschmann & Suthers, 2006; Reinmann-Rothmeier & Mandl, 2002). Die Kommunikationsmöglichkeiten im Internet sind vielfältig und entwickeln sich ständig weiter. Synchrone Kanäle erfordern eine zeitliche Kopräsenz im selben Kommunikationskanal (z. B. bei Chat, Audio- oder Videokonferenzen); in asynchronen Kanälen werden Nachrichten verschickt oder hinterlegt, die von den Adressaten später empfangen und beantwortet werden können (z. B. bei E-Mail, Webforen, Blogs, Wikis, Podcasts). Die Kommunikationsformen sind je nach ihrem Grad der Synchronizität und sinnlichen Reichhaltigkeit für unterschiedliche Kommunikationsaufgaben geeignet (vgl. Dennis & Valacich, 1996). Allerdings sind die elektronischen Kommunikationsformen mit vielfältigen Herausforderungen verbunden, die von Lehrer- wie Lernerseite nicht nur neue technische, sondern vor allem auch soziale Kompetenzen erfordern (vgl. Döring, 2003; Hesse & Giovis, 1997). Dem wird üblicherweise mit elaborierten Konzepten der Online-Moderation (vgl. z. B. Bett & Gaiser, 2004; Busch & Mayer, 2002; Salmon, 2000) und mit aktivierenden Lernaufgaben und Kommunikationsskripts begegnet (vgl. z. B. Petko, 2003; Kerres, 2001a).

Eine dritte Hauptströmung des E-Learning entstammt Ansätzen des Fernunterrichts bzw. des Fernstudiums („distance learning"). Viele der bisherigen Ansätze des Fernlernens wurden im Internet vereinfacht (Studienbriefe, Audio- und Videomaterialien, Einsendeaufgaben, Telefoncoaching); die oben skizzierten neuen Möglichkeiten kamen hinzu. Der offenkundigste Vorteil des Lehrens und Lernens im Internet wurde dabei vor allem in der Orts- und Zeitflexibilität für alle Beteiligten gesehen („anytime anywhere anything", vgl. Horton, 2000). Der Aufwand für Präsenzsitzungen, Anfahrtswege und das Bereitstellen von Räumlichkeiten wird reduziert bzw. entfällt völlig. Während sich anfangs die Hoffnungen darauf richteten, die Präsenzveranstaltungen durch das Online-Lernen zu ersetzen und die Ausbildungsgänge auf diese Weise teilnehmergerechter und ökonomischer zu gestalten, so wurden diese Hoffnungen bald (zumindest teilweise) enttäuscht. Dies lag einerseits an den unterschätzten Kosten der Entwicklung erfolgreicher Online-Lernangebote und andererseits an der nicht haltbaren Behauptung der universellen Eignung von E-Learning für alle Lernenden und sämtliche Lerninhalte (vgl. Wang, 2004; Welsh, Wanberg, Brown & Simmering, 2003). Es stellte sich vielmehr als sinnvoll heraus, Online-Lernen und Präsenzlernen miteinander zu verknüpfen. Unter dem Stichwort *blended learning* (übersetzt: „verbundenes", „gemischtes" oder „hybrides" Lernen) entstand ein Nachdenken über eine neue Lehr- und Lernkultur, in der sich Inputs der Lehrenden und selbstständige Arbeitsphasen, Einzelaktivitäten und Gruppenphasen, herkömmliche Texte und multimediale Lernmaterialien sowie andere traditionelle und neue Elemente in sinnvoller Weise verbinden lassen (vgl. Graham, 2005; Bersin, 2004; Sauter & Sauter, 2002; Kerres, 2001b). Computer und Internet dienen in diesen Lernarrangements als wichtige Instrumente neben anderen. Auch wenn erste Meta-Analysen zur Effektivität des Blended Learning zu positiven Ergebnissen gelangen (vgl. Means, Toyama, Murphy, Bakia & Jones, 2009), kommt es letztlich auf dessen Ausgestaltung im Einzelfall an. Entscheidend ist dabei, eine Kombination von Medien und Arbeitsformen zu finden, die das angestrebte Lernziel in besonderer Weise unterstützt.

Die vermutlich aktuellste Strömung des E-Learning sieht Computer und Internet als Medien der individuellen oder kollektiven Wissensverarbeitung. Digitale Medien werden dabei als „cognitive tools" betrachtet (Jonassen, 2000; Jonassen, 1995; Derry & Lajoie, 1993). Indem Lernende z. B. Mindmaps, Wissensdatenbanken, Lerntagebücher oder E-Portfolios anlegen, strukturieren sie ihre eigene Informationsverarbeitung und machen sie so der Reflexion zugänglich. Im Unterschied zu den anderen, eher instruktional orientierten, Ansätzen liegt die Verantwortung für die Ausgestaltung dieser Lernarrangements stärker beim Lernenden selbst. Die Entwicklungen des Web 2.0 haben dazu geführt, solche Aktivitäten im Internet als Prozesse virtueller Communities zu begreifen (vgl. Alexander, 2006; Kerres, 2006).

2 E-Learning und Blended Learning als Ansätze für Schulen

In Schulen ist nur der erste der drei Ansätze in verhältnismäßig einfacher Weise anschlussfähig an die bestehende Unterrichtspraxis. Zwar haben Schulen selbst nur selten genügend Ressourcen, um komplexe multimediale Lernobjekte für das Internet selbst zu entwickeln, die Nutzung von Lernsoftware und Onlinequellen ist im Unterricht jedoch relativ stark verbreitet (vgl. Barras & Petko, 2007). Schwieriger ist es bei den anderen beiden Ansätzen von E-Learning, die für die Prägung des Begriffes E-Learning häufig als konstitutiv angesehen werden. Online-Kommunikation und Fernlernen sind in Schulen des deutschsprachigen Raums noch eher eine Seltenheit. Schulpflicht bedeutet im Normalfall Präsenzunterricht. Die Notwendigkeit, sich neben der täglichen Kommunikation im Klassenzimmer auch noch über das Internet auszutauschen, ist auf den ersten Blick nicht unbedingt nahe liegend. Präsenzunterricht zugunsten von Online-Lernphasen ausfallen zu lassen, dürfte ebenfalls noch selten sein, da dies rechtlich erst in höheren Klassen nach dem Ende der gesetzlich festgelegten Schulpflicht möglich wird. Im englischsprachigen Raum ist Fernunterricht in so genannten *Virtual Schools* dagegen weit verbreitet. Verschiedene Studien zeigen, dass dieser Ansatz durchaus praktikabel ist und in vergleichbarem Bildungserfolg resultieren kann wie der Besuch der Regelschule (vgl. Berge & Clark, 2005; Setzer & Green, 2005; Clark, 2001; Cavanaugh, 2001). Die Gründe für das Ausweichen auf Fernunterricht reichen von unzumutbarer Distanz zur nächsten Schule bis zu religiösen und sprachlichen Sonderbedürfnissen, die lokale Schulen nicht erfüllen können oder wollen. *Virtual Schools* werben überdies mit Argumenten, in denen sie die Qualität des individualisierten Lernens oder die Vermeidung von sozialen Problemen an Präsenzschulen betonen. Eltern übernehmen in solchen Fernunterrichtsprogrammen die Hauptverantwortung für die schulische Bildung ihrer Kinder und werden dabei von der virtuellen Schule mit Online-Materialien, Aufgaben und Coaching unterstützt. Virtuelle Schulen sind damit im Kontext des *Homeschooling* zu verstehen. In Deutschland ist solcher Hausunterricht gesetzlich verboten, die Schulpflicht kann nur in einer öffentlich anerkannten Präsenzschule erfüllt werden. In Österreich herrscht keine Schulsondern nur Bildungspflicht, d .h. Kinder dürfen zwar zuhause unterrichtet werden, der Lernerfolg wird jedoch jährlich an einer öffentlichen Schule überprüft. Bei Nichtbestehen muss das Schuljahr an einer öffentlichen Schule wiederholt werden. In der Schweiz sind die Regelungen in den Kantonen unterschiedlich. Mehrheitlich ist Hausunterricht erlaubt, setzt bei den Eltern aber teilweise ein Lehrdiplom voraus und wird von der Schulpflege durch Hausbesuche überprüft. Da die *Homeschooling*-Szene sehr heterogen ist und auch pädagogisch und weltanschaulich fragwürdige Ansätze umfasst, ist eine diesbezügliche Skepsis auch

Lernplattformen, E-Learning und Blended Learning in Schulen

gegenüber rein virtuellen Schulen oft nicht ganz unbegründet. Der Ansatz des reinen Fernunterrichts bzw. des Hausunterrichts kann aber auch kritisch gesehen werden, wenn nämlich der Schule auch eine Sozialisationsfunktion zugesprochen wird, die über eine reine Wissensvermittlung hinausgeht.

Mit dem Konzept des *Blended Learning* deutet sich jedoch ein Ansatz an, der auch für Präsenzschulen interessant sein könnte (vgl. Aufenanger, 2006; Wikibooks, 2005; BECTA ICT Research, 2004, 2003; Bradley & Galbraith, 2003). Lernen geschieht dabei in einem Wechsel von selbstständigen Onlineaktivitäten und dem Besuch des normalem Unterrichts. Die selbstständigen Online-Aktivitäten können während der normalen Unterrichtszeit oder in Form von Hausaufgaben stattfinden. Online-Lernaufgaben können einzeln oder in Gruppen bearbeitet werden. Die Zusammenarbeit kann gemeinsam vor dem Bildschirm stattfinden oder räumlich getrennt, unter Nutzung von geeigneten medialen Kommunikationskanälen. In der Schule lassen sich viele Gelegenheiten finden, in denen Phasen des Lernens im Sinne des Blended Learning möglich ist:

Zur Unterstützung didaktischer Arrangements im Unterricht, z. B.
- Selbstständiges Erarbeiten von Unterrichtsinhalten mit multimedialem Anschauungs- und Lernmaterial, mit interaktiven Übungsprogrammen, Spielen und Simulationen
- Nutzung von Online-Kommunikationstools zur Unterstützung und Dokumentation von Gruppenprozessen bei der Bearbeitung von Arbeitsaufträgen
- Selbstständige Einzel- oder Gruppenarbeit an strukturierten Aufgabenstellungen und Wochenplänen, die über das Internet verwaltet werden
- Gestalten und Publizieren von Ergebnisdokumenten, aus deren Summe gemeinsame Wissensressourcen oder individuelle Portfolios entstehen.
- Eigenständige Lernkontrolle mit elektronischen Tests

Zur Intensivierung der Unterrichtsvor- und -nachbereitung, z. B.
- Kontinuierliche Dokumentation von Unterrichtsmaterialien und -produkten
- Zuteilung und Einsammeln von Hausaufgaben
- Koordination von Terminen und Aufträgen
- Coaching bei Hausaufgaben und Prüfungsvorbereitung
- Anonymes oder persönliches Feedback durch Lernende
- Standardisierte Selbstkontrollen und Tests

Zur Kooperation und Kollaboration über das Klassenzimmer hinaus, z. B.
- Schülerkooperation: Gemeinsames Erstellen von Hausaufgaben
- Klassenkooperation: Parallelklassen arbeiten und kooperieren am Computer
- Lehrpersonenkooperation: Ressourcenaustausch, Schulorganisation

- Externe Kooperationen: Experten-, Unternehmen- und Praxiskontakte
- Elternkooperation: Transparente Information und Feedback
- Schulkooperation: Gemeinsame Projekte, internationale Kontakte

Je nachdem, wie zentral die Rolle der Online-Arbeitsphasen im Unterricht ist, können mit Petko, Uhlemann & Büeler (2009, in Anlehnung an Schulmeister, 2003) drei verschiedene Stufen des Blended Learning unterschieden werden:

- *Blended Learning I*: Online-Angebote dienen als optionale Ergänzungen oder Vertiefungen der Präsenzlehre (z. B. ergänzende Lektüre zum Download, freiwillige Lernaufträge und Online-Tests). Der Präsenzunterricht hat nicht notwendigerweise einen Bezug zu den Online-Aktivitäten.
- *Blended Learning II*: Online-Phasen dienen als notwendige Vorbereitung oder Nachbereitung des Präsenzunterrichts (z. B. Bearbeitung von Lektüre und Lernaufträgen, Austausch von Ergebnisdokumenten). Die Präsenzaktivitäten nehmen Bezug zu den Online-Arbeiten (z. B. Präsentation der Resultate, Diskussion und Feedback. Vorbereitung der nächsten Online-Phase).
- *Blended Learning III*: Online-Lernen dient als kontinuierliche Begleitung aller eigenständigen und begleiteten Lernaktivitäten (z. B. elektronische Lerntagebücher, soziale Netzwerke, Projektwikis). In Präsenzunterricht und Online-Phasen wird an denselben übergreifenden Aufgaben gearbeitet (z. B. flexibles fall- und projektbasiertes Arbeiten in Gruppen; Lehrende sind gleichermaßen Online- und Präsenzcoaches).

Die Gestaltung von Online-Lernphasen erfordert, wie jeglicher Unterricht, sorgfältige Planung. In Erweiterung des Planungsmodells von Kerres (2001a), der vor allem eine Informations- und eine Kommunikationskomponente differenziert, und anderen Ansätzen (insbes. Bransford, Brown & Cocking, 1999) sollten wenigstens fünf verschiedene Aspekte beim Entwerfen einer Online-Lernphase bedacht werden: Inhalte, Aufgaben, Werkzeuge, Kommunikation und Beurteilung. Die Kategorien lassen sich entlang des didaktischen Dreiecks ordnen, je nachdem, welchem Akteur bei der Gestaltung bzw. Mitgestaltung einer Komponente besondere Verantwortung zukommt. Jede dieser fünf Komponenten kann mit oder ohne digitale Medien umgesetzt werden. Daraus ergibt sich für Schulen ein breites Repertoire von Möglichkeiten für Blended Learning. Lehrpersonen können eine oder mehrere der genannten Komponenten auf das Internet verlagern und damit spezifische Mehrwerte für Lehren und Lernen realisieren (vgl. Abbildung 1).

Lernplattformen, E-Learning und Blended Learning in Schulen

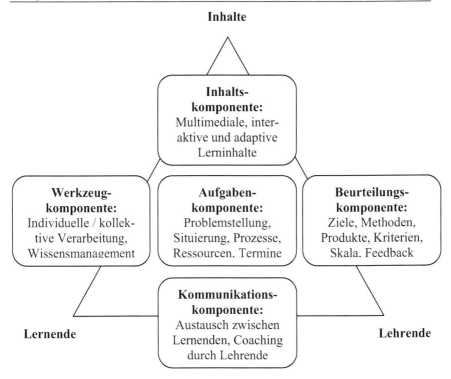

Abbildung 1: Aspekte der Gestaltung von E-Learning und Blended Learning

Die Vorteile, einzelne oder mehrere der oben dargestellten Komponenten mit elektronischen Medien zu realisieren, liegen schließlich nicht nur in ihren jeweils spezifischen Mehrwerten, sondern auch in übergreifenden Potenzialen. Wenn Aufgaben online bearbeitet und in digitalen Kanälen kommuniziert werden, dann geschieht dies heute noch überwiegend schriftlich. Audio- und Videokonferenzen sind zwar ebenfalls problemlos möglich, werden jedoch erst wenig eingesetzt. Mit der Schriftlichkeit von Online-Arbeiten entsteht individuell und in der Gruppe fast zwangsläufig ein Fundus von digitalen Dokumenten, Forumsbeiträgen, Blogpostings, Wikiseiten und dergleichen mehr. Internetaktivitäten bilden dabei eine zentrale Funktion im persönlichen oder kollektiven Wissensmanagement (vgl. dazu auch Reinmann-Rothmeier, 2002). Lernende sind dabei nicht mehr nur Konsumentinnen und Konsumenten vorgefertigter Lernressourcen, sondern aktive Teilnehmende einer Wissensbildungsgemeinschaft („knowledge building community"; vgl. Tan, Seah, Yeo & Hung, 2008; Scardamalia & Bereiter, 1994). Die skizzierten Möglichkeiten unterstützen im Idealfall eine Didaktik, in der Lernen als „aktiver, selbstgesteuerter, konstruktiver, emotionaler, situativer und sozialer Prozess" verstanden wird (vgl. Reinmann-Rothmeier & Mandl, 2006; Shuell, 1993). Nach der Leitidee offener und problemorientierter Lernumgebungen können Schülerinnen und Schüler verstärkt eigenständig lernen. Lehrpersonen fungieren dabei weniger als Wissensvermittler, sondern verstärkt als Lernbegleiter und „Vorbilder im Lernen" (vgl. Anderson, 2005). Solche Anliegen stehen in der Pädagogik allerdings schon seit Comenius auf der Agenda (vgl. Flitner, 1992), und ob sie mit E-Learning und Blended Learning verstärkt umgesetzt werden oder ob hier nicht eher eine Renaissance der „programmierten Unterweisung" stattfindet, kann nur im Einzelfall beurteilt werden. Bei E-Learning und Blended Learning darf es letztlich nicht darum gehen, die Didaktik an die Möglichkeiten der Technik anzupassen, sondern gerade umgekehrt die Didaktik in den Mittelpunkt zu stellen und von dort aus nach technischen Möglichkeiten der Umsetzung zu suchen (vgl. u. a. Moser, 2005).

3 Lernplattformen als Werkzeuge für E-Learning und Blended Learning

Mit *Lernplattformen* (engl. *learning plattform*, *virtual learning environments*: *VLE* oder auch *learning management systems*: *LMS*) wurde ein Typus von Software entwickelt, der praktisch alle Facetten des E-Learning und Blended Learning integral unterstützt (vgl. BECTA ICT Advice, 2005; Schulmeister, 2003; Baumgartner, Häfele & Maier-Häfele, 2002). Bekannte Lernplattformen sind heute beispielsweise Open-Source-Produkte wie *Moodle*, *Ilias* und *OLAT* oder kommerzielle Plattformen wie *Blackboard* oder *CLIX*. Darüber hinaus existieren verschiedene mögliche Erweiterungen und Spezialisierungen, deren Unterscheidung angesichts des zunehmenden Funktionsumfangs der Produkte heute kaum noch sinnvoll erscheint. Learning Management Systems umfassen auch Module zur Erstellung und Verwaltung von Inhalten (*„learning content management systems"*) und ihrer Zusammenstellung und Taktung (*„course management systems"*). Bei Verknüpfung mit einer Verwaltungssoftware ist z. B. auch von *„managed learning systems"* die Rede. Wenn die Daten der Verwaltungssoftware auch von den Lernenden und Anderen (z. B. Eltern) über einen passwortgeschützten Zugang gezielt eingesehen werden können, dann wird auch von Schülerinformationssystemen gesprochen (*„student information systems"*, vgl. Petko, 2005). Die Bezeichnungen für die einzelnen Plattformtypen werden jedoch nicht einheitlich gebraucht, und eine genaue Abgrenzung ist kaum möglich. Obwohl sich die einzelnen Produkte in Funktionsumfang und Aufbau deutlich unterscheiden, gibt es vor allem viele Gemeinsamkeiten. Lernplattformen sind Programme, die auf einem Internetserver betrieben werden und zu deren Funktionen Nutzerinnen und Nutzer mittels eines gewöhnlichen Internetbrowsers (z. B. *Internet Explorer*, *Firefox* etc.) Zugriff haben. Über die persönliche Identifizierung mittels Passwort erlauben sie eine gezielte Bereitstellung und personalisierte Nutzung einer Vielzahl kombinierter Funktionen. Lernende, Kursleitende und Administratoren haben unterschiedliche Benutzeroberflächen mit unterschiedlichen Rechten. Als Funktionen für Lernende erlauben sie üblicherweise den Zugriff auf eine individuelle Auswahl von Lerninhalten, Lernaufgaben, Lernkontrollen sowie vielfältige synchrone und asynchrone Kommunikationswerkzeuge. Lehrende haben die Möglichkeit, digitale Lerninhalte, Lernaufgaben, Tests und Kommunikationsfunktionen gezielt zur Verfügung zu stellen. Darüber hinaus haben Lehrende Zugriff auf weitere Funktionen, etwa die Möglichkeit, Ankündigungen zu verfassen oder Nutzerstatistiken abzurufen. Menge und Umfang der einzelnen Funktionen unterscheiden sich von Plattform zu Plattform. Die Funktionen von Lernplattformen lassen sich analog zu den oben dargestellten Komponenten von E-Learning und Blended Learning (vgl. Abbildung 1) in unterschiedliche Funktionsbereiche einteilen:

- *Inhaltsfunktionen* (z. B. erleichterte Erstellung und passwortgeschützte Anzeige von sequenzierten Lerninhalten in Form von verlinkten Webseiten mit Bildern und anderen multimedialen Dateien, Import und Export von entsprechenden Inhaltspaketen, Dateiablage, Podcasts)
- *Kommunikationsfunktionen* (z. B. Ankündigungsfunktion, E-Mail, Foren, Wiki, Blog, Chat, Instant Messaging, interaktive Whiteboards, z. T. auch Audio- und Videokonferenzen)
- *Aufgaben- und Timeline-Funktionen* (z. B. Kalender, terminierte Lernaufgaben, terminiertes Einblenden und Ausblenden von bestimmten Funktionen, Einreichungsfunktionen)
- *Prüfungs- und Umfragefunktionen* (z. B. Online-Tests mit automatisierter Auswertung und unmittelbarem Feedback, Umfragen mit automatisierter Auszählung, Notenbücher, Statusberichte zur Erledigung von Aufgaben)
- *Administrationsfunktionen* (z. B. Benutzerverwaltung, Kursverwaltung, Rollen- und Rechtevergabe, Statistik- und Monitoringfunktionen)

Üblicherweise sind alle Aktivitäten auf der Lernplattform passwortgeschützt. Bildungsinstitutionen, die mit solchen Plattformen arbeiten, schaffen sich einen abgegrenzten Raum im Internet. Interne Dokumente sind hier vor unberechtigtem Zugriff geschützt. Im Rahmen der urheberrechtlichen Bestimmungen können hier auch copyrightgeschützte Inhalte für Unterrichtszwecke abgelegt werden. Lernende wie Lehrende können problemlos namentlich in Erscheinung treten, ohne Datendiebstahl oder Belästigung (von außerhalb des Schulhauses) befürchten zu müssen. Kerres (2006) sieht in ihrer Abgeschlossenheit einen wesentlichen Unterschied von traditionellen Lernplattformen und neueren Plattformen im Web 2.0 (das sog. „Mitmach-Web", vgl. insbes. O'Reilly, 2005). Während Lernplattformen eine „Insel" im Internet darstellen, die niemandem außer den berechtigten Nutzenden zugänglich ist und in die alle nötigen Inhalte überführt werden, sind Web 2.0 Plattformen als „Portal" zum Netz offen, und Inhalte werden nur verlinkt. Während bei traditionellen Lernplattformen Lernende nur die vorgegebenen Werkzeuge nutzen können, konfigurieren Lernende bei Web 2.0 Anwendungen die Funktionen nach ihren eigenen Bedürfnissen selbst. Die hierarchische Rechtestruktur von Lernplattformen mit ihrer Differenzierung von Lernenden, Lehrenden und Administrator(inn)en spiegelt hergebrachte schulische Strukturen, was unter der Zielvorstellung des selbst verantworteten und sozialen Lernens im Web 2.0 auch kritisch gesehen werden kann (vgl. Wilson et al., 2007; Kerres, 2006; Dalsgaard, 2006). Die Entwicklung von Lernplattformen ist heute jedoch in Bewegung. Viele Funktionen aus Web 2.0 Anwendungen werden in herkömmliche Lernplattformen integriert, und Lernenden können umfassendere Gestaltungsrechte eingeräumt werden (was allerdings auch schon mit traditionellen Lernplattformen möglich wäre, indem Lernenden z. B. einfach Lehrpersonenrechte gegeben werden). Gleichzeitig werden Web 2.0 Plattformen für ihre Nutzung im schulischen Umfeld angepasst. Zu nennen sind hier vor allem E-Portfolio-Systeme, die von den Dokumenten und Reflexionen individueller Nutzerinnen und Nutzer ausgehen und auf dieser Basis verschiedene Kommunikationsfunktionen zur Verfügung stellen (vgl. Baumgartner, Himpsl & Zauchner, 2009). Eine wichtige Frage dabei ist, ob Schulen mit allgemein verfügbaren Plattformen arbeiten können, oder ob spezialisierte Plattformen für die Bedürfnisse von Schulen entwickelt werden müssen. Die Entwicklung verläuft äußerst dynamisch, und es ist fraglich, wie lange Lernplattformen in ihrem heutigen Aufbau Bestand haben werden (vgl. Hartmann, 2008).

4   *educanet²* als Beispiel für eine schulspezifische Lernplattform

Die Funktionsbereiche von Lernplattformen können in unterschiedlicher Art und Weise gegliedert sein. Die Gliederung geschieht üblicherweise entlang von Metaphern, die den Strukturen des Einsatzkontextes entsprechen. So lassen sich mit Lernplattformen für den Hochschulbereich üblicherweise virtuelle „Kurse" oder „Module" einrichten, in denen die oben aufgeführten Funktionen zur Verfügung stehen. Diese Struktur entspricht jedoch nicht unbedingt den Bedürfnissen von

Lernplattformen, E-Learning und Blended Learning in Schulen 19

Schulen, die in „Klassen", „Gruppen", „Fächer" und „Jahrgänge" gegliedert sind. In der Schweiz wurde der Nutzung von Lernplattformen in Bildungsinstitutionen auf politischer Ebene eine hohe Priorität zugemessen. Unterstützt durch Bund und Kantone, wurde - als eine Dienstleistung des Schweizerischen Bildungsservers *educa.ch* - die Lernplattform *educanet²* entwickelt und im Mai 2004 in Betrieb genommen. Die Plattform wurde von der Deutschen Firma Digivision speziell für die Bedürfnisse von Schulen entwickelt. Sie ist in Deutschland mit ähnlichem Aufbau und Funktionsumfang unter dem Namen *lo-net²* im Einsatz (www.lo-net2.de). Die Plattform stellt eine Weiterentwicklung der Lernplattform *educanet* dar, die sich weniger an Institutionen als an Einzelpersonen richtete, die dort seit 2001 individuell ihre Kurse einrichten konnten. Die Plattform *educanet²* kann von allen Institutionen des Schweizer Bildungswesens gratis genutzt werden. Fünf Jahre nach Inbetriebnahme haben sich fast 3000 Institutionen angemeldet.

Abbildung 2. Die Funktionen für eine Klasse auf educanet²

Educanet² unterscheidet sich von herkömmlichen Lernplattformen dadurch, dass sie bestehenden Strukturen in Schulen nachempfunden ist (vgl. Abbildung 2). Innerhalb von *educanet²* existieren die Bereiche „Home", „Privat", „Institution",

"Community" und "Onlinekurse". Der Bereich "Institution" gliedert sich in die Unterbereiche "Klasse" und "Gruppe", in denen für jede Klasse und jede Gruppe eine eigene Plattform mit einer Vielzahl von weiteren Funktionen eingerichtet werden kann. Der Privatbereich ist exklusiv für den einzelnen Nutzenden zugänglich, der Institutionenbereich hingegen allen Nutzenden der jeweiligen Institution. Klassen- und Gruppenmitgliedschaften können selektiv an Nutzende mit Institutionslogin vergeben werden. Lehrpersonen einer anderen Institution können angepasste Rechte auf der eigenen Plattform ermöglicht werden. Im Communitybereich besteht darüber hinaus die Möglichkeit, institutionsübergreifende Arbeitsgruppen einzurichten. Im Bereich der Online-Kurse finden sich schließlich aufbereitete Onlineinhalte mit interaktiven Tests, die teils öffentlich und teils passwortgeschützt sind. Der Home-Bereich umfasst lediglich allgemeine Informationen der Plattformbetreiber. *Educanet*[2] bietet viele Funktionen, die auch herkömmliche Lernplattformen unterstützen (Foren, Chat, Dateiablage, Inhalte, Wiki, Blog, Messenger etc.), während andere fehlen bzw. sich an ungewöhnlichen Orten finden (z. B. sind Tests nur als eigenständige Lernkontrollen im Rahmen von Webseiten oder Inhaltsmodulen vorgesehen, ein User-Tracking fehlt ebenfalls). Besonders hervorzuheben ist jedoch die Möglichkeit, mithilfe eines Website-Generators öffentlich zugängliche Homepages außerhalb der Plattform zu erstellen. Bei *educanet*[2] stellt sich nach der technischen Pionierphase nun verstärkt die Frage nach dem praktischen Gebrauch des Instrumentes an Bildungsinstitutionen und nach sinnvollen didaktischen Szenarien (vgl. McCluskey, Hofer & Wood, 2004).

5 Empirische Befunde zur Nutzung von Lernplattformen in Schulen

Die einzige umfassendere Umfrage zur Nutzung von Lernplattformen an öffentlichen Schulen in Europa wurde Ende 2002 vom European Schoolnet durchgeführt (EUN Consortium, 2003). Es beteiligten sich 502 Schulen aus 28 europäischen Ländern. Die Einladung zur Online-Umfrage geschah über diverse Newsletter, die Teilnahme basierte auf Freiwilligkeit. Ein Drittel der antwortenden Schulen stammt aus Frankreich, ein weiteres Drittel je annähernd hälftig aus Spanien und Deutschland. Die Schweiz ist nur mit fünf Schulen repräsentiert. Daneben wurden nationale ICT-Agenturen aus 17 Ländern gezielt gebeten, die Situation in ihrem Land zu skizzieren, darunter auch die Schweiz. Auch wenn die Befragung damit keineswegs repräsentativ ist, sind folgende Befunde interessant (aufgrund mangelnder Repräsentativität hier ohne Prozentzahlen wiedergegeben):

Lernplattformen, E-Learning und Blended Learning in Schulen

- Eine Mehrheit der befragten nationalen ICT-Agenturen misst Lernplattformen eine hohe Bedeutung zu, insbesondere im Kontext der Unterrichtsreform, hin zu einem lernerzentrierten Unterricht. Andere Erwartungen richten sich auf die Organisationsentwicklung, auf die Kooperation mit Partnern außerhalb der Schule sowie auf die flexible Bereitstellung von Lernmaterial.
- In zehn der gezielt angeschriebenen 17 Länder wird die Bereitstellung von Lernplattformen von öffentlichen Stellen finanziell unterstützt. Dies kann dadurch geschehen, dass entweder Lernplattformen zentral entwickelt/angeschafft/verwaltet werden oder dass Budgets für lokale Lösungen zur Verfügung gestellt werden. Zentrale Angebote existieren neben der Schweiz auch in Deutschland (www.lo-net2.de), in Katalonien (www.edu365.com) und in Nordirland (LearningNI vgl. www.c2kni.org.uk).
- Es ist eine sehr große Palette unterschiedlicher Lernplattformen in Gebrauch. Vielfach handelt es sich dabei um Eigenentwicklungen nationaler oder regionaler Institutionen, teilweise werden auch Open-Source-Tools und kommerzielle Produkte verwendet.
- Lernplattformen werden vor allem in Schulen der Sekundarstufe eingesetzt. Ihre Nutzung in der Primarstufe ist selten.
- Lehrpersonen benutzen Lernplattformen vor allem für ihre Arbeit innerhalb ihrer Klasse oder ihres Schulhauses. Schulhausübergreifende Projekte sind vergleichsweise unüblich.
- Gebräuchlich sind vor allem die E-Mail-Funktionen sowie die Möglichkeiten, Aufgaben zu verteilen, Dateien bereitzustellen und Linklisten anzulegen. Viele der spezifischen Kommunikationsmöglichkeiten werden deutlich seltener genutzt (Forum, Chat, Voicechat, Instant Messaging, Whiteboards).
- Die Kommunikationsmöglichkeiten der Lernplattformen nutzen Lehrpersonen vor allem zum Austausch mit Kollegen oder zur Optimierung administrativer Abläufe. Bei der Arbeit mit den Schülerinnen und Schülern scheinen hingegen die Distributionsfunktionen für das Lernmaterial und die Lernaufgaben zu überwiegen.
- Lernplattformen werden nach Auskunft der teilnehmenden Lehrpersonen vor allem im Fach Informatik und in fächerübergreifenden Themenbereichen eingesetzt (wobei dieses Ergebnis, wie viele andere in dieser Studie, durch die unsystematische Stichprobe verzerrt sein kann).

Insgesamt gibt die Umfrage Hinweise darauf, dass sich die Erwartungen, die mit Lernplattformen für einen stärker lernerorientierten Unterricht und eine Öffnung der Schule verbunden sind, bisher nicht bestätigen lassen. Aus neueren Übersichtsartikeln ist jedoch bekannt, dass in mehreren europäischen Ländern Bewegung in die Frage des Einsatzes von Lernplattformen in Schulen gekommen ist (vgl. Balanskat & Blamire, 2007). In Großbritannien ist nach der e-strategy der britischen Regierung vorgesehen, dass jede Schülerin und jeder Schüler bis 2009 über ein persönliches E-Portfolio und jede Schule bis 2010 über eine funktionierende Lernplattform verfügt. Dabei steht jede einzelne Schule vor der Aufgabe, eine passende Lösung zu suchen und einzuführen. Neuere Studien britischer und nordischer Länder zeigen jedoch unverändert das Bild, dass Lernplattformen an Schulen bislang vor allem dem Austausch innerhalb der Lehrerschaft und weniger dem Lehren und Lernen von Schülerinnen und Schülern dienen (vgl. Balanskat, Blamire & Kefala, 2006; Ramboll Management, 2006).

Für die Schweiz liegen bislang lediglich rudimentäre Daten zur Nutzung von Lernplattformen in Schulen vor. Im Jahr 2005 zeigte eine Studie der Telekommunikationsgesellschaft Swisscom mit N=1243 schulischen ICT-Verantwortlichen, dass $educanet^2$ über 90 % der Befragten bekannt ist (vgl. Amman, 2005). Eine Mehrheit der Befragten zeigt zudem eine positive Einstellung gegenüber dem Angebot. Im Jahr 2007 wurde in Zusammenarbeit mit dem Schweizerischen Bundesamt für Statistik eine national repräsentative Bestandsaufnahme zur Computer- und Internetnutzung an Schweizer Schulen (Primarschule bis Sekundarstufe II) durchgeführt, wobei N=722 ICT-Verantwortliche und N=1322 Lehrpersonen befragt wurden (vgl. Barras & Petko, 2007). Nach Angaben der ICT-Verantwortlichen verfügten etwa 48 % der Schweizer Schulen über eine Lernplattform. Davon arbeiteten 92 % mit $educanet^2$, 5 % mit moodle, 3 % mit BSCW, 2 % mit ILIAS, weniger als ein Prozent mit Claroline und 8 % mit noch anderen Plattformen (Mehrfachnennungen möglich). Knapp 20 % arbeiten außerhalb bzw. neben Lernplattformen auch noch mit anderen virtuellen Arbeitsräumen im Internet, davon 30 % mit Online-Kalendern, 29 % mit Wikis, 26 % mit Content-Management-Systemen und ebenfalls 26 % mit Online-Foren. Die Nutzung von Lernplattformen war vor allem in höheren Schulstufen verbreitet (Sek I: 55 %, Gymnasien: 64 %, Berufsschulen: 78 %), während in der Primarstufe erst 34 % der Schulen über eine derartige Plattform verfügten. Die Daten bestätigen die Bedeutung des Themas für Schulen, sagen jedoch nichts über die Art und Weise der Nutzung solcher Plattformen. Angesichts der großen Verbreitung von $educanet^2$ in der Schweiz ist es sinnvoll, sich in ersten Studien zunächst auf diese Plattform zu beschränken.

6 Diskussion

Der Einsatz von E-Learning und Blended Learning kann auch in Präsenzschulen sinnvoll sein, und Lernplattformen bieten dazu vielfältige Werkzeuge. Einzelne oder mehrere Komponenten des didaktischen Arrangements auf das Internet zu verlagern, macht vor allem dann Sinn, wenn ein verstärkt selbst gesteuertes Arbeiten unterstützt werden soll. Dies kann während der Unterrichtszeit im Klassenzimmer stattfinden oder zur Unterstützung der Unterrichtsvor- und -nachbereitung. Mit Lernplattformen kann auch die Kommunikation mit externen Partnern und der Aufbau eines individuellen oder kollektiven Wissensmanagements unterstützt werden. Obwohl sich Lernplattformen ständig weiterentwickeln und mittlerweile auch spezialisierte Produkte für Schulen vorhanden sind, ist erst verhältnismäßig wenig über ihren konkreten Einsatz für schulische Zwecke bekannt. Die in diesem Buch zusammengetragenen Befunde sollen hier besseren Aufschluss geben.

7 Literatur

Alexander, B. (2006). Web 2.0: A New Wave of Innovation for Teaching and Learning? *EDUCAUSE review, 41*(1), 32-44.

Amman, U. (2005). *Schulbefragung Swisscom COM SAI. Schriftliche Befragung zu Schulen ans Internet vom September bis Dezember 2001.* Online: http://www.oskin.ch/seiten/dokumente/Schulbefragung04.pdf [01.12.2009].

Anderson, J. (Ed.). (2005). *Information And Communication Technologies In Schools: A Handbook For Teachers. How ICT Can Create New, Open Learning Environments.* Paris: UNESCO.

Aufenanger, S. (2006). E-Learning in der Schule. Chance oder Bedrohung? *Computer + Unterricht, 2006*(62), 6-10.

Balanskat, A. & Blamire, R. (2007). *ICT in schools: trends, innovations and issues in 2006-2007.* Online: http://insight.eun.org/ [01.12.2009].

Balanskat, A., Blamire, R. & Kefala, S. (2006). *The ICT Impact Report. A review of studies of ICT impact on schools in Europe. European Commission.* Online: http://insight.eun.org/ww/en/pub/insight/misc/specialreports/impact_study.htm [01.12.2009].

Barras, J.-L. & Petko, D. (2007). Computer und Internet in Schweizer Schulen. Bestandsaufnahme und Entwicklung von 2001 bis 2007. In B. Hotz-Hart (Hrsg.), *ICT und Bildung: Hype oder Umbruch? Beurteilung der Initiative Public Private Partnership - Schule im Netz* (S. 77-133). Bern: SFIB.

Baumgartner, P. (2004). Didaktik und Reusable Learning Objects (RLO's). In D. Carstensen & B. Barrios (Hrsg.), *Campus 2004 - Kommen die digitalen Medien an den Hochschulen in die Jahre?* (S. 311-327). Münster: Waxmann.

Baumgartner, P.,Häfele, H. & Maier-Häfele, K. (2002). *Auswahl von Lernplattformen. Marktübersicht - Funktionen - Fachbegriffe*. Innsbruck <etc.>: Studien-Verlag.
Baumgartner, P., Himpsl, K. & Zauchner, S. (2009). *Einsatz von E-Portfolios an (österreichischen) Hochschulen: Zusammenfassung*. Online: http://www.peter.baumgartner.name/publications-de/pdfs/e-portfolio-projekt-zusammenfassung.pdf/download [01.12.2009].
BECTA (Ed.). (2005). *An introduction to learning platforms*. Coventry: British Educational Communications and Technology Agency.
BECTA (Ed.). (2003). *A review of the research literature on the use of managed learning environments and virtual learning environments in education, and a consideration of the implications for schools in the United Kingdom*. Coventry: British Educational Communications and Technology Agency. Online: http://www.becta.org.uk [01.12.2009].
BECTA (Ed.). (2004). *What the research says about Virtual Learning Environments in teaching and learning (2nd Ed.)*. Coventry: British Educational Communications and Technology Agency. Online: http://www.becta.org.uk [01.12.2009].
Berge, Z. L. & Clark, J. (Eds.). (2005). *Virtual schools: Planning for success*. New York: Teachers College Press.
Bersin, J. (2004). *The blended learning book. Best practices, proven methodologies and lessons learned*. San Francisco: Wiley.
Bett, K. & Gaiser, B. (2004). *E-Moderation*. Online: http://www.e-teaching.org/materialien/artikel/ [01.12. 2009].
Bradley, J. & Galbraith, J. (Hrsg.). (2003). *Open Classroom: Distance Learning in and out of Schools*. London: Kogan Page.
Bransford, J. D.,Brown, J. S. & Cocking, R. R. (1999). *How People Learn. Brain, Mind, Experience, and School*. Washington DC: National Academy Press.
Busch, F. & Mayer, T. B. (2002). *Der Online-Coach*. Weinheim: Beltz.
Cavanaugh, C. S. (2001). The Effectiveness of Interactive Distance Education Technologies in K-12 Learning: A Meta-Analysis. *International Journal of Educational Telecommunications, 7*(1), 73-88.
Clark, T. (2001). *Virtual Schools: Trends and Issues. A Study of Virtual Schools in the United States*. Illinois: Distance Learning Resource Network / WestEd.
Conole, G. & Warburton, B. (2005). A review of computer-assisted assessment. *ALT-J, Research in Learning Technology, 13*(1), 17-31.
Dalsgaard, C. (2006). Social software: E-learning beyond learning management systems. *European Journal of Open, Distance and E-learning (http://www.eurodl.org), 2006*(2).
de Jong, T. & van Joolingen, W. R. (1998). Scientific discovery learning with computer simulations of conceptual domains. *Review of Educational Research, 68*(2) 179-202.
Dennis, A. R. & Valacich, J. S. (1996). Rethinking media richness. Towards a theory of media synchronicity. In R. H. Srague Jr. (Ed.), *Proceedings of the 32th Hawaii International Conference of Systems Sciences (HICSS-32; CD-Rom)*. Los Alamos CA <etc.>: IEEE Computer Society.
Derry, S. J. & Lajoie, S. (1993). *Computers as cognitive tools*. Hillsdale, NJ: Lawrence Erlbaum.

Döring, N. (2003). *Sozialpsychologie des Internet. Die Bedeutung des Internet für Kommunikationsprozesse, Identitäten, soziale Beziehungen und Gruppen* (2. Aufl.). Göttingen: Hogrefe.
EUN Consortium. (2003). *Virtual Learning Environments For European Schools. A Survey and Commentary*. Online: http://www.xplora.org/ww/en/pub/insight/misc/specialreports/vle.htm [01.12.2009].
Flitner, A. (Hrsg.). (1992). *Johann Amos Comenius: Grosse Didaktik*. Stuttgart: Klett-Cotta.
Graham, C. R. (2005). Blended learning systems: Definition, current trends, and future directions. In C. J. Bonk & C. R. Graham (Eds.), *Handbook of blended learning: Global perspectives, local design* (pp. 3-21). San Francisco: Pfeiffer Publishing.
Hartmann, W. (2008). Computer, Internet und Schulen in 20 Jahren. *Folio, 6*(2008), 36-39.
Hesse, F. W. & Giovis, C. (1997). Struktur und Verlauf aktiver und passiver Partizipation beim netzbasierten lernen in virtuellen Seminarien. *Unterrichtswissenschaft, 25*(1), 34-55.
Hohenstein, A. & Wilbers, K. (Hrsg.). (2005). *Handbuch E-Learning. Expertenwissen aus Wissenschaft und Praxis*. Köln: Deutscher Wirtschaftsdienst / Wolters Kluwer.
Horton, W. (2000). *Designing Web-Based Training. How to teach anything anywhere anytime*. New York: John Wiley & Sons.
Issing, L. J. (2002). Instruktions-Design für Multimedia. In L. J. Issing & P. Klimsa (Hrsg.), *Information und Lernen mit Multimedia und Internet. Lehrbuch für Studium und Praxis* (3., vollst. überarb. Aufl., S. 151-176). Weinheim: Beltz PVU.
Jonassen, D. (1999). Designing Construcitivist Learning Environments. In C. M. Reigeluth (Ed.), *Instructional-Design Theories and Models. Volume II. A New Paradigm of Instructional Theory* (pp. 215-239). Mahwah, NJ / London: Lawrence Erlbaum.
Jonassen, D. (2000). *Computers as mind tools for schools*. Englewood Cliffs NJ: Prentice Hall.
Jonassen, D. H. (1995). Computers as cognitive tools: Learning with technology, not from technology. *Journal of Computing in Higher Education, 6*(2), 40-73.
Kerres, M. (2001a). *Multimediale und telemediale Lernumgebungen Konzeption und Entwicklung*. München: Oldenbourg.
Kerres, M. (2001b). Online- und Präsenzelemente in hybriden Lernarrangements kombinieren. In A. Hohenstein & K. Wilbers (Hrsg.), *Handbuch E-Learning. Expertenwissen aus Wissenschaft und Praxis* (Kap. 4.5, 19 S.). Köln: Deutscher Wirtschaftsdienst.
Kerres, M. (2006). Potenziale von Web 2.0 nutzen (Kap 4.26, 16 S.). In A. Hohenstein & K. Wilbers (Hrsg.), *Handbuch E-Learning*. München: Deutscher Wirtschaftsdienst.
Mayer, R. E. (2001). *Multimedia Learning*. Cambridge: Cambridge University Press.
McCluskey, A.,Hofer, M. & Wood, D. (2004). *Schooling: A sustainable learning organisation*. Bern: SFIB/CTIE.
Means, B.,Toyama, Y.,Murphy, R.,Bakia, M. & Jones, K. (2009). *Evaluation of Evidence-Based Practices in Online Learning. A Meta-Analysis and Review of Online Learning Studies*. Washington, D.C.: U.S. Department of Education, Office of Planning, Evaluation, and Policy Development.

Miller, D. (Hrsg.). (2005). *E-Learning. Eine multiperspektivische Standortbestimmung.* Bern: Haupt.
Moser, H. (2005). *Wege aus der Technikfalle. eLearning und eTeaching* (2. überarbeitete Auflage). Zürich: Verlag Pestalozzianum.
O'Reilly, T. (2005). *What is Web 2.0?* Online: http://www.oreilly.de/artikel/web20.html [01.12.2009].
Petko, D. (2003). Diskutieren in virtuellen Lehrveranstaltungen. *Beiträge zur Lehrerbildung, 21*(2), 206-220.
Petko, D. (2005). Das virtuelle Klassenbuch. Offener Unterricht und Elternmitarbeit mit Schülerinformationssystemen. *neue schulpraxis, 2005*(9), 56-59.
Petko, D. (2008). Unterrichten mit Computerspielen: Didaktische Potenziale und Ansätze für den gezielten Einsatz in Schule und Ausbildung. *MedienPädagogik (www.medienpaed.com), 2008*(15), 15 S.
Petko, D. & Reusser, K. (2005). Das Potential von interaktiven Lernressourcen zur Förderung von Lernprozessen. In D. Miller (Hrsg.), *eLearning. Eine multiperspektivische Standortbestimmung* (S. 161-185). Bern: Haupt.
Petko, D., Uhlemann, A. & Büeler, U. (2009). Blended Learning in der Ausbildung von Lehrpersonen. *Beiträge zur Lehrerbildung,* 27(2), 188-194.
Ramboll Management (Ed.). (2006). *E-learning Nordic 2006. Impact of ICT on education.* Online: http://www.edu.fi/julkaisut/eLearning_Nordic_English.pdf [01.12.2009].
Reigeluth, C. M. (Ed.). (1983). *Instructional design theories and models: An overwiew of their current status.* Hillsdale NJ / London: Lawrence Erlbaum.
Reinmann-Rothmeier, G. (2002). Mediendidaktik und Wissensmanagement. *MedienPädagogik (www.medienpaed.com), 2002*(2), 27 S.
Reinmann-Rothmeier, G. & Mandl, H. (2002). Analyse und Förderung kooperativen Lernens in netzbasierten Umgebungen. *Zeitschrift für Entwicklungspsychologie und Pädagogische Psychologie, 34*(1), 44-57.
Reinmann-Rothmeier, G. & Mandl, H. (2006). Unterrichten und Lernumgebungen gestalten. In A. Krapp & B. Weidenmann (Hrsg.), *Pädagogische Psychologie. Ein Lehrbuch* (5. vollst. überarb. Aufl., S. 613-658). Weinheim: BeltzPVU.
Salmon, G. (2000). *E-Moderating: The Key to Teaching and Learning Online.* London: Kogan Page.
Sauter, A. & Sauter, W. (2002). *Blended learning: Effiziente Integration von E-Learning und Präsenztraining.* Neuwied: Luchterhand.
Scardamalia, M. & Bereiter, C. (1994). Computer support for knowledge-building communities. *The Journal of the Learning Sciences, 3*(3), 265-283.
Schulmeister, R. (2002). *Grundlagen hypermedialer Lernsysteme Theorie, Didaktik, Design.* München: Oldenbourg Verlag.
Schulmeister, R. (2003). *Lernplattformen für das virtuelle Lernen. Evaluation und Didaktik.* Oldenbourg: München.
Setzer, J. C. & Green, B. (2005). *Distance Education Courses for Public Elementary and Secondary School Students: 2002-2003.* Washington D.C.: National Center for Education Statistics NCES / Westat.

Shuell, T. J. (1993). Toward an integrated theory of teaching and learning. *Educational Psychologist, 28*(4), 291-311.

Stahl, G.,Koschmann, T. & Suthers, D. (2006). Computer-supported collaborative learning: An historical perspective. In R. K. Sawyer (Ed.), *Cambridge handbook of the learning sciences* (pp. 409-426). Cambridge: Cambridge University Press.

Tan, S. C.,Seah, L. H.,Yeo, J. & Hung, D. (2008). Online Learning Communities in K-12 Settings. In J. Voogt & G. Knezek (Eds.), *International Handbook of Information Technology in Primary and Secondary Education* (pp. 249-266). Berlin <etc.>: Springer.

Wang, E. (2004). Die mühselige Landnahme der Pioniere: Entstehung und Entwicklung der E-Learning-Branche in den USA und in Deutschland. In A. Hohenstein & K. Wilbers (Hrsg.), *Handbuch E-Learning. Expertenwissen aus Wissenschaft und Praxis (Kap. 2.6)*. München: Wolters Kluwer.

Weidenmann, B. (2002). Multicodierung und Multimodalität im Lernprozess. In L. J. Issing & P. Klimsa (Hrsg.), *Information und Lernen mit Multimedia und Internet* (3. Aufl., S. 45-62). Weinheim: Beltz PVU.

Welsh, E. T.,Wanberg, C. R.,Brown, K. G. & Simmering, M. J. (2003). E-learning: emerging uses, empirical results and future directions. *International Journal of Training & Development, 7*(4), 245-258.

Wikibooks (Ed.). (2005). *Blended Learning in K12*. Online: http://en.wikibooks.org/wiki/Blended_Learning_in_K-12 [01.12.2009].

Wiley, D. A. (2001). *The Instructional Use of Learning Objects*. Online: http://reusability.org/read/ [01.12.2009].

Wilson, S.,Liber, O.,Johnson, M.,Beauvoir, P.,Sharples, P. & Milligan, C. (2007). Personal Learning Environments: Challenging the dominant design of educational systems. *Journal of e-Learning and Knowledge Society, 3*(2), 27-38.

Die Lernplattform educanet² in der Schweiz

Dominik Petko

1 Ausgangslage und Fragestellungen

In der Schweiz wurde mit der Initiative PPP-SiN (Public Private Partnership – Schule im Netz) in den Jahren 2001 bis 2007 ein Großteil der Schulen mit einem Grundstock von Computern und Internetanschlüssen ausgestattet, und viele Kantone haben den verstärkten Einbezug digitaler Medien in den Unterricht auf ihre Agenda gesetzt (vgl. SFIB, 2008). Ein wichtiges Element dieser Anstrengungen war u. a. die Einrichtung der nationalen Lernplattform educanet², die an den Schweizerischen Bildungsserver *educa.ch* angegliedert ist. Die Plattform bietet eine E-Learning-Umgebung mit vielfältigen Informations- und Kommunikationsfunktionen, die den Anspruch hat, speziell auf die Bedürfnisse und Strukturen von Schulen bis zur Sekundarstufe II ausgerichtet zu sein. Sie kann von Bildungsinstitutionen der Schweiz kostenfrei genutzt werden. Vier Jahre nach ihrer Inbetriebnahme im Mai 2004 hatten sich im Jahr 2008 bereits über 3.000 Schulen und Bildungsinstitutionen auf educanet² angemeldet. Trotz oder gerade wegen dieser großen Resonanz fehlte es an einem Überblick, wie Schweizer Schulen das Angebot von educanet² in der Praxis nutzen. Die Perspektive der hier berichteten Studie war damit vor allem explorativ. Im Rahmen des vom Schweizerischen Nationalfonds und der Milton-Ray-Hartmann-Stiftung geförderten Projektes wurde versucht, genauer zu beschreiben, welche Praktiken sich an Schulen mit der Lernplattform nach ihrer Pilotphase etabliert haben und welche Bedingungen für eine mehr oder weniger intensive Nutzung zu verschiedenen Zwecken förderlich sind.

2 Methoden

Die Studie kombiniert quantitative und qualitative Verfahren, um ein möglichst umfassendes Bild der Nutzung von educanet² in Schweizer Schulen zu gewinnen.

- Mithilfe einer Logdaten-Analyse wurde in einem Zeitraum von vier ferienfreien Wochen im Mai 2008 das Nutzungsverhalten aller Personen erfasst, die auf educanet² aktiv waren. Dies betraf 67268 Nutzerinnen und Nutzer

aus 2548 angemeldeten Institutionen, von der Grundschule bis zur Sekundarschule II (Gymnasien, Berufsschulen, Diplom- und Fachmittelschulen).
- Sämtliche Administratorinnen und Administratoren angemeldeter Institutionen wurden per Mail zur Teilnahme an einer Online-Befragung angefragt. Der Rücklauf betrug 536 ausgefüllte Fragebögen; dies entspricht einer Quote von etwa 20 %. Für die weiteren Analysen wurden nur Institutionen von der Primarschulstufe bis zur Sekundarstufe II (d. h. Gymnasien, Diplommittelschulen, Berufsbildung) berücksichtigt, die die Plattform in irgendeiner Form einsetzen. Dies führt zu einer reduzierten Stichprobe von 292 Administratorinnen und Administratoren. Eine angesichts des niedrigen Rücklaufs durchgeführte Non-Response-Analyse zeigte, dass vor allem Administratorinnen und Administratoren aus Schulen antworteten, die educanet[2] intensiver einsetzten.
- Für die Online-Befragungen von Lehrpersonen wurde eine Zufallsstichprobe von 9971 Lehrpersonen angeschrieben, die sich im Verlaufe der letzten zwei Monate mindestens einmal auf der Plattform angemeldet hatten. Es antworteten 1675 Lehrpersonen, was einer Rücklaufquote von 17 % entspricht. In den Analysen berücksichtigt wurden Lehrpersonen von der Grundschule bis zur Sekundarstufe II, die angeben, educanet[2] in irgendeiner Form zu nutzen. Die nach diesen Kriterien reduzierte Stichprobe umfasst 1380 Lehrpersonen aller Schulstufen.
- Auf Basis der Online-Befragungen und Logdaten-Analysen wurden schließlich zwölf qualitative Fallstudien in Schulen mit besonders intensiver Nutzung der Lernplattform durchgeführt.

3 Theoretisches Modell

Der Konzeption der Fragebögen und dem Aufbau der Analysen wurde ein theoretisches Modell zugrunde gelegt (Abbildung 1; vgl. auch Petko, Mitzlaff & Knüsel, 2007; Schulz-Zander & Eickelmann, 2008; Hunneshagen, 2005; Kruppa, Mandl & Hense, 2002; Moseley et al., 1999 sowie vergleichbare Modelle aus der Hochschulentwicklung, z. B. Seufert & Euler, 2005; Kerres, 2001 und der allgemeinen Schulentwicklung, z. B. Fullan, 1992).

Die Lernplattform educanet2 in der Schweiz

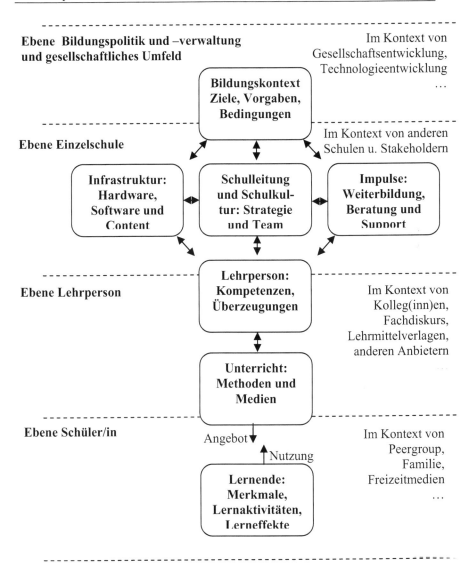

Abbildung 1: Modell der ICT-Integration in Schulen

Das Modell beruht auf einer Synthese des bisherigen Forschungsstandes zur Integration digitaler Medien in Schulen (vgl. z. B. Law, Pelgrum & Plomp, 2008; Somekh, 2008; Scrimshaw, 2004; Jones, 2004; Webb & Cox, 2004; Mumtaz, 2000). Eine wichtige gemeinsame Erkenntnis der diesbezüglichen Untersuchungen ist, dass der Aufbau einer technischen Infrastruktur eine nötige, aber keinesfalls hinreichende Bedingung für eine intensive Nutzung darstellt. Gefragt sind vielmehr parallele und verknüpfte Anstrengungen in verschiedenen Bereichen, die in diesem Modell verdichtet werden. Im Modell spiegelt sich zudem eine systemische Perspektive auf Bildungsqualität, wobei Faktoren auf unterschiedlichen Ebenen des Bildungssystems zusammenspielen und Rückkopplungsprozesse geschehen, Bildungswirkungen jedoch letztlich nur in einem Angebots- und Nutzungsmodell verstanden werden können (Helmke, 2003; Fend, 2000; Reusser & Pauli, 1999). Pfeile innerhalb des Modells stellen keine Kausalitäten dar, sondern förderliche Bedingungen und mögliche Wechselwirkungen, die unter Umständen zu erwünschten Wirkungen führen können.

Das Modell war für die Entwicklung der in diesem Buch berichteten empirischen Erhebungs- und Analyseverfahren erkenntnisleitend. Es wurden Daten zu allen Bereichen des Modells erhoben und entsprechende Zusammenhänge geprüft. Daneben kann ein solches Modell aber auch einen praktischen Wert gewinnen, da es helfen kann, das Zusammenspiel der nötigen Faktoren auch im Einzelfall besser zu verstehen und geeignete koordinierende Maßnahmen zu planen.

4 Deskriptive Befunde

Die folgenden Auswertungen beschränken sich auf deskriptive Befunde der Logdaten, der Befragungen der Administratorinnen und Administratoren sowie der Lehrpersonen. Ansatz und Resultate der Fallstudien werden, ebenso wie differenzielle statistische Befunde, in separaten Kapiteln behandelt. Alle referierten Befunde beziehen sich jedoch auf Schulen von der Primarschule bis zur Sekundarstufe II (Gymnasien, Diplommittelschulen und Berufsschulen), die educanet[2] in irgendeiner Form einsetzen. Die deskriptiven Resultate lassen sich damit als Überblick über basale Einsatzformen und Bedingungen verstehen, mit denen eine solche Plattform im Schulalltag genutzt wird.

4.1 Ergebnisse aus den Analysen der Logdaten

Von den 2548 analysierten Bildungsinstitutionen der Primarstufe, Sekundarstufe I und Sekundarstufe II verfügten 1441 über aktive Nutzerinnen und Nutzer. In

Die Lernplattform educanet2 in der Schweiz

den übrigen Institutionen wurde die Lernplattform im Zeitraum der Analyse nicht genutzt. Dies muss nicht ausschließen, dass die Plattform auch in diesen Schulen gelegentlich, z. B. für projektorientierte Arbeiten, eingesetzt wird. Im Log-Zeitraum war dies jedoch nicht nachzuweisen. Zwischen den aktiven Institutionen bestehen große Unterschiede in Bezug auf die Anzahl angemeldeter Nutzerinnen und Nutzer und die durchschnittliche Nutzungsfrequenz. Nutzerinnen und Nutzer werden nach Lehrpersonen- oder Schülerrechten differenziert. In den vier Wochen des Log-Zeitraums verzeichnete die Plattform über 18219 aktive Lehrpersonen, die sich gesamthaft 262680 Male in die Plattform einloggten, und 49066 aktive Schülerinnen und Schüler, die insgesamt auf 321823 Logins kamen. Lehrpersonen nutzten die Plattform damit im Schnitt deutlich häufiger als Schülerinnen und Schüler. In beiden Gruppen zeigt sich jedoch ein ähnliches Nutzungsmuster der Plattform, wobei die relative Anzahl Nutzender Indikator für die Verbreitung einer Funktion ist und die relative Anzahl der Besuche pro Login ein Zeichen für die Regelmäßigkeit ihrer Nutzung darstellt (vgl. Tab. 1).

Tabelle 1: Nutzung verschiedener Funktionen im Log-Zeitraum von vier Wochen in der Gesamtstichprobe aller 2548 Schulen

	Lehrpersonen		Schüler/innen	
	Nutzende	Besuche	Nutzende	Besuche
N=	18219	262680	49066	321823
E-Mail-Funktion	79.8 %	60.5 %	62.5 %	38.3 %
Gemeinsame Dateiablage	51.3 %	12.9 %	53.5 %	26.9 %
Mitgliederliste	26.5 %	7.1 %	38.0 %	16.0 %
Private Dateiablage	21.6 %	3.0 %	35.7 %	15.4 %
Messenger	16.8 %	3.7 %	32.5 %	13.6 %
Mitteilungen	30.6 %	7.1 %	22.2 %	6.0 %
Adressbuch	27.1 %	6.2 %	20.5 %	5.6 %
Aufgaben	11.3 %	1.5 %	21.3 %	6.6 %
Kalender	30.1 %	5.0 %	14.8 %	3.5 %
Profil	13.8 %	1.5 %	19.5 %	5.4 %
Webgenerator	11.0 %	2.6 %	7.7 %	3.3 %
Forum	11.5 %	1.6 %	12.5 %	3.5 %
Chat	4.0 %	0.4 %	12.1 %	3.4 %
Online-Kurse und Tests	8.0 %	0.8 %	11.1 %	2.7 %
Wiki	4.8 %	1.0 %	5.8 %	2.2 %
Stundenplan	8.5 %	0.8 %	11.4 %	2.3 %
Schülerboard	5.7 %	0.6 %	9.7 %	2.1 %

Am breitesten und vor allem auch häufigsten gebräuchlich sind die Mailfunktion und die Dateiablage. Die private Dateiablage ermöglicht die individuelle Ablage und Archivierung elektronischer Dateien; über die gemeinsame Dateiablage lassen sich digitale Dokumente austauschen und kollektiv verwalten. Der relativ häufige Besuch der Mitgliederlisten ist auf die vorhandene Group-Awareness-Funktion zurückzuführen. Dabei wird angezeigt, welche angemeldeten Nutzerinnen und Nutzer gerade ebenfalls auf der Plattform online sind. Mit der Messenger-Funktion können diese dann direkt kontaktiert werden. Darüber hinaus fällt jedoch auf, dass die komplexeren Funktionen der Lernplattformen, die in Ansätzen des E-Learning eine zentrale Rolle spielen (z. B. Forum, Chat, Online-Kurse und Tests), nur sehr selten genutzt werden. Dieses Nutzungsmuster ist sehr homogen. So gelang es nicht, mittels Clusteranalysen Personengruppen zu identifizieren, deren Nutzungsmuster sich sichtlich unterscheiden. Die Lernplattform wird damit aktuell mehrheitlich für Funktionen genutzt, die auch mit einem einfachen E-Mail-Account und einem Dateiserver außerhalb von Lernplattformen zu realisieren wären. Lehrpersonen und Lernende mit einer institutionellen E-Mail und elektronischen Dateiablage auszustatten, entspricht jedoch offensichtlich einem Bedürfnis.

4.2 Ergebnisse aus der Befragung der Administratorinnen und Administratoren

In der Stichprobe der Administratorinnen und Administratoren finden sich 82 % Männer und 17 % Frauen (1 % N/A). Bei ihnen handelt es sich zu 40 % um Lehrpersonen, zu 46 % um die Informatikverantwortlichen der Schule und zu 11 % um Schulleitende. Sie repräsentieren zu 33 % Primarschulen, zu 32 % Schulen der Sekundarstufe I, zu 11 % allgemeinbildende Schulen der Sekundarstufe II (d. h. Gymnasien, Diplom- und Fachmittelschulen), zu 11 % Berufsschulen sowie zu 13 % stufenübergreifende Schulen oder solche mit besonderem Bildungsauftrag. Die Befragung erfolgte dreisprachig. Die Stichprobe umfasst 204 Schulen aus der Deutschschweiz, 81 aus der französischsprachigen und sieben aus der italienischsprachigen Schweiz. Die kleine Stichprobe führt zu einem großen Konfidenzintervall bei mittleren Prozentwerten von maximal +/-6 %.

Von den Administratorinnen und Administratoren geben 87 % an, dass educanet[2] die einzige Online-Plattform ist, die an ihrer Schule genutzt wird. 13 % arbeiten daneben noch mit anderen Plattformen, wobei vor allem moodle eingesetzt wird (4 %). Daneben gebräuchlich sind Webpublikationssysteme (16 %), Online-Kalender (9 %), Weblogs (8 %), Wiki (5 %) und webbasierte Schulmanagement-Software (5 %). Die Initiative zur Anmeldung einer Schule bei educanet[2] kam mehrheitlich von ICT-Beauftragten (54 %), einer einzelnen Lehrperson

(16 %) oder der Schulleitung (11 %). Deutlich seltener erfolgte die Anmeldung auf Weisung von Bildungsbehörden (7 %), wobei diese Zahl in der Westschweiz sehr viel höher liegt (19 %). So sind es auch im Prozess der Einführung der Lernplattform vor allem die ICT-Beauftragten, die sich hierfür engagieren. Dies ist nach dem Urteil der Admins in 70 % eher stark oder sehr stark der Fall. Ein positives Engagement der Schulleitung gibt es bei 37 %, eines der kantonalen Bildungsbehörden bei 24 % der befragten Schulen. Gemeindebehörden und andere Stellen spielen hingegen eine untergeordnete Rolle.

Die Lernplattform wird nach Einschätzung von 38 % der Administratorinnen und Administratoren an ihrer Schule von einer Mehrheit der Lehrpersonen regelmäßig eingesetzt. Bei 23 % nutzt sie etwa die Hälfte, bei 37 % sind es nur wenige. Bezüglich der Schülerinnen und Schüler sind es nach Schätzung der Verantwortlichen 32 % der Schulen, in denen eine Mehrheit mit der Plattform arbeitet. Diese Quote ist an Berufsschulen deutlich höher (71 %) und an Primarschulen deutlich tiefer (16 %).

An 25 % der befragten Schulen wird educanet^2 von vielen oder allen Lehrpersonen für Unterrichtszwecke eingesetzt. Besonders hoch ist diese Quote in Gymnasien (39 %) und Berufsschulen (49 %), während sie an Schulen der Sekundarstufe I (24 %) und Primarschulen (17 %) deutlich darunter liegt. Das Spektrum der diesbezüglichen Einsatzweisen findet sich in Tabelle 2.

Tabelle 2: Einschätzung der Administrator(inn)en: „Zu welchen Zwecken dient educanet^2 den Lehrpersonen Ihrer Schule/Institution regelmäßig im Unterricht?" (Mehrfachnennungen, vorgegebene Antwortoptionen, N=292)

	Prozent
Unterrichtsmaterial ablegen/verteilen (z. B. via Dateiablage, Mail)	69 %
Resultate und Aktivitäten dokumentieren (z. B. via Dateiablage, Website, Wiki)	48 %
Ankündigungen und Hinweise abgeben (z. B. via Mail, Mitteilungen, Messenger)	49 %
Mit einzelnen Lernenden kommunizieren (z. B. via Mail, Foren, Messenger)	44 %
Organisatorisches regeln (z. B. via Kalender, Mail)	37 %
Online in der Gruppe zusammenarbeiten (z. B. via Foren, Wiki, Chat etc.)	27 %
Umfragen durchführen	18 %
Lernen überprüfen (z. B. via Tests, Aufgaben, Lernzielkontrollen)	11 %
Anderes	7 %

Für organisatorische Zwecke wird die Plattform an 39 % der Schulen von einer Mehrheit genutzt. Auch hier existiert eine breite Palette von Einsatzmöglichkeiten (vgl. Tabelle 3).

Tabelle 3: Einschätzung der Administrator(inn)en: „Zu welchen Zwecken dient educanet^2 den Lehrpersonen Ihrer Schule/Institution regelmäßig im Team?" (Mehrfachnennungen, vorgegebene Antwortoptionen, N=292)

	Prozent
Materialien ablegen/verteilen (z. B. via Dateiablage, Mail, Mailinglisten etc.)	64 %
Zwischen einzelnen Kolleg(inn)en kommunizieren (z. B. via Mail, Messenger)	49 %
Organisatorisches regeln (z. B. via Kalender, Mail)	37 %
Resultate/Aktivitäten dokumentieren (z. B. via Dateiablage, Webseiten, Wiki)	35 %
Umfragen durchführen	13 %
Online im Team zusammenarbeiten (z.b. via Foren, Wikis, Chat)	10 %
Anderes	2 %

Verpflichtungen zur regelmäßigen Nutzung der Lernplattform bestehen an 41 % der Schulen, wobei vor allem das Abrufen der Mailbox (28 %) und der Einsatz für organisatorische Zwecke (19 %) verbindlich sind. Verpflichtungen zum Einsatz der Lernplattform für Unterrichtszwecke kennen hingegen lediglich 3 % der befragten Schulen.

Verpflichtende technische oder pädagogische Kurse für Lehrpersonen zum Einsatz der Lernplattform bieten nur 18 % bzw. 16 % der befragten Schulen an, während ein freiwilliges technisches (59 %) und pädagogisches (54 %) Kursangebot weit verbreitet ist. Eine Mehrheit dieser Impulse wird als interne Weiterbildung angeboten. Auch Support und Beratung werden vor allem intern organisiert. Eine große Mehrheit der befragten Schulen stellt interne technische (74 %) oder pädagogische (62 %) Beratungsangebote zum Einsatz von ICT. An 81 % der Schulen gibt es innerhalb des Kollegiums informelle technische Beratung und an 67 % informelle pädagogische Beratung zur Nutzung digitaler Medien. Gerade die informellen Möglichkeiten werden nach Angaben der Administratorinnen und Administratoren am häufigsten genutzt. Nach ihrer Einschätzung lernen Lehrpersonen den Umgang mit educanet^2 üblicherweise informell unter Kollegen (61 %), in schulinternen Kursen (59 %) oder autodidaktisch (52 %; mehrere Antworten möglich).

Die Computerausstattung der befragten Schulen liegt mit einer Quote von 6.3 Schülerinnen und Schülern pro Computer etwas höher als der schweizerische Mittelwert von 7.6 (der jedoch mehr als ein Jahr vor dieser Studie erhoben wurde und damit nicht mehr direkt vergleichbar ist, vgl. Barras & Petko, 2007). In 65 % der befragten Schulen sind alle Schulcomputer am Internet angeschlossen, in weiteren 25 % mehr als die Hälfte, was ebenfalls leicht höher liegt als die letzten nationalen Vergleichswerte. Die Zufriedenheit mit der Zahl der zur Verfügung stehenden Computer ist ebenfalls etwas höher als noch im Jahr 2007; die Einschätzung der Zugangsmöglichkeiten zum Internet liegt ebenso wie die durchschnittliche Beurteilung von Wartung und Support auf einem vergleichbaren Niveau wie das Mittel der Schweizer Schulen im Vorjahr. Damit kann vermutet werden, dass Schulen, die mit der Lernplattform arbeiten, nicht unbedingt über eine bessere durchschnittliche Geräteausstattung verfügen als andere Schweizer Schulen.

Die Plattform educanet^2 wird von einer großen Mehrheit als tendenziell oder völlig stabil (94 %), multifunktional (87 %) und sinnvoll aufgebaut (82 %) beurteilt. Für zwei Drittel der Befragten bietet die Plattform alle nötigen Funktionen. Bei der Einfachheit der Bedienung und der Beurteilung des grafischen Designs gehen die Meinungen hingegen auseinander. 77 % berichten jedoch von insgesamt guten Erfahrungen mit der Plattform. 70 % können sie für andere Schulen eher oder völlig weiterempfehlen.

Es bestehen große Unterschiede zwischen den Schulen in der Art und Weise, wie die Lernplattform in die Schulkultur eingebettet wird. So stimmen 12 % der Aussage teilweise oder völlig zu, dass sich mit dem Einsatz von educanet^2 an ihrer Schule die Lehr- und Lernkultur verändert habe. In 34 % der Schulen geschieht dies teilweise, an 44 % jedoch eher nicht oder gar nicht. Von den befragten Schulen möchten 17 % mit dem Einsatz der Plattform pädagogische Akzente setzen, 28 % zumindest teilweise. Eine eigentliche pädagogisch-didaktische Neuausrichtung ist nur in 10 % der Schulen mit dem Einsatz von educanet^2 verbunden, bei 20 % stimmt dies zumindest zum Teil. Bei 8 % liegt so etwas wie ein schriftliches Konzept zum Einsatz der Plattform vor. An nur 2 % der befragten Schulen ist der Einsatz der Plattform mit dem Ausfall von Präsenzlektionen zugunsten von Online-Lernphasen verbunden.

In 34 % der Schulen stehen die Lehrpersonen dem Einsatz der Plattform mehrheitlich positiv gegenüber, wobei andere Prioritäten (52 %) und Zeitprobleme (47 %) einer intensiveren Beschäftigung mit der Plattform im Wege stehen. In nur 11 % der Schulen haben Lehrpersonen nach Einschätzung der Schulverantwortlichen genügend methodisch-didaktische Kenntnisse für den Einsatz der Plattform für Unterrichtszwecke.

Zusätzlich zu den 292 Administratorinnen und Administratoren, deren Schulen mit der Plattform arbeiten, konnten auch Angaben von 153 Verantwortlichen eingeholt werden, die sich zwar auf der Plattform angemeldet haben, jedoch nicht oder nicht mehr damit arbeiten. Die hauptsächlichen Gründe für eine Nicht-Nutzung waren eher oder völlig mangelnde Zeit (68 %), Motivation (60 %) oder fehlende technische Kompetenzen der Lehrpersonen (49 %), aber auch geringer Stellenwert innerhalb der Schule (63 %) sowie mangelnde Verbindlichkeit (56 %).

4.3 Ergebnisse aus der Befragung der Lehrpersonen

In der Stichprobe von 1380 Lehrpersonen, die educanet[2] nach eigenen Angaben in irgendeiner Form nutzen, finden sich 61 % Frauen und 39 % Männer. Davon unterrichten 32 % vor allem auf Primarschulstufe, 33 % auf der Sekundarstufe I, 11 % in der allgemeinbildenden Sekundarstufe II, knapp 10 % in der Berufsbildung und 14 % in anderen oder kombinierten Schulstufen. Das Konfidenzintervall liegt bei dieser Stichprobengröße für einen mittleren Wert bei +/-3 %.

Von den befragten Lehrpersonen geben 38 % an, educanet[2] fast täglich zu verwenden, weitere 32 % nutzen die Plattform mehrmals pro Woche. Diese Angaben können zur Frequenz des allgemeinen Computereinsatzes für berufliche Zwecke ins Verhältnis gesetzt werden. Dabei entsprechen die Lehrpersonen der Stichprobe weitgehend dem Schweizerischen Schnitt. 45 % setzen Computer täglich oder mehrfach wöchentlich für Unterrichtszwecke ein (CH 2007: 41 %), 83 % nutzen sie entsprechend häufig zur Unterrichtsvorbereitung und 81 % für administrative Zwecke im weiteren Kontext des Lehrberufs (CH 2007: 84 %; vgl. Barras & Petko, 2007).

Innerhalb des Lehrpersonenteams wird educanet[2] vor allem eingesetzt, um zwischen einzelnen Kolleginnen und Kollegen zu kommunizieren (48 % tun dies eher häufig oder sehr häufig), um Materialien abzulegen oder zu verteilen (37 %) oder um Organisatorisches zu regeln (35 %). Mit Schülerinnen und Schülern geschieht ein eher häufiger oder sehr häufiger Einsatz bei einem deutlich geringeren Anteil von Lehrpersonen, etwa um Unterrichtsmaterial zu verteilen (20 %), Ankündigungen oder Hinweise zu geben (16 %), Resultate oder Aktivitäten zu dokumentieren (12 %), mit einzelnen Lernenden zu kommunizieren (11 %) oder Organisatorisches zu regeln (11 %). Online-Gruppenarbeit, Umfragen und Tests für Schülerinnen und Schüler führt nur eine sehr kleine Minderheit oft oder sehr oft durch. Educanet[2] wird vor allem für selbstständige Einzelarbeiten (18 %) oder Gruppenarbeiten (17 %) an Projekten über mehrere Lektionen regelmäßig eingesetzt, für die Bearbeitung von Hausaufgaben (17 %) und für kurze selbstständige Einzelarbeitsphasen (14 %) oder Gruppenarbeiten (11 %) innerhalb einer Lektion. Die Arbeit mit der Lernplattform ist zudem bei 14 % der antwortenden Lehrpersonen regelmäßig so organisiert, dass Lernende selbst bestimmen können, wie und woran sie arbeiten. Bei 14 % bzw. 12 % muss das Lernen mit der Plattform regelmäßig nicht mehr für alle am selben Ort oder zur selben Zeit stattfinden.

20 % der befragten Lehrpersonen geben an, dass sich die Qualität des Unterrichts mit dem Einsatz der Plattform verbessert habe. 36 % erleben eine bessere Verfügbarkeit von Lernressourcen, 31 % eine größere Vielfalt der Lernaktivitäten, 24 % eine verstärkte Kommunikation mit externen Partnern, 21 % eine intensivere Zusammenarbeit zwischen Lernenden, 19 % eine Förderung offener Lernformen und 18 % ein besseres Eingehen auf individuelle Lernbedürfnisse. Auch in anderen Aspekten wird von einigen Lehrpersonen von Verbesserungen in der Arbeit mit der Plattform berichtet, z. B. bei der Motivation von Lernenden, den Einblicken in den Lernfortschritt der Lernenden, den Möglichkeiten für Coaching durch die Lehrperson und der Strukturiertheit des Unterrichts. Negative Effekte werden bezüglich dieser Aspekte nur von einzelnen Lehrpersonen berichtet. Allerdings erhöht sich für 10 - 20 % der Lehrpersonen auch der Aufwand für die Vorbereitung bzw. Durchführung der jeweiligen Unterrichtsarrangements. Zudem sind nur 10 % der Ansicht, dass sich mit dem Einsatz von educanet^2 die Lernkultur in ihrem Unterricht ändere. Weitere 14 % bestätigen dies zumindest teilweise. Daneben möchten 16 % mit dem Einsatz der Plattform pädagogisch-didaktische Akzente setzen, bei weiteren 17 % spielt dieses Anliegen zumindest teilweise eine Rolle. Nur bei einzelnen Lehrpersonen führt das jedoch zu einem Ausfall von Unterrichtslektionen zugunsten von Online-Lernphasen. Insgesamt stehen 61 % der befragten Lehrpersonen der Plattform positiv gegenüber, und ebenso viele können sie anderen Lehrpersonen weiterempfehlen.

Die weiteren Einschätzungen der befragten Lehrpersonen zu Infrastruktur, Schulkultur, Weiterbildungs- und Beratungsangeboten bestätigen das Bild aus der Administratorinnen- und Administratorenbefragung. Nur vereinzelt finden sich deutlich unterschiedliche Einschätzungen, die vermutlich auf Selbstselektionseffekte in der Lehrpersonenstichprobe zurückzuführen sind. Während z. B. die Admins die allgemeinen ICT-Kenntnisse und die Fähigkeiten der Lehrpersonen im Umgang mit educanet^2 eher skeptisch einschätzten, fällt die Selbsteinschätzung innerhalb der Lehrpersonenstichprobe deutlich besser aus. Insgesamt 57 % beurteilen ihre Kenntnisse im Umgang mit educanet^2 als gut oder sehr gut, und 27 % glauben, dass diese Kenntnisse für den Einsatz im Unterricht ausreichend sind.

Die Einschätzungen der Lehrpersonen hinsichtlich ihrer Schülerinnen und Schüler zeigen, dass ein Drittel ihren Schülerinnen und Schülern genügend

Kenntnisse für die Nutzung der Lernplattform attestiert, wobei dieser Wert von Schulstufe zu Schulstufe erwartungsgemäß stark variiert (Primar: 12 %, Gymnasien: 62 %). Allerdings sagen über 60 % der Lehrpersonen über alle Schulstufen (in der Sek I sogar 75 %) aus, dass ihre Schülerinnen und Schüler gerne am Computer arbeiten. Die Motivation zum Arbeiten mit der Lernplattform ist demgegenüber jedoch deutlich geringer und liegt zwischen 13 % auf der Primarschule und 32 % in Berufsschulen. Werden bei dieser Frage hingegen nur Lehrpersonen berücksichtigt, die im Unterricht auch mit educanet² arbeiten, so steigt die Quote der mehrheitlich motivierten Klassen auf über 30 %.

5 Diskussion

Die Ergebnisse machen deutlich, dass die Lernplattform educanet² zwar durchaus geschätzt und genutzt wird, dass die diesbezüglichen Möglichkeiten jedoch bei weitem nicht ausgeschöpft werden. So zeigen die Logfiles, dass bei der Nutzung der Plattform vor allem die E-Mail- und Dateiablage-Funktionen dominieren und komplexere Möglichkeiten nur von wenigen Lehrpersonen und selten genutzt werden. Dabei muss jedoch darauf hingewiesen werden, dass grundsätzlich auch mit einfachen technischen Möglichkeiten komplexe Lernarrangements möglich sind. Die Qualität medialer Lernprozesse ist nicht gleichzusetzen mit dem beliebigen Einsatz möglichst vielfältiger Online-Werkzeuge.

Die Befragungen machen deutlich, dass die Plattform vor allem für organisatorische Belange innerhalb des Schulteams und in geringerem Maße für Unterrichtszwecke eingesetzt wird. Große Unterschiede bestehen diesbezüglich zwischen den Schulstufen. Der Einsatz der Plattform für Unterrichtszwecke geschieht in der Primarstufe deutlich seltener als in anderen Schulstufen. Auch hier stellt sich letztlich die Frage nach der Qualität der medialen Praxis im Kontext. Zwar zeigen die Daten der Lehrpersonenbefragung, dass die Lernplattform auch für offene Lehr- und Lernformen eingesetzt wird, ihre Nutzung geht jedoch nur bei wenigen Schulen und Lehrpersonen mit einer eigentlichen Veränderung der Lehr- und Lernkultur einher. Obwohl eine Mehrheit der Plattform und ihren Möglichkeiten positiv gegenübersteht, werden die möglichen Mehrwerte erst von einem Teil der Lehrpersonen als solche realisiert.

Auch Schulleitungen und ICT-Verantwortliche stehen dem Einsatz der Plattform überwiegend positiv gegenüber und unterstützen ihn, z. B. mit dem Aufbau einer bedarfsgerechten Infrastruktur und mit schulinterner Weiterbildung und Beratung. Verbindlichkeiten bestehen eher im Bereich der organisatorischen Nutzung, nur sehr selten in Bezug auf den Unterricht. Angesichts enger Zeitverhältnisse besitzt der Einsatz der Plattform im Unterricht, in dem Lehrpersonen über große Autonomie verfügen, jedoch häufig nur eine nachgeordnete Priorität. Für eine Mehrheit der Lehrpersonen oberhalb der Primarstufe stellt die Nutzung der Plattform für Schülerinnen und Schüler kein Problem dar. Das allgemein hohe Motivationspotenzial neuer Medien scheint sich jedoch nicht unbedingt auch in der Arbeit mit der Lernplattform zu zeigen. Angesichts der mehrheitlich simplen Einsatzweisen der Plattform wäre ein anderes Ergebnis auch überraschend.

Die hier vorgestellten Befunde liefern zunächst deskriptive Auswertungen zu den verschiedenen Bereichen des eingangs vorgestellten Modells. Wie die einzelnen Gebiete zusammenspielen, wird in den folgenden Kapiteln durch differenzielle Analysen zu klären sein.

6 Literatur

Barras, J.-L. & Petko, D. (2007). Computer und Internet in Schweizer Schulen. Bestandsaufnahme und Entwicklung von 2001 bis 2007. In B. Hotz-Hart (Hrsg.), *ICT und Bildung: Hype oder Umbruch? Beurteilung der Initiative Public Private Partnership - Schule im Netz* (S. 77-133). Bern: SFIB.

Fend, H. (2000). Qualität und Qualitätssicherung im Bildungswesen. Wohlfahrtsstaatliche Modelle und Marktmodelle. *Zeitschrift für Pädagogik,* (Beiheft 41), 55-72.

Fullan, M. (1992). *Successful School Improvement: The Implementation Perspective and Beyond.* Buckingham: Open University Press.

Helmke, A. (2003). *Unterrichtsqualität. Erfassen - bewerten - verbessern.* Seelze: Kallmeyer.

Hunneshagen, H. (2005). *Innovationen in Schulen Identifizierung implementationsfördernder und -hemmender Bedingungen des Einsatzes neuer Medien.* Münster: Waxmann.

Jones, A. (2004). *What the research says about barriers to the use of ICT in teaching.* BECTA ICT Research,. Online: http://partners.becta.org.uk/upload-dir/downloads/page_documents/research/wtrs_barriersinteach.pdf [01.12.2009].

Kerres, M. (2001). *Multimediale und telemediale Lernumgebungen Konzeption und Entwicklung.* München: Oldenbourg.

Kruppa, K., Mandl, H. & Hense, J. (2002). *Nachhaltigkeit von Modellversuchsprogrammen am Beispiel des BLK-Programms SEMIK (Forschungsbericht Nr. 150).* München: LMU.

Law, N., Pelgrum, W. J. & Plomp, T. (Eds.). (2008). *Pedagogy and ICT use in schools around the world. Findings form the IEA SITES 2006 Study.* Hong Kong: CERC / Springer.

Moseley, D., Higgins, S., Bramald, R., Hardman, F., Miller, J., Mroz, M., et al. (1999). *Ways forward with ICT: Effective Pedagogy Using Information and Communica-*

tions Technology for Literacy and Numeracy in Primary Schools. Online: http://www.eric.ed.gov/ [01.12.2009].

Mumtaz, S. (2000). Factors affecting teachers' use of information and communications technology: a review of the literature. *Technology, Pedagogy and Education, 9*(3), 319-342.

Petko, D., Mitzlaff, H. & Knüsel, D. (2007). *ICT in Primarschulen. Expertise und Forschungsübersicht. Im Auftrag des Schweizer Dachverbandes der Lehrerinnen und Lehrer LCH. Goldau: Institut für Medien und Schule, PHZ Schwyz.* Online: http://www.lch.ch/lch/stellungnahmen/stellungnahmen.html [01.12.2009].

Reusser, K. & Pauli, C. (1999). *Unterrichtsqualität: Multideterminiert und multikriterial.* Unveröffentlichtes Manuskript, Zürich.

Schulz-Zander, R. & Eickelmann, B. (2008). Zur Erfassung von Schulentwicklungsprozessen mit digitalen Medien. *Medienpädagogik. Zeitschrift für Theorie und Praxis der Medienbildung (www.medienpaed.com), 14,* 22 S.

Scrimshaw, P. (2004). *Enabling teachers to make successful use of ICT.* Coventry: British Educational Communications and Technology Agency.

Seufert, S. & Euler, D. (2005). Change Management in der Hochschullehre: Die nachhaltige Implementierung von e-Learning-Innovationen. *Zeitschrift für Hochschuldidaktik, 2005*(3), 3-15.

SFIB (Hrsg.). (2008). *Integration der ICT und Medien in der Bildung. Zusammenstellung der unterstützenden Massnahmen und Aktivitäten der Kantone zur Integration der ICT in den Unterricht. Bestandsaufnahme Oktober 2008.* Bern: Schweizerische Fachstelle für Informationstechnologien im Bildungswesen.

Somekh, B. (2008). Factors affecting Teachers' Pedagogical Adoption of ICT. In J. Voogt & G. Knezek (Eds.), *International Handbook of Information Technology in Primary and Secondary Education* (pp. 449-460). Berlin <etc.>: Springer.

Webb, M. & Cox, M. (2004). A review of pedagogy related to information and communications technology. *Technology, Pedagogy and Education, 13*(3), 235-286.

Die Einführung von Lernplattformen als Schulentwicklungsprozess

Thomas Moser / Dominik Petko

Die Einführung neuer Medien an Schulen wird in den letzten Jahren verstärkt als Prozess einer umfassenden Schulentwicklung verstanden (vgl. Dexter, 2008; Balanskat, Blamire & Kefala, 2006; Scrimshaw, 2004; Kozma, 2003; Venezky & Davis, 2002; Mumtaz, 2000; Schulz-Zander, 1999). Der Ansatz der Schulentwicklung entstand seit den 80er Jahren in Anlehnung an allgemeine Theorien der Organisationsentwicklung. Er wendet sich gegen die traditionell verbreitete Praxis der zentralen Schulsteuerung und betont sowohl die Rolle der Einzelschule als auch des systemischen Zusammenspiels struktureller, materieller, sozialer und individueller Faktoren auf unterschiedlichen Ebenen (vgl. Fend, 2008; Rolff, 2007; Fullan, 1999). Prozesse der Schulentwicklung erschöpfen sich nicht in einzelnen Projekten, sondern sind geprägt durch ein offenes, planmäßiges, zielorientiertes und längerfristiges Vorgehen über mehrere Phasen, das in letzter Konsequenz auf eine Einstellungs-, Wissens- und Verhaltensänderung der verschiedenen Akteure zielt. Im Kontext von Schulentwicklungsprozessen mit neuen Medien wurden solche Konzepte aufgenommen und in verschiedener Form erweitert.

1 Schulische Bedingungen bei der Einführung neuer Medien

Neue Medien werden von Lehrpersonen vor allem dann eingesetzt, wenn sie über ausreichende Infrastruktur verfügen, methodisch-didaktische Kompetenzen besitzen und vom Wert der Nutzung überzeugt sind (vgl. Knezek & Christensen, 2008; Petko, 2008). Leitungspersonen an Schulen können hierfür mit verschiedenen Maßnahmen förderliche Bedingungen schaffen und Impulse geben.

Die Schulleitung gilt als wichtigster *change agent* bei der Einführung neuer Medien (vgl. Dexter, 2008; Law, 2008; Scrimshaw, 2004; sowie deutschsprachige Befunde, z. B. bei Schaumburg, Prasse, Tschackert & Blömeke, 2007; Kruppa, Hense & Mandl, 2002). Die Implementierung verläuft erfolgreicher, wenn die Schulleitung den Einsatz neuer Medien befürwortet, strategische Ziele damit verbindet, Schritte der Umsetzung erarbeitet und die Priorität und Zielsetzung mit dem Einbezug relevanter Akteure und gemeinsamer Vereinbarungen koordiniert. Die Schulleitung regelt Freiräume und Verbindlichkeiten bezüglich der zeitlichen und räumlichen Organisation des Schulentwicklungsprozesses, sie ermutigt und unterstützt Lehrpersonen in ihrer Umsetzung und evaluiert die erzielten Fortschritte. Weitere mögliche Schlüsselpersonen im Innovationsprozess sind ICT-Beauftragte oder engagierte Pioniere und Pionierinnen innerhalb des Kollegiums. Ihr Engagement kann aber - je nach Dynamik innerhalb der Schule - auch zu einer Verinselung der Innovation führen, die an diese Akteure quasi „abdelegiert" wird. Von elementarer Bedeutung ist es daher, gezielt die Kooperation zwischen den Lehrkräften und den Austausch innovativer Unterrichtskonzepte zu fördern (vgl. Hunneshagen, 2005).

Neben den genannten Aspekten können Leitungspersonen die Integration neuer Medien durch Beratungs- und Weiterbildungsangebote unterstützen. Als gemeinsame Leitprinzipien unterschiedlicher Weiterbildungsansätze gelten möglichst enge Verknüpfung rezeptiver und aktiver Anteile, allgemeine Konzepte und fachdidaktische Konkretisierungen, bisherige Wissensbestände und neue Überzeugungen und Kompetenzen (vgl. Penuel, Fishman, Yamaguchi & Gallagher, 2007; Hughes, 2004; Cole, Simkins & Penuel, 2002). ICT-spezifische Fortbildungen für Lehrpersonen sind vor allem dann effektiv, wenn sie nicht nur auf technische Möglichkeiten und Handhabungen fokussieren, sondern möglichst konkreten Bezug auf die unterrichtliche Nutzung nehmen. Besonders wirkungsvoll sind schulinterne Weiterbildungen, die spezifisch auf den Bedarf vor Ort zugeschnitten sind und zugleich einen Prozess der Teambildung voranbringen.

Schließlich müssen Leitungspersonen für eine gute technische Ausstattung an der Schule sorgen (vgl. z. B. Döbeli Honegger, 2005; Cuban, Kirkpatrick & Peck, 2001; Pelgrum, 2001). Obwohl dieses Thema nach der Pilotphase vieler ICT-Projekte an Schulen eher in den Hintergrund tritt, bleibt die bedarfsgerechte technische Ausstattung grundsätzlich eine kontinuierliche Herausforderung. Ein reibungsloses Funktionieren wird auch durch eine langfristig angesetzte Lösung für das Support- und Wartungsproblem durch interne und externe Kooperationen, Betreuungssysteme und flexible Planungsstrukturen gewährleistet. Zur erweiterten Infrastruktur kann auch die Lernplattform selbst gerechnet werden. Deren Einführung ist nicht zuletzt ebenfalls davon abhängig, wie gut sie bezüglich Funktionsumfang, Bedienung und Support zur Schule und ihren Bedürfnissen passt, und wie stabil die Software funktioniert.

Angesichts des Mangels an Studien zur Nutzung von Lernplattformen an Schulen stellt sich die Frage, ob hier ähnliche Bedingungen eine Rolle spielen wie bei der allgemeinen Einführung von ICT an Schulen.

2 Stichprobe und Methode

Zwar nutzen annähernd 40 % der Schweizer Schulen educanet[2] (Barras & Petko, 2007); welche Faktoren die Nutzungsart und -intensität der Lernplattform an einer Schule beeinflussen, ist jedoch noch weitgehend unbekannt. Mit der Befragung von educanet[2]-Administratorinnen und Administratoren wurde versucht, diese Faktoren auf Schulebene näher zu bestimmen. Für die Befragungen wurden sämtliche Administratorinnen und Administratoren aller 2.548 auf der Plattform angemeldeten Institutionen per Mail zum Beantworten eines Online-Fragebogens eingeladen. 20 % der Angeschriebenen beantworteten den Fragebogen, wobei 292 angaben, educanet[2] an ihrer Schule in irgendeiner Form zu nutzen. Zur Verbesserung der Vergleichbarkeit der Daten wurden in der Folge nur Rückmeldungen berücksichtigt, welche für ganze Schulen Auskunft gaben, und nicht für Teile einer Schule oder mehrere Schulen. Diese Kriterien erfüllten 207 der antwortenden 292 educanet[2]-Institutionen. Angesichts der verhältnismäßig niedrigen Rücklaufquote wurde anhand von Logdaten und bekannten Angaben zur Grundgesamtheit eine Non-Response-Analyse durchgeführt. Neben kleineren Verschiebungen in Schulstufen und Regionen besitzen die Antwortenden vor allem deutlich mehr angemeldete und aktive Nutzerinnen und Nutzer. Die Daten aus der Befragung erlauben damit nur Aussagen über Schulen, welche die Plattform in erhöhter Intensität einsetzen. Im Fragebogen wurden neben Angaben zum Nutzungsmuster der Lernplattform verschiedene Einflussfaktoren auf Schulebene erfasst. Diese betreffen unter anderem die oben bereits theoretisch skizzierten Dimensionen 1) Schulleitung und Schulkultur, 2) Weiterbildung und Beratung und 3) Infrastruktur und Support.

Um Schulleitung und Schulkultur zu beschreiben, wurden vier Skalen nach Heim, Trachsler, Rindlisbacher und Nido (2007) verwendet, welche ursprünglich von Bonsen et al. (2002) und Fend (1998) entwickelt worden waren (Innovationsbereitschaft der Schulleitung: 3 Items, $\alpha=.88$; zielgerichtete Führung: 3 Items, $\alpha=.84$; Organisationskompetenz: 3 Items, $\alpha=.71$; Partizipation der Lehrpersonen an den Entscheidungsprozessen: 4 Items, $\alpha=.87$). Darüber hinaus wurden Ziele der Schulleitung bezüglich educanet[2] (3 Items, $\alpha=.88$) erhoben. Neben den genannten Skalen wurden Einzelitems zum Engagement der Schulleitung bzw. der ICT-Verantwortlichen beim Einsatz von educanet, die Nutzungsintensität der Schulleitung und Angaben zu verpflichtenden Aspekten bei der Nutzung von educanet[2] einbezogen. Die Bedeutung von educanet[2] an der Schule wurde wiederum mit einer Skala von drei Items ($\alpha=.69$) erhoben.

In einer Reihe von Einzelitems wurde das schulinterne und -externe Weiterbildungs- und Beratungsangebot erfragt. Die Nutzung dieser Angebote innerhalb der Lehrerschaft wurde mit einer Skala zusammengefasst (6 Items, $\alpha=.0.87$).

Auch die ICT-Kompetenzen der Lehrpersonen (5 Items, α=.81), die Innovationsbereitschaft von Lehrpersonen (3 Items, α=.88), die allgemeine Meinung des Kollegiums zu educanet² (3 Items, α=.79) und der Wandel der Unterrichtskultur mit educanet² (4 Items, α=.78) wurden von den ICT-Verantwortlichen für ihre Schule eingeschätzt.

Der Aspekt der Infrastruktur umfasst Einzelitems zur Anzahl Computer pro Schüler und Anteil der Computer mit Internetanschluss. Zusammenfassend wurden Einschätzungen zur Qualität und Verfügbarkeit von ICT (6 Items, α=.84) und zur Zufriedenheit mit dem ICT-Support (2 Items, α=.78) erfragt. Zudem wurden vier Skalen zur Beurteilung von educanet² erhoben. Dazu gehören Einschätzungen zur Verfügbarkeit und Stabilität von educanet² (2 Items, α=.76), zur Benutzerfreundlichkeit der verfügbaren Funktionen (5 Items, α=.77), zum Funktionsumfang (3 Items, α=.77) sowie zu den Hilfestellungs- und Unterstützungsangeboten (2 Items, α=.78).

3 Ergebnisse

Zur Ermittlung von Einflussfaktoren auf die Nutzungsart und -intensität wurde zunächst eine Clusteranalyse durchgeführt (Ward-Methode mit quadrierter euklidischer Distanz als Näherungsmaß). Anhand der Angaben zur *Nutzungsintensität für unterrichtliche Zwecke* und *Nutzungsintensität für organisatorischen Zwecke* wurden vier Typen von Schulen gebildet. Eine erste Gruppe von Schulen nutzt educanet² nach Angaben der Administratorinnen und Administratoren grundsätzlich selten, sowohl für organisatorische als auch für Unterrichtszwecke (U-/O-, N=45). Eine weitere Gruppe von Schulen nutzt die Plattform vorwiegend für organisatorische Zwecke (U-/O+, N=51), die dritte Gruppe vorwiegend für Unterrichtszwecke (U+/O-, N=56). Eine vierte Gruppe setzt educanet² regelmäßig sowohl für Unterrichtszwecke als auch für organisatorische Zwecke ein (U+/O+, N=39). In den folgenden Ausführungen wird geprüft, wie sich diese vier Gruppen in Bezug auf die genannten zentralen Bereiche der Schulentwicklung mit neuen Medien unterscheiden (vgl. bereits Petko & Moser, 2009). Auf Basis der skizzierten Theorielage wurden signifikante Unterschiede in allen genannten Bereichen erwartet.

Wie Tabelle 1 zeigt, bestätigen sich diese Erwartungen nur teilweise. Signifikante Unterschiede zwischen den Gruppen bezüglich der Aktivitäten und Haltungen von Schulleitung und ICT-Verantwortlichen bestehen nur in Bezug auf educanet²-spezifische Aspekte. Insbesondere in den Gruppen mit intensiver organisatorischer Nutzung der Plattform besteht ein erhöhtes spezifisches Engagement von Schulleitung und ICT-Beauftragten, das sich auch in ihrer eigenen

Die Einführung von Lernplattformen als Schulentwicklungsprozess

Nutzung der Plattform, den diesbezüglichen Zielen und der strategischen Priorität dieser Aktivitäten zeigt. Hinsichtlich allgemeiner Schulleitungsvariablen, wie Innovationsbereitschaft, zielgerichtete Führung oder Organisationskompetenz, unterscheiden sich die Gruppen kaum.

Tabelle 1: Gruppenvergleich der Nutzungstypen in Bezug auf schulische Faktoren

	O-/U-	O-/U+	O+/U-	O+/U+	Sig.
	M (SD)	M (SD)	M (SD)	M (SD)	p
educanet^2 -Engagement der Schulleitung[1]	1.8 (1.0)	2.5 (1.1)	3.6 (1.2)	4.0 (1.1)	***
educanet^2 -Engagement ICT-Verantwortliche[1]	3.4 (1.1)	4.0 (1.1)	4.3 (1.0)	4.4 (0.7)	***
educanet^2 -Nutzung der Schulleitung[2]	1.7 (1.1)	2.0 (1.1)	3.5 (1.4)	3.9 (1.4)	***
Verpflichtende Aspekte[3]	.09 (.29)	.14 (.35)	.67 (.48)	.62 (.49)	***
Ziele der Schulleitung bezüglich educanet^2 [4]	1.9 (0.8)	2.7 (0.9)	3.0 (1.0)	3.5 (1.0)	***
Strategische Bedeutung von educanet^2 [4]	2.1 (0.7)	2.7 (0.9)	2.8 (0.8)	3.0 (0.7)	***
Innovationsbereitschaft der Schulleitung[4]	3.6 (1.0)	3.8 (0.9)	3.7 (0.8)	4.1 (0.8)	n.s.
Zielgerichtete Führung der Schulleitung[4]	3.6 (0.9)	3.7 (0.8)	3.5 (0.8)	3.9 (0.8)	n.s.
Organisationskompetenz der Schulleitung[4]	4.0 (0.8)	4.1 (0.7)	3.8 (0.8)	4.1 (0.8)	n.s.
Partizipation der Lehrpersonen[4]	3.8 (0.9)	3.9 (0.6)	3.6 (0.9)	3.9 (0.8)	n.s.
Nutzung der Weiterbildung zu educanet^2 [4]	2.3 (0.8)	2.7 (0.6)	2.8 (0.7)	2.9 (0.7)	**
ICT-Kompetenzen der Lehrpersonen[4]	2.4 (0.5)	2.8 (0.5)	2.8 (0.5)	2.9 (0.7)	**
Meinung der Lehrpersonen zu educanet^2 [4]	2.6 (0.8)	3.1 (0.6)	3.1 (0.6)	3.3 (0.8)	***
Wandel der Unterrichtskultur mit educanet^2 [4]	1.9 (0.7)	2.4 (0.7)	2.1 (0.7)	2.5 (0.7)	***
Innovationsbereitschaft der Lehrpersonen[4]	3.2 (0.7)	3.5 (0.7)	3.4 (0.8)	3.6 (0.7)	n.s.
Anzahl Schüler/innen pro Computer[5]	7.6 (4.2)	8.7 (4.5)	8.1 (4.1)	6.6 (3.6)	n.s.
Anteil Computer mit Internetanschluss in %[5]	95 (12)	96 (9)	87 (22)	94 (17)	n.s.
Beurteilung ICT-Infrastruktur [6]	4.1 (0.8)	4.3 (0.6)	4.1 (0.6)	4.2 (0.7)	n.s.
Beurteilung ICT-Support [6]	3.5 (1.0)	3.9 (0.8)	3.7 (1.0)	3.9 (1.0)	n.s.
Verfügbarkeit von educanet^2 [4]	4.7 (0.5)	4.7 (0.5)	4.7 (0.6)	4.7 (0.4)	n.s.
Benutzerfreundlichkeit von educanet^2 [4]	3.4 (0.8)	3.6 (0.6)	3.6 (0.7)	3.8 (0.5)	n.s.
Funktionsumfang von educanet^2 [4]	4.1 (0.8)	3.8 (0.8)	3.8 (0.9)	3.7 (0.6)	*
Hilfestellung bei educanet^2 [4]	3.6 (0.9)	3.9 (0.7)	3.7 (0.8)	3.8 (0.7)	n.s.

[1] Skala: 1=gar nicht - 5=sehr stark; [2] Skala: 1=von keinen - 5=von allen; [3] Skala: 0=nicht vorhanden - 1=vorhanden; [4] Skala: 1=stimmt gar nicht/negativ - 5=stimmt völlig/positiv; [5] Absolute Werte; [6] Skala: 1=sehr schlecht - 5=sehr gut;
n.s.= nicht signifikant, * p<.05, ** p<.01, *** p<.001 nach Kruskall-Wallis H Test

Auch bei den Einschätzungen in Bezug auf Lehrpersonenvariablen zeigen praktisch nur Lernplattform-spezifische Eigenschaften signifikante Unterschiede. Diese Differenzen sind nicht so groß wie bei den Schulleitungsvariablen, und die Werte streuen nah um einen mittleren Bereich. Signifikante Unterschiede ergeben sich vor allem zwischen der Gruppe der Schulen, die die Plattform insgesamt selten einsetzt, und den drei anderen Typen. Wenn die Plattform an Schulen zu irgendeinem Zweck verstärkt genutzt wird, dann korrespondiert dies mit leicht positiveren diesbezüglichen Einstellungen und Kompetenzen und einer leicht höheren Nutzung entsprechender Weiterbildungsangebote an diesen Schulen. Die Einschätzungen zur ICT-Infrastruktur und zu den Möglichkeiten der Plattform liegen im Schnitt durchgängig im positiven Bereich. Dabei zeigen sich jedoch kaum Unterschiede zwischen den Gruppen. Einzig der Funktionsumfang der Plattform wird von Gruppen mit intensiverer Nutzung tendenziell schlechter beurteilt, was damit zu erklären wäre, dass gerade diese Gruppen eher an die Grenzen der Möglichkeiten der Plattform stoßen. Um das Zusammenspiel der verschiedenen Variablen zu klären, wurden ordinale logistische Regressionen in Bezug auf die Variablen der Verbreitung der organisatorischen und unterrichtlichen Nutzung berechnet (vgl. Tabelle 2).

Tabelle 2: Ordinale Regression zur Erklärung einer verstärkten Nutzung der Lernplattform für organisatorische Zwecke

		b	SE (b)	Wald's χ^2	df	p	95 % Konfidenz- intervall unteres	oberes
Threshold	1	-2.137	.869	6.048	1	.014	-3.840	-.434
	2	-.094	.858	.012	1	.912	-1.776	1.587
	3	1.143	.872	1.720	1	.190	-.565	2.852
	4	3.317	.921	12.985	1	.000	1.513	5.122
Verpflichtende Aspekte zu educanet[2]		2.199	.444	24.507	1	.000	1.329	3.070
Engagement Schulleitung zu educanet[2]		.619	.195	10.067	1	.002	.236	1.001
Innovativität der Schulleitung		-.757	.252	9.061	1	.003	-1.251	-.264
Partizipation der LP		-.585	.225	6.766	1	.009	-1.025	-.144
Ziele der Schulleitung mit educanet[2]		.557	.261	4.564	1	.033	.046	1.069
educanet[2]-Nutzung der Schulleitung		.494	.155	10.165	1	.001	.190	.797

Tests	χ^2	df	p	R^2
Overall model : Likelihood ratio test	163.232	6	.000	
Goodness-of-fit test: Pearson	672.501	630	.117	
Cox and Snell R^2				.639
Nagelkerke R^2				.667

Abhängige Variable: Nutzung für organisatorische Zwecke; Skala:1=von keinen - 5=von allen Parallelitätstest für Linien: p=.215

Die Einführung von Lernplattformen als Schulentwicklungsprozess

In den Analysen ergab sich nur für die Variable der "organisatorischen Nutzung" ein Modell, das die Unterschiede zwischen den einzelnen Schulen zu erklären vermag. Dabei zeigen insbesondere die Verpflichtungen zum Einsatz der Plattform in Bezug auf die organisatorische Nutzung eine sehr hohe Erklärungskraft. Weitere positive Prediktoren sind das Engagement der Schulleitung für den Einsatz der Plattform, ihre damit verbundenen Ziele und ihre eigene Nutzungsfrequenz. Ein überraschender Befund ist hingegen, dass eine intensivere organisatorische Nutzung der Plattform tendenziell gerade nicht mit besonderer Innovativität der Schulleitung oder einer Partizipation der Lehrpersonen korrespondiert. Die Einführung der Plattform für den organisatorischen Einsatz erfolgt möglicherweise häufig top-down und zu eher traditionellen Zwecken.

4 Diskussion

Die Ergebnisse bestätigen die Annahme, dass der Schulleitung bei der Implementierung der Lernplattform eine Schlüsselrolle zukommt. Schulen, welche educanet[2] öfter einsetzen, besitzen eine diesbezüglich stärker engagierte Schulleitung, die der Plattform eine höhere Priorität im Zusammenhang mit der Schulentwicklung beimisst und mit dem Einsatz klarere Zielsetzungen verbindet. Bei den allgemeinen Merkmalen der Schulleitung, z. B. Innovativität, finden sich hingegen keine Unterschiede zwischen den Nutzungstypen. Signifikante, wenn auch deutlich kleinere Unterschiede zeigen sich auch bezüglich der Kompetenzen und Einstellungen der Lehrpersonen und ihrer Nutzung von Weiterbildungsangeboten. Die Infrastruktur scheint hingegen kein besonders differenzierender Faktor zu sein. Das Engagement der Schulleitung spielt vor allem bei einer organisatorischen Nutzung der Lernplattform innerhalb des Lehrpersonenteams eine Rolle. Die Einführung der Plattform zu diesem Zweck scheint eher top-down zu erfolgen, was sich vor allem an der Etablierung entsprechender Verpflichtungen zeigt. Die Resultate lassen einige Fragen offen, z. B. die Rolle der Schulleitung in unterschiedlichen Phasen der Einführung von Lernplattformen. Auch die Frage nach der Rolle der Schulleitung bei der Förderung des Lernplattformeinsatzes im Unterricht bleibt unklar. Die Aussagekraft der Daten ist gerade diesbezüglich einzuschränken. Da diese Analysen auf Basis der Einschätzungen von Administratorinnen und Administratoren beruhen, ist zu erwarten, dass diese möglicherweise einen besseren Einblick in die Nutzung innerhalb des Kollegiums besitzen als in den Einsatz im Rahmen des Unterrichts. Hier werden Befragungen der Lehrpersonen besseren Aufschluss geben können.

5 Literatur

Balanskat, A., Blamire, R. & Kefala, S. (2006). *The ICT Impact Report. A review of studies of ICT impact on schools in Europe.* European Commission. Online: http://insight.eun.org/ww/en/pub/insight/misc/specialreports/impact_study.htm [01.12.2009].

Barras, J.-L. & Petko, D. (2007). Computer und Internet in Schweizer Schulen. Bestandsaufnahme und Entwicklung von 2001 bis 2007. In B. Hotz-Hart (Hrsg.), *ICT und Bildung: Hype oder Umbruch* (S. 77-133). Bern: hep Verlag.

Bonsen, M., Gathen, J. v. d., Iglhaut, C. & Pfeiffer, H. (2002). *Die Wirksamkeit von Schulleitung. Empirische Annäherungen an ein Gesamtmodell schulischen Leitungshandelns.* Weinheim/München: Juventa.

Cole, K.,Simkins, M. & Penuel, W. R. (2002). Learning to Teach with Technology: Strategies for Inservice Professional Development. *Journal of Technology and Teacher Education, 10*(3), 431-456.

Cuban, L., Kirkpatrick, H. & Peck, C. (2001). High access and low use of technologies in high school classrooms: Explaining an apparent paradox. *American Educational Research Journal, 38*(4), 813-834.

Dexter, S. (2008). Leadership fo IT in schools. In J. Voogt & G. Knezek (Eds.), *International Handbook of Information Technology in Primary and Secondary Education* (pp. 543-555). New York: Springer.

Döbeli Honegger, B. (2005). *Konzepte und Wirkungszusammenhänge bei Beschaffung und Betrieb von Informatikmitteln an Schulen.* Zürich: ETH.

Fend, H. (1998). *Qualität im Bildungswesen. Schulforschung zu Systembedingungen, Schulprofilen und Lehrerleistung.* Weinheim: Juventa.

Fend, H. (2008). *Schule gestalten. Systemsteuerung, Schulentwicklung und Unterrichtsqualität.* Wiesbaden: VS Verlag für Sozialwissenschaften.

Fullan, M. (1999). *Die Schule als lernendes Unternehmen. Konzepte für eine neue Kultur in der Pädagogik.* Stuttgart: Klett-Cotta.

Heim, D. K., Trachsler, E., Rindlisbacher, S. & Nido, M. (2007). *Schulen als Lernumgebungen für Lehrerinnen und Lehrer. Zusammenhänge zwischen Schulkontext, persönlichen Merkmalen und dem Weiterlernen von Lehrpersonen.* Kreuzlingen: Pädagogische Hochschule Thurgau.

Hughes, J. (2004). Technology learning principles for preservice and in-service teacher education. *Contemporary Issues in Technology and Teacher Education, 4*(3), 345-362.

Hunneshagen, H. (2005). *Innovationen in Schulen: Identifizierung implementationsfördernder und -hemmender Bedingungen des Einsatzes neuer Medien.* Münster, New York, München, Berlin: Waxmann.

Knezek, J. and Christensen, R. (2008). The Importance of Information Technology Attitudes and Competencies in Primary and Secondary Education, in Voogt, J. and Knezek, J. (Eds.), *International Handbook of Information Technology in Primary and*

Secondary Education, Section 4: IT Competencies and Attitudes (pp. 321-332). New York: Springer.

Kozma, R. B. (Ed.). (2003). *Technology, Innovation, and Educational Change: A Global Perspective*. Eugene, OR: ISTE.

Kruppa, K., Mandl, H. & Hense, J. (2002). *Nachhaltigkeit von Modellversuchsprogrammen am Beispiel des BLK-Programms SEMIK (Forschungsbericht Nr. 150)*. München: LMU.

Law, N. (2008). Summary and Reflections. In N. Law, W. J. Pelgrum & T. Plomp (Eds.), *Pedagogy and ICT Use in Schools around the World. Findings from the IEA SITES 2006 Study* (pp. 263–277). Hong Kong: CERC-Springer.

Mumtaz, S. (2000). Factors affecting teachers' use of information and communications technology: a review of the literature. *Technology, Pedagogy and Education, 9*(3), 319-342.

Pelgrum, W. (2001). Obstacles to the integration of ICT in education: results from a worldwide educational assessment. *Computers and Education, 37*, 163-178.

Penuel, W.R., Fishman, B.J., Yamaguchi R.Y. and Gallagher, L.P. (2007). What Makes Professional Development Effective? Strategies that Foster Curriculum Implementation. *American Education Research Journal, 44*(4), 921-958.

Petko, D. (2008). Oversold - Underused Revisited: Factors Influencing Computer Use in Swiss Classrooms. In J. Zumbach, N. Schwartz, T. Seufert & L. Kester (Eds.), *Beyond Knowledge: the Legacy of Competence. Meaningful Computer-based Learning Environments* (pp. 121-122). Dordrecht: Springer.

Petko, D. & Moser, T. (2009). Bedingungen der Nutzung von Lernplattformen in Schulen. Empirische Befunde zu einem nationalen Modellprojekt aus der Schweiz. *Zeitschrift für E-Learning, Lernkultur und Bildungstechnologie, 4* (3), 20-31.

Rolff, H.-G. (2007). *Studien zu einer Theorie der Schulentwicklung*. Weinheim, Basel: Beltz Verlag.

Schaumburg, H., Prasse, D., Tschackert, K. & Blömeke, S. (2007). *Lernen in Notebook-Klassen. Endbericht zur Evaluation des Projekts „1000mal1000: Notebooks im Schulranzen"*. Bonn: Schulen ans Netz e. V.

Schulz-Zander, R. (1999). Neue Medien und Schulentwicklung. In E. Rösner (Hrsg.), *Schulentwicklung und Schulqualität* (S. 35-56). Dortmund: IFS-Verlag.

Scrimshaw, P. (2004). *Enabling teachers to make successful use of ICT*. Online: http://partners.becta.org.uk/page_documents/research/enablers.pdf [01.12.2009].

Somekh, B. (2008). Factors affecting teachers' pedagogical adoption of ICT. In J. Voogt & G. Knezek (Eds.), *International Handbook of Information Technology in Primary and Secondary Education* (pp. 449–460). New York: Springer Science + Business Media.

Venezky, R. L. & Davis, C. (2002). *Quo Vademus? The Transformation of Schooling in a Networked World*. Online: http://www.oecd.org/dataoecd/48/20/2073054.pdf [01.12.2009].

Lernplattformen und neue Unterrichtskultur

André Frey / Dominik Petko

Mit dem Einsatz digitaler Medien im Unterricht wurde fast immer auch die Erwartung eines Wandels der Lehr- und Lernkultur verbunden. Nachdem sich die Hoffnungen in den Anfängen des computerunterstützten Lernens vor allem auf optimierte Instruktion und automatisiertes Feedback richteten, stand spätestens seit Mitte der 80er Jahre des 20. Jahrhunderts verstärkt die Förderung einer konstruktivistischen Unterrichts- und Lernkultur im Zentrum (vgl. Jonassen, 1999; Mandl & Reinmann-Rothmeier, 1998; Derry & Lajoie, 1993). Trotz ihrer Konjunktur sind die Begriffe des „konstruktivistischen Lernens" bzw. des „konstruktivistischen Unterrichts" relativ unscharf (vgl. Richardson, 2003; Duffy & Cunningham, 1996). Zentrales Element ist die Leitidee eines selbstbestimmten, aktiven und entdeckenden Lernens. Anstatt bestehendes und instruktional präsentiertes Wissen nachzuvollziehen, haben Lernende in konstruktivistischen Lernarrangements verstärkt die Möglichkeit, eigenständige Einsichten und Theorien über Sachverhalte aufzubauen. Lehrpersonen verstehen ihre Rolle dabei weniger als Wissensvermittlung sondern vermehrt als Lernbegleitung, wobei sie offene Problemstellungen entwerfen und stützende Hilfen anbieten. Weitere gängige Aspekte konstruktivistischen Lernens betreffen u. a. die explizite Anknüpfung an das Vorwissen, die experimentierende Arbeit an alltagsnah situierten Problemstellungen, die Möglichkeit zum Dialog in Lerngruppen und die Reflexion der eigenen Lernziele, Lernwege und Lernerträge. Heute haben vielfältige Lernarrangements den Anspruch, konstruktivistisches Lernen prototypisch umzusetzen. Dazu gehören z. B. Ansätze wie *problem-based-learning*, *inquiry learning*, *cognitive apprenticeship* und *anchored instruction*, die *cognitive flexibility theory* oder die Partizipation in *knowledge building communities*.

Nicht jeder Unterricht, der mit konstruktivistischem Anspruch auftritt, erfüllt diesen in gleicher Weise (vgl. Reusser, 2006; Terhart, 1999). Einerseits können sich, je nach Orientierung an philosophisch-erkenntnistheoretischen oder systemtheoretischen, kognitions- und entwicklungspsychologischen oder sozialkonstruktivistischen Ideen von Konstruktivismus, sehr unterschiedliche korrespondierende Unterrichtsvorstellungen ergeben. Dabei wird vor allem vor radikalkonstruktivistischen „Kurzschlüssen" gewarnt, schulisches Lernen nur noch als freies Entdecken inszenieren zu wollen. Bei der aktuellen Diskussion geht es deshalb um die Klärung unrealistischer Erwartungen an offene Lernformen und den Stellenwert der instruktionalen Anteile im Lernprozess (vgl. Kirschner, Sweller & Clark, 2006 und die Reaktionen bei Tobias & Duffy, 2009; Hmelo-Silver, Duncan & Chinn, 2007). Seit längerem wird deshalb auch von „gemäßigt konstruktivistischen" Vorstellungen gesprochen, bei denen instruktionale und konstruktivistische Lernformen nicht unbedingt einen Gegensatz bilden (vgl. z. B. Reinmann-Rothmeier & Mandl, 2006; Bransford, Brown & Cocking, 1999).

1 Lernplattformen als Teil einer neuen Lernkultur?

In vielen größeren Pilotprojekten zum ICT-Einsatz in Schulen schienen sich die Erwartungen zu bestätigen, dass digitale Medien häufiger und nachhaltiger in Verknüpfung mit einer offeneren und teilweise auch als konstruktivistisch zu bezeichnenden Lernkultur eingesetzt werden (vgl. Voogt, 2008; Kozma, 2003; Becker, 2000; Moseley et al., 1999; Pelgrum & Anderson, 1999; Sandholtz, Ringstaff & Dwyer, 1997). Der angestrebte und teilweise auch beobachtete Wandel zu einer neuen Lehr- und Lernkultur geht dabei teilweise noch deutlich über konstruktivistische Vorstellungen hinaus und zielt auf erweiterte Kompetenzen des lebenslangen Lernens in einer Informations- und Wissensgesellschaft, in pointierter Abgrenzung zu bisherigen Schulroutinen, die eher den Mustern und dem Bedarf der Produktions- und Industriegesellschaft entsprechen (vgl. z. B. Voogt, 2008). Ein solcher Wandel findet mit dem Einsatz von ICT im Unterricht jedoch keineswegs automatisch statt, sondern er ist an vielfältige Bedingungen gebunden (vgl. Somekh, 2008; Ertmer, 2005; Webb & Cox, 2004; Venezky & Davis, 2002; Ertmer, Addison, Lane, Ross & Woods, 1999). So nutzen viele Lehrpersonen ICT anfänglich vor allem dazu, bestehende Unterrichtsmuster zu unterstützen und gegebenenfalls zu erweitern, jedoch nicht unbedingt zu verändern. ICT ist nicht als automatischer Katalysator, sondern eher als ein Hebel zu verstehen, mithilfe dessen in einem Prozess gemeinsamer Schul- und Unterrichtsentwicklung an einer neuen Lernkultur gearbeitet werden kann (vgl. Venezky & Davis, 2002).

Schulische Hardware und Software werden in Bezug auf bestimmte Lernszenarien entwickelt und besitzen damit immer auch eine didaktische Prägung. Zwar können solche Akzentsetzungen im erweiterten didaktischen Setting auch abgeändert werden (vgl. Dillenbourg, Schneider & Synteta, 2002), es ist jedoch nicht immer einfach, Produkte entgegen ihrer intendierten Funktionalität umzunutzen. So stellt sich beispielsweise mit der Einführung von elektronischen Wandtafeln an Schulen die Frage, ob diese transformatives Potenzial besitzen oder ob damit nicht eher traditionelle Lernkulturen fortgeführt werden (vgl. Somekh et al., 2007). Genau diese Frage stellt sich auch im Kontext von Lernplattformen. Nach den Entwicklungen des Web 2.0 wurden Lernplattformen, die kurz zuvor gerade wegen ihrer transformativen Potenziale in Bezug auf eine neue Lernkultur gefeiert wurden (vgl. z. B. SFIB, 2005; BECTA, 2005; EUN Consortium, 2003), plötzlich eher mit einem klassisch instruktionalen Modell assoziiert (vgl. Dalsgaard, 2006; Wilson et al., 2006; Kerres, 2006).

2 Fragestellungen und Methoden

Ausgehend von den skizzierten theoretischen Diskussionen, beschäftigen sich die weiteren Ausführungen mit drei Fragestellungen.
- In welchen Eigenschaften unterscheiden sich Lehrpersonen mit einer häufigeren Nutzung der Lernplattform educanet^2 von solchen mit einer weniger häufigen Nutzung?
- Setzen Lehrpersonen, die sich verstärkt an konstruktivistischen Ideen orientieren, die Lernplattform häufiger ein als solche, die sich an eher traditionellen Unterrichtsideen orientieren?
- Verwenden Lehrpersonen, die häufiger offene Unterrichtsformen praktizieren, die Lernplattform in einem stärkeren Maße als solche, die ein eher traditionelles Unterrichtsmuster praktizieren, und geschieht der Einsatz dabei zur Unterstützung dieser offenen Unterrichtsformen?

Zur Beantwortung dieser Fragen wurde eine Zufallsstichprobe von 1.380 Lehrpersonen, die educanet^2 in irgendeiner Form nutzen, mithilfe eines standardisierten Online-Fragebogens erhoben. Das Instrument umfasste neben soziodemographischen Angaben und allgemeinen berufsbezogenen Merkmalen unter anderem Einschätzungen zur ICT-Infrastruktur der Schule, zu ICT-bezogener Weiterbildung, allgemeiner und ICT-spezifischer Schulkultur, selbsteingeschätzten ICT-Kompetenzen und Überzeugungen sowie zur Nutzungshäufigkeit und Nutzungsart der Plattform. Der Einsatz offener Lernformen wurde durch eine Liste verschiedener Unterrichtsansätze erfasst, zu denen einerseits die allgemeine Häufigkeit ihrer Umsetzung und andererseits die diesbezügliche Regelmäßigkeit der Verwendung von educanet^2 eingeschätzt werden sollte. Zur Messung der allgemeinen konstruktivistischen Orientierung wurde eine Kurzversion der Constructivist Learning Scale (CLES) nach Johnson & McClure (2004, ursprünglich: Taylor, Fraser & Fisher, 1997) mit den Subskalen "Alltagsbezug des Unterrichts" (4 Items, $\alpha=.86$), „Konstruktiver Wissensbegriff" (4 Items, $\alpha=.79$), „Förderung von kritischem Denken" (4 Items, $\alpha=.72$), „Unterrichtsmitbestimmung" (4 Items, $\alpha=.81$) und „Soziales Lernen" (4 Items, $\alpha=.87$) eingesetzt (Gesamtskala über alle fünf Dimensionen, 20 Items, $\alpha=.90$). Weitere Aspekte des schulischen Umfelds wurden ebenfalls mit Skalen erhoben, die eine minimale Reliabilität von Cronbach's Alpha von .75 aufweisen. Für die Auswertungen werden drei Gruppen von Lehrpersonen verglichen: Häufignutzer/innen, die educanet[2] mehrfach wöchentlich oder täglich einsetzen (U-, N=487), Gelegenheitsnutzer/innen, die monatlich oder seltener mit Schülerinnen und Schülern auf der Plattform arbeiten (U-/+, N=340) und Nicht-Nutzer/innen, die educanet[2] zwar selbst z. B. innerhalb des Lehrpersonenteams nutzen, dies aber nicht mit Lernenden oder für Unterrichtszwecke tun (U+, N=480).

3 Ergebnisse

Bei einem Vergleich der drei Lehrpersonengruppen mit unterschiedlichem Nutzungsverhalten der Plattform im Unterricht zeigt sich eine Reihe signifikanter Unterschiede (vgl. Tabelle 1). Diese werden hier kurz im Überblick dargestellt, bevor auf spezifische Ergebnisse zum Einfluss konstruktivistischer Überzeugungen und Unterrichtsmuster eingegangen wird.

Tabelle 1: Allgemeine Bedingungsfaktoren aus Sicht der Lehrpersonen im Vergleich der Nutzungsgruppen

	U--	U-/+	U+	Sig.
	M (SD)	M (SD)	M (SD)	p
Anzahl Computer im Unterrichtsraum[1]	2.75 (4.53)	2.97 (4.78)	5.09 (8.03)	*
Hardwareverfügbarkeit in der Schule (6 It., α=.87)[2]	3.74 (0.87)	4.00 (0.75)	4.11 (0.74)	***
Supportverfügbarkeit in der Schule (2 It., α=.76)[2]	3.48 (1.06)	3.65 (.93)	3.69 (0.98)	*
educanet[2] in irgendeiner Form verpflichtend[3]	.84 (.37)	.75 (.43)	.58 (.49)	***
Weiterbildung/Beratung zu educanet[2] vorhanden[3]	.80 (.40)	.94 (.23)	.91 (.28)	***
Priorität von educanet[2] an der Schule (2 It., α=.76)[4]	2.80 (1.21)	3.00 (1.15)	3.09 (1.20)	**
Schulinnovation mit educanet[2] (2 Items, α=.77)[4]	2.22 (1.06)	2.42 (1.02)	2.68 (1.18)	***
Meinung zu educanet[2] (4 Items, α=.78)[4]	3.07 (1.00)	3.36 (0.90)	3.69 (0.83)	***
Eigene allg. ICT-Kompetenz (7 Items, α=.91)[4]	3.31 (0.80)	3.60 (0.80)	3.90 (0.76)	***
Eigene didakt. Kompet. mit educanet[2] (2 It., α=.80)[4]	2.22 (1.06)	2.42 (1.02)	2.68 (1.18)	***
Motivation/Fähigkeiten Schüler/innen (4 It., α=.75)[4]	3.31 (0.88)	3.62 (0.77)	3.89 (0.71)	***

U-- = Nichtnutzer/innen, U-/+ = Gelegenheitsnutzer/innen, U++ = Häufignutzer/innen
[1] *Absolute Werte;* [2] *Skala: 1=sehr schlecht - 5=sehr gut;* [3] *Skala: 0=nicht vorhanden - 1=vorhanden;*
[4] *Skala: 1=stimmt gar nicht/negativ - 5=stimmt völlig/positiv;*
n.s.= nicht signifikant, *p<.05, **p<.01, ***p<.001 nach Kruskall-Wallis H Test

Große Unterschiede, jedoch auch mit großer Streuung, finden sich im Bereich der Hardwareverfügbarkeit, wobei intensiv nutzende Lehrpersonen über eine tendenziell bessere Ausstattung mit Computern und weiterer Hardware für den Unterricht verfügen. Auch schulinterne Beratungs- und Weiterbildungsangebote zu educanet[2] sind bei Lehrpersonen mit einer intensiven Unterrichtsnutzung von educanet[2] häufiger vorhanden. Dass es bei Lehrpersonen mit intensiver Nutzung von educanet[2] gerade deutlich weniger diesbezügliche Verpflichtungen gibt als bei anderen, ist möglicherweise ein Fragebogenartefakt, da Verpflichtungen häufiger die organisatorische Nutzung im Team betreffen. Wichtig scheinen allerdings eine gewisse strategische Priorität der Plattform an der Schule und diesbezügliche Ansätze der Schulinnovation zu sein, wobei diese Werte in allen Gruppen eher tief liegen. Größere Unterschiede zeigen sich in Bezug auf die selbsteingeschätzten Meinungen und Fähigkeiten in Bezug auf den Einsatz der Plattform. Offenbar kommt es darauf an, dass Lehrpersonen der Plattform positiv gegenüberstehen, in ihrem Einsatz einen didaktischen Sinn sehen und ausreichende ICT-Anwendungskompetenz sowie genügend methodisch-didaktische Kompetenzen zum Einsatz der Plattform im Unterricht vorhanden sind. Letztes bewegt sich allerdings auch in der Gruppe der Häufig-Nutzenden noch auf einem sehr niedrigen Niveau. Zentral scheint schließlich die Einschätzung zu sein, ob Schüler/innen fähig sind, mit der Plattform zu arbeiten und hier Motivation zeigen. Bezüglich konstruktivistischer Unterrichtskonzepte bestehen zwischen den Gruppen demgegenüber nur wenige Unterschiede (vgl. Tabelle 2).

Tabelle 2: Konstruktivistische Unterrichtsansätze im Vergleich der Nutzungsgruppen

	U--	U-/+	U++	Sig.
	M (SD)	M (SD)	M (SD)	p
CLES 1: Alltagsbezug des Unterrichts	3.94 (.61)	3.91 (.58)	3.94 (.67)	n.s.
CLES 2: Konstruktiver Wissensbegriff	3.50 (.69)	3.55 (.67)	3.65 (.67)	**
CLES 3: Kritisches Denken	3.99 (.67)	4.05 (.61)	4.11 (.68)	*
CLES 4: Selbstverantwortung/ Mitbestimmung	3.24 (.84)	3.28 (.71)	3.27 (.80)	n.s.
CLES 5: Soziales Lernen / Austausch	3.71 (.69)	3.74 (.68)	3.86 (.72)	**
CLES gesamt	3.68 (.69)	3.71 (.68)	3.77 (.72)	*

U-- = Nichtnutzer/innen, U-/+ = Gelegenheitsnutzer/innen, U++ = Häufignutzer/innen

Skala: 1=fast nie - 5=fast immer;

n.s.= nicht signifikant, *p<.05, ** p<.01, *** p<.001 (Kruskall-Wallis H Test)

Das allgemein hohe Niveau dieser Werte zeigt, dass Lehrpersonen aller Nutzungstypen gleichermaßen meinen, konstruktivistische Lehr- und Lernformen relativ häufig in ihrem Unterricht einzusetzen. Zwar zeigen sich verschiedene signifikante Unterschiede zugunsten von Lehrpersonen, die die Lernplattform häufiger einsetzen, die Effektstärken sind jedoch klein.

Tabelle 3: Unterrichtsformen im Vergleich der Nutzungsgruppen

	U--	U-/+	U++	Sig.
	M (SD)	M (SD)	M (SD)	p
Vorzeigen/Erklären im Frontalunterricht	3.44 (1.37)	3.59 (1.26)	3.67 (1.20)	n.s
Lernende machen eine Präsentation	2.30 (1.01)	2.53 (0.96)	2.64 (0.91)	***
Unterrichtsinhalte schrittweise erarbeiten	2.97 (1.45)	3.23 (1.34)	3.38 (1.22)	***
Diskussion mit der ganzen Klasse	3.47 (1.40)	3.58 (1.18)	3.51 (1.16)	n.s
Kurze selbstständige Einzelarbeitsphasen	3.95 (1.42)	4.16 (1.17)	4.21 (1.08)	n.s
Kurze selbstständige Gruppenarbeitsphasen	3.36 (1.38)	3.63 (1.14)	3.72 (1.12)	**
Durchführen von Leistungsnachweisen	2.58 (1.12)	2.93 (1.03)	2.98 (1.05)	***
Selbstreflexion/Feedback von Lernenden	2.53 (1.20)	2.53 (1.04)	2.56 (1.01)	n.s
Erteilen von Hausaufgaben	3.39 (1.67)	3.75 (1.42)	3.66 (1.33)	n.s
Selbst. Arbeiten mit Wochenplan	2.59 (1.47)	2.58 (1.34)	2.62 (1.40)	n.s
Selbst. Einzelarbeiten an Projekten (>1 Lektion)	2.29 (1.12)	2.42 (0.96)	2.60 (1.03)	***
Selbst. Gruppenarbeiten an Projekten (>1 Lektion)	2.07 (0.93)	2.29 (0.87)	2.45 (0.93)	***
Selbst. Einzelarbeiten an Projekten (>1 Woche)	1.81 (0.98)	1.97 (0.94)	2.17 (0.99)	***
Selbst. Gruppenarbeiten an Projekten (>1 Woche)	1.67 (0.83)	1.87 (0.85)	2.05 (0.91)	***
Freie Arbeitsphasen	2.25 (1.28)	2.13 (1.07)	2.29 (1.18)	n.s
Unterrichtsaktivitäten außerhalb Klassenzimmer	2.29 (1.02)	2.33 (0.90)	2.48 (1.00)	*
Ortsunabhängiges Arbeiten der Lernenden	2.54 (1.39)	2.53 (1.20)	2.53 (1.18)	n.s
Asynchrones Arbeiten der Lernenden	2.30 (1.44)	2.10 (1.21)	2.11 (1.16)	n.s
Lernen in Kooperation mit anderen Klassen	1.70 (0.89)	1.67 (0.78)	1.62 (0.86)	n.s
Lernen in Kooperation mit außerschul. Partnern	1.67 (0.69)	1.69 (0.63)	1.78 (0.70)	*
Lernberatung/Coaching in der Unterrichtszeit	2.28 (1.33)	2.29 (1.19)	2.27 (1.24)	n.s
Lernberatung/Coaching außerh.Unterrichtszeit	1.66 (0.92)	1.82 (0.95)	1.94 (0.99)	***

*U-- = Nichtnutzer/innen, U-/+ = Gelegenheitsnutzer/innen, U++ = Häufignutzer/innen
Skala: 1=nie - 5=fast jeden Tag,
n.s.= nicht signifikant, *p<.05, **p<.01, ***p<.001 (Kruskall-Wallis H Test)*

Lernplattformen und neue Unterrichtskultur 59

Die Unterschiede werden etwas klarer bei Differenzierung von konkreten Unterrichtsformen (vgl. Tabelle 3). Der Vergleich der Mittelwerte in Tabelle 3 ist sinnvoll interpretierbar, da es unabhängig von den aufgelisteten Werten keine signifikanten Unterschiede im durchschnittlichen Unterrichtspensum zwischen den drei Gruppen gibt. Beim Vergleich der Häufigkeit verschiedener Unterrichtsformen fällt auf, dass Lehrpersonen, die häufiger mit der Plattform arbeiten, öfter in ihrem Unterricht selbstständige Arbeitsphasen durchführen. Möglicherweise lässt sich daraus auch die häufigere Durchführung von Schülerpräsentationen und Leistungsnachweisen verstehen, die sich an solche selbstständigen Lernphasen anschließen können. Bei Häufignutzerinnen und Häufignutzern liegt auch die durchschnittliche Frequenz von außerschulischen Lernaktivitäten und diesbezüglichem Coaching leicht höher. Insgesamt lässt sich jedoch feststellen, dass solche besonderen Unterrichtsformen eher selten eingesetzt werden, während lehrergeleitete Formen mit kurzen selbstständigen Lernphasen und Hausaufgaben in allen Gruppen dominieren.

Diese Befunde sagen noch nichts darüber aus, zu welchen Unterrichtsformen die Lernplattform eingesetzt wird. Dies wurde mit einer zusätzlichen Checkliste erfragt. Dabei geben 18 % aller befragten Lehrpersonen an, die Plattform regelmäßig für längere selbstständige Einzelarbeiten an Projekten über mehrere Lektionen zu verwenden, bei 13 % gehen diese sogar regelmäßig über mehrere Wochen. Bei 17 % dient die Plattform für selbstständige Gruppenarbeiten über mehrere Lektionen, bei 10 % über mehrere Wochen. 17 % der befragten Lehrpersonen nutzen die Plattform regelmäßig für das Erteilen von Hausaufgaben. Für 14 % bzw. 11 % ist sie regelmäßig ein Werkzeug zur Koordination kurzer selbstständiger Einzel- bzw. Gruppenarbeitsphasen innerhalb einer Lektion. Bei 14 % der antwortenden Lehrpersonen können Lernende bei der Arbeit mit der Plattform regelmäßig selbst bestimmen, wie und woran sie arbeiten. Bei 14 % bzw. 12 % findet dabei öfter auch ein orts- bzw. zeitflexibles Lernen statt. Andere Einsatzweisen tauchen deutlich seltener auf.

4 Diskussion

Die Befunde der Untersuchung zeigen, dass eine verstärkte Nutzung der Plattform mit einer Kombination vielfältiger Randbedingungen einhergeht. Lehrpersonen, die die Plattform häufiger einsetzen, haben größere diesbezügliche Kompetenzen und positivere Einstellungen, und sie verfügen über eine bessere schulische Infrastruktur und Unterstützung. Die Lehrpersonen orientieren sich mehrheitlich an konstruktivistischen Unterrichtsprinzipien. Hierbei zeigen sich keine großen Unterschiede in Bezug auf die Nutzungsfrequenz der Lernplattform. Im Schulalltag dominieren traditionelle Unterrichtsmuster, der Einsatz der Plattform geschieht dennoch tendenziell eher im Kontext selbstgesteuerter und offener Lehr- und Lernformen. Diese Befunde bieten Hinweise auf Bedingungen einer intensiven Lernplattformnutzung, aber kein eigentliches Erklärungsmodell. Versuche, mittels Regressionsanalysen zu einem solchen zu gelangen, sind auf Basis der vorliegenden Daten bislang gescheitert. Dies liegt vermutlich auch an der Art und Weise, wie die Lernplattform gegenwärtig im Unterricht genutzt wird. Hinter der Variable der Nutzungsfrequenz, aufgrund derer die hier berichtete Typenbildung vorgenommen wurde, verbirgt sich eine Vielfalt möglicher Einsatzweisen. Wie in einem früheren Kapitel im Überblick dargestellt wurde, dominieren dabei noch eher simple Praktiken, wie z. B. die Distribution und Dokumentation von Unterrichtsmaterialien über die Dateiablage oder der Gebrauch der E-Mail für Ankündigungen und Nachfragen. Anspruchsvollere Möglichkeiten werden bislang erst von sehr wenigen Lehrpersonen eingesetzt. Daher kann es nicht überraschen, dass ein intensiverer Einsatz der Plattform nicht stärker mit konstruktivistischen Denkweisen und Unterrichtsmustern korrespondiert. Zudem kommt es nicht nur auf die Quantität, sondern vor allem auf die Qualität des Einsatzes von Lernplattformen an, was allerdings nur innerhalb eines umfassenden Konzeptes von Unterrichtsqualität zu beurteilen wäre. Bei der Beantwortung solcher Fragen stoßen Befragungen von Lehrpersonen jedoch an ihre Grenzen.

5 Literatur

Becker, H. J. (2000). How exemplary computer-using teachers differ from other teachers: Implications for realizing the potential of computers in schools. *Contemporary Issues in Technology and Teacher Edcuation Annual, 26*(3), 291-321.
BECTA. (2005). *An introduction to learning platforms*. Coventry: British Educational Communications and Technology Agency.
Bransford, J. D.,Brown, J. S. & Cocking, R. R. (1999). *How People Learn. Brain, Mind, Experience, and School*. Washington DC: National Academy Press.
Dalsgaard, C. (2006). Social software: E-learning beyond learning management systems. *European Journal of Open, Distance and E-learning (http://www.eurodl.org), 2006*(2).
Derry, S. J. & Lajoie, S. (1993). *Computers as cognitive tools*. Hillsdale, NJ: Lawrence Erlbaum.
Dillenbourg, P.,Schneider, D. K. & Synteta, P. (2002). Virtual Learning Environments. In A. Dimitracopoulou (Hrsg.), *Proceedings of the 3rd Hellenic Conference "Information & Communication Technologies in Education* (S. 3-18). Greece: Kastaniotis Editions.

Duffy, T. M. & Cunningham, D. J. (1996). Constructivism: Implications for the design and delivery of instruction. In D. H. Jonassen (Hrsg.), *Handbook of research for educational communications and technology* (S. 170-198). New York: Scholastic.

Ertmer, P. A. (2005). Teacher pedagogical beliefs: The final frontier in our quest for technology integration? *Educational Technology Research and Development, 53*(4), 25-39.

Ertmer, P. A.,Addison, P.,Lane, M.,Ross, E. & Woods, D. (1999). Examining Teachers' Beliefs about the Role of Technology in the Elementary Classroom. *Journal of Research on Computing in Education, 32*(1), 54-72.

EUN Consortium. (2003). *Virtual Learning Environments For European Schools. A Survey and Commentary.* Online: www.eun.org/etb/vle/vle_report_restricted_2003.pdf [01.06. 2005].

Hmelo-Silver, C. E.,Duncan, R. G. & Chinn, C. A. (2007). Scaffolding and achievement in problem-based and inquiry learning: A response to Kirschner, Sweller, and Clark (2006). *Educational Psychologist, 42*(2), 99-107.

Johnson, B. & McClure, R. (2004). Validity and Reliability of a Shortened, Revised Version of the Constructivist Learning Environment Survey (CLES). *Learning Environments Research, 7*(1), 65-80.

Jonassen, D. (1999). Designing Construcitivist Learning Environments. In C. M. Reigeluth (Hrsg.), *Instructional-Design Theories and Models. Volume II. A New Paradigm of Instructional Theory* (S. 215-239). Mahwah, NJ / London: Lawrence Erlbaum.

Kerres, M. (2006). Potenziale von Web 2.0 nutzen. In A. Hohenstein & K. Wilbers (Hrsg.), *Handbuch E-Learning*. München: Deutscher Wirtschaftsdienst.

Kirschner, P. A.,Sweller, J. & Clark, R. E. (2006). Why minimal guidance during instruction does not work: An analysis of the failure of constructivist, discovery, problem-based, experiential, and inquiry-based teaching. *Educational psychologist, 41*(2), 75-86.

Kozma, R. B. (Hrsg.). (2003). *Technology, Innovation, and Educational Change: A Global Perspective.* Eugene, OR: ISTE.

Mandl, H. & Reinmann-Rothmeier, G. (1998). Auf dem Weg zu einer neuen Kultur des Lehrens und Lernens. In G. Dörr & K. L. Jüngst (Hrsg.), *Lernen mit Medien. Ergebnisse und Perspektiven zu medial vermittelten Lehr- und Lernprozessen.* (S. 193-205). Wenheim und München: Juventa.

Moseley, D.,Higgins, S.,Bramald, R.,Hardman, F.,Miller, J.,Mroz, M.et al. (1999). *Ways forward with ICT: Effective Pedagogy Using Information and Communications Technology for Literacy and Numeracy in Primary Schools.* Online: http://www.leeds.ac.uk/educol/documents/00001396.htm [26.01. 2009].

Pelgrum, W. & Anderson, R. (1999). *ICT and the Emerging Paradigm of Life Long Learning: A Worldwide Educational Assessment of Infrastructure, Goals and Practices.*: International Association for the Evaluation of Educational Achievement.

Reinmann-Rothmeier, G. & Mandl, H. (2006). Unterrichten und Lernumgebungen gestalten. In A. Krapp & B. Weidenmann (Hrsg.), *Pädagogische Psychologie. Ein Lehrbuch* (5. vollst. überarb. Aufl., S. 613-658). Weinheim: BeltzPVU.

Reusser, K. (2006). Konstruktivismus - vom epistemologischen Leitbegriff zur Erneuerung der didaktischen Kultur. In M. Baer, M. Fuchs, P. Füglister, K. Reusser & H. Wyss (Hrsg.), *Didaktik auf psychologischer Grundlage. Von Hans Aeblis kognitionspsychologischer Didaktik zur modernen Lehr- und Lernforschung* (S. 151-168). Bern: h.e.p. verlag.

Richardson, V. (2003). Constructivist pedagogy. *The Teachers College Record, 105*(9), 1623-1640.

Sandholtz, J. H.,Ringstaff, D. & Dwyer, D. C. (1997). *Teaching with Technology: Creating Student-Centered Classrooms*. New York: Teacher College Press.

SFIB (Hrsg.). (2005). *Educanet²*. *Kommunizieren, kooperieren, lernen, lehren. Informationsbroschüre*. Bern: Schweizerische Fachstelle für Informationstechnologien im Bildungswesen.

Somekh, B. (2008). Factors affecting Teachers' Pedagogical Adoption of ICT. In J. Voogt & G. Knezek (Hrsg.), *International Handbook of Information Technology in Primary and Secondary Education* (S. 449-460). Berlin <etc.>: Springer.

Somekh, B.,Haldane, M.,Jones, K.,Lewin, C.,Steadman, S.,Scrimshaw, P.et al. (2007). *Evaluation of the Primary Schools Whiteboard Expansion Project*. London: Report to the Department for Education and Skills.

Taylor, P. C.,Fraser, B. J. & Fisher, D. L. (1997). Monitoring constructivist classroom learning environments. *International Journal of Educational Research, 27*(4), 293-302.

Terhart, E. (1999). Konstruktivismus und Unterricht. *Zeitschrift für Pädagogik, 45*(5), 629-647.

Tobias, S. & Duffy, T. M. (Hrsg.). (2009). *Constructivist Instruction. Success or Failure*. New York: Routledge.

Venezky, R. L. & Davis, C. (2002). *Quo Vademus? The Transformation of Schooling in a Networked World*. Online: http://www.oecd.org/dataoecd/48/20/2073054.pdf [01.06. 2005].

Voogt, J. (2008). Satisfying Pedagogical Practices Using ICT. International Option. In N. Law, W. J. Pelgrum & T. Plomp (Hrsg.), *Pedagogy and ICT use in schools around the world. Findings from the IEA SITES 2006 study* (S. 221-250). Hong Kong: CERC/Springer.

Webb, M. & Cox, M. (2004). A review of pedagogy related to information and communications technology. *Technology, Pedagogy and Education, 13*(3), 235-286.

Wilson, S.,Liber, O.,Johnson, M.,Beauvoir, P.,Sharples, P. & Milligan, C. (2006). Personal Learning Environments: Challenging the dominant design of educational systems. *Proceedings of the first Joint International Workshop on Professional Learning, Competence Development and Knowledge Management-LOKMOL and L3NCD, Crete*.

Fallstudien zur Nutzung von Lernplattformen in Schulen

Dominik Petko

1 Theoretische und praktische Potenziale von Fallstudien

Fallstudien haben für die Entwicklung einer Theorie des E-Learning und Blended Learning an Schulen sowohl einen theoretischen als auch einen praktischen Wert. Während statistische Analysen Aufschlüsse über allgemeine Nutzungsweisen und die diesbezüglichen Einflussfaktoren geben, illustrieren Fallstudien das mögliche Zusammenspiel und die Variationsbreite dieser Zusammenhänge. Fallstudien werden heute nicht mehr nur explorative, hypothesengenerierende Potenziale zugesprochen, sondern sie ermöglichen, sorgfältige Anwendung qualitativer Erhebungs- und Auswertungsmethoden vorausgesetzt, auch verallgemeinerbare Aussagen für den untersuchten Gegenstandsbereich (vgl. z. B. Yin, 2003). Entscheidend ist hierfür die sorgfältige Auswahl der untersuchten Fälle, wobei vor allem besonders extreme oder nachweislich typische Fallstudien aufschlussreiche Beobachtungen zulassen (vgl. Merkens, 1997). Ebenso wichtig ist die systematische Erhebung, Aufbereitung und Auswertung des Datenmaterials. Dogmatismen älterer Ansätze werden dabei zunehmend überwunden, ohne zugleich das Leitprinzip der Offenheit qualitativer Forschung aufzugeben. In neueren Ansätzen wird nicht mehr nur rein induktiv gearbeitet, sondern unter sinnvollem Einbezug theoretischer Vorüberlegungen (vgl. Kelle & Kluge, 1999). Qualitative Auswertungen geschehen verstärkt auch unter Einbezug quantitativer Verfahren, so dass bei steigender Fallzahl die Übergänge zwischen qualitativer und quantitativer Forschung mittlerweile fließend sind (vgl. Mayring, 2001). Die fast schon traditionellen Kritikpunkte an qualitativer Forschung, z. B. „Anekdotenempirie" zu betreiben und keine reliablen Beobachtungen zu machen, lassen sich damit weitgehend entkräften. Fallstudien gelten daher heute als bewährte empirische Methode, innerhalb derer sich verschiedene Erhebungs- und Auswertungsverfahren kombinieren lassen, um ein möglichst umfassendes und präzises Bild eines Sachverhaltes zu erreichen.

Fallstudien haben neben ihrem wissenschaftlichen auch einen praktischen Wert für informelle oder formelle Bildungskontexte. Für die Praxis können Fallstudien besonders gelungene, besonders alltägliche oder besonders problematische Beispiele liefern, anhand derer sich über Grundlagen, Situationen und Möglichkeiten professionellen Handelns nachdenken lässt (vgl. Shulman, 1992). Im Unterschied zu alltäglichen Anekdoten erzählen Fallstudien gezielt typische Sachverhalte anhand von konkreten Praxissituationen. Diese Narrationen dienen damit als Schnittstelle zwischen Theorie und Praxis. Insbesondere in den akademischen Disziplinen Medizin und Jura besitzen Fallstudien eine vergleichsweise lange Tradition, während sie in pädagogischen Arbeitsfeldern erst seit verhältnismäßig kurzer Zeit zu einem Kristallisationspunkt fachlicher Reflexion werden. Neben schriftlich fixierten Fallstudien werden heute auch verstärkt die Möglichkeiten videobasierter Fallstudien diskutiert (vgl. Petko, 2006; Brophy, 2004).

In den letzten Jahren haben sich im Kontext von internationalen Schulleistungsvergleichen vor allem Fälle von „best practice" als Kristallisationspunkt pädagogischer Innovation etabliert (vgl. z. B. Moser & Tresch, 2003). Der Begriff der „best practice" kann jedoch auch kritisch gesehen werden. Im Schul- und Unterrichtssektor lässt sich erfolgreiche Praxis nicht ohne weiteres von einer Klasse bzw. einer Schule auf eine andere übertragen. Erfolgreiches pädagogisches Handeln verlangt nach mehr als einer Imitation erfolgreicher Rezepte. Stattdessen muss es um Neuinszenierungen innerhalb der spezifischen Bedingungen vor Ort gehen, die aus erfolgreichen Fällen Anregungen erhalten können. Insofern ist es sinnvoller, eher von „good practice" statt von „best practice" zu sprechen (vgl. Schrackmann, Knüsel, Moser, Mitzlaff & Petko, 2008).

2 Fallstudien zur Integration neuer Medien in Schulen

International existiert eine Reihe Fallstudien, die Schulen portraitieren, in denen die Integration von ICT (engl. Informations- und Kommunikationstechnologien) in besonderem Maße geglückt zu sein scheint. Dazu gehören die OECD Studie *„ICT and the Quality of Learning"* (94 Fallstudien aus 23 Ländern; vgl. Venezky & Davis, 2002; Centre for Educational Research and Innovation, 2001), die internationale IEA Studie *SITES-M2* (174 Fallstudien aus 28 Ländern; 2000-2002; vgl. Kozma, 2003; Schulz-Zander, 2003) oder das Projekt *ERNIST* des European Schoolnet (20 Fallstudien aus sechs Ländern/Regionen: Schottland, Österreich, Nordirland, Flandern, England, den Niederlanden, vgl. EUN Consortium, 2004, http://schoolportraits.eun.org). Weitere Fallstudien entstanden z. B. mit dem deutschen BLK-Sammelprojekt *SEMIK* (25 Projekte in 16 deutschen Bundesländern; vgl. Schumacher, 2004) oder mit dem *Netzwerk Medienschulen* der Bertelsmann Stiftung (Dankwart, 2005; Wiggenhorn & Vorndran, 2002). Aus den verschiedenen Fallstudien können Modelle gewonnen werden, wie ICT in Schulen sinnvoll und nachhaltig implementiert werden kann. Der Einsatz von ICT im Unterricht wird dabei häufig im Zusammenhang mit einem Wandel der Unterrichtskultur beschrieben, wobei Lernende stärker eigenständig arbeiten und Lehrpersonen weniger Wissensvermittler und verstärkt Lernbegleiter sind. Die Integration neuer Medien im Unterricht ist eine Aufgabe der ganzen Schule. Dabei genügt es nicht, einfach nur eine ausreichende Computer- und Internetinfrastruktur bereitzustellen. Die Einführung neuer Medien erfordert ein Nachdenken über strategische Ziele, Teamentwicklung, Weiterbildung und Beratung. Förderlich sind auch Kooperationen über mehrere Schulen und politische Vorgaben hinweg. Auf solche Weise entstandene Resultate müssen jedoch mit Vorsicht interpretiert werden, da sie auch auf Selektionseffekte bei der Auswahl der Fallstudien zurückzuführen sein könnten. Konkret heißt dies folgendes: Da in vielen Fallstudien gezielt nach Schulen gesucht wurde, in denen der Einsatz neuer Medien besonders umfassend geplant und implementiert wurde, erstaunt es nicht, wenn die Synthese der Beobachtungen zum Schluss kommt, dass der Einsatz neuer Medien besondern umfassend geplant und implementiert werden muss. Für die hier berichteten Fallstudien wurde deshalb darauf geachtet, dass ihre Auswahl ausschließlich auf Basis der durchschnittlichen Nutzungsfrequenz von Lernplattformen an der jeweiligen Schule erfolgte und nicht auf Basis weiterer Variablen, die Auskunft über die Qualität der damit einhergehenden Bedingung hätten geben können. Damit kann die Frage, welche Bedingungen nötig sind, damit Lernplattformen an einer Schule häufig eingesetzt werden, klarer, d. h. ohne Konfundierung von unabhängigen und abhängigen Variablen, beantwortet werden. Der Einsatz von Lernplattformen stellt in den bestehenden Fallstudien bestenfalls ein Randthema dar, so dass die vorliegende Studie damit inhaltlich Neuland betritt.

3 Stichprobe und Datenerhebung

Für die Fallstudien wurden zwölf Schulen ausgewählt, drei aus jeder Schulstufe (Primarschule, Sekundarstufe I, Gymnasium und Berufsschule; Bedingung 1). Angefragt wurden Schulen, deren Verantwortliche an der Administrator(inn)enbefragung teilgenommen hatten (Bedingung 2) und die nach Auswertung der Logfile-Daten die höchsten durchschnittlichen Loginzahlen pro angemeldetem Nutzer bzw. angemeldeter Nutzerin innerhalb ihrer Schulstufe aufwiesen (Bedingung 3). Die zweite Bedingung wurde im Hinblick auf die Verteilung der Logins weiter spezifiziert: Mindestens die Hälfte aller Schülerinnen und Schüler oder die Hälfte der Lehrpersonen sollte auf der Plattform angemeldet sein. Im Durchschnitt sollte sich ein angemeldeter Nutzer bzw. eine angemeldete

Nutzerin innerhalb der vier Wochen des Login-Zeitraums mindestens dreimal auf der Plattform einloggen. Zudem sollten vier dieser Schulen aus der Westschweiz und acht aus der Deutschschweiz stammen (Bedingung 4). Die zwölf ausgewählten Schulen wurden umfassend über den Zweck der Fallstudien informiert und auf dieser Basis zur Teilnahme angefragt. Von den zwölf angefragten Schulen lehnten drei die Mitarbeit an den Fallstudien ab, so dass sechs weitere Schulen angefragt werden mussten, von denen wiederum drei absagten, bevor zwölf Schulen für die Mitarbeit an den Fallstudien gewonnen werden konnten. Da bei den Gymnasien nur zwei geeignete Schulen zur Zusammenarbeit bereit waren, wurde eine weitere Schule aus der Sekundarstufe I in die qualitative Stichprobe aufgenommen.

Nachdem die ausdrückliche schriftliche Einverständniserklärung zur Teilnahme an der Studie vorlag, wurde mit der Schule ein individuelles Besuchsprogramm vereinbart. Dieses umfasste üblicherweise folgende Elemente:
- Ein Interview mit der Schulleitung (ca. 30 - 60 Minuten)
- Ein Interview mit dem/der ICT-Verantwortlichen (ca. 30 - 60 Minuten)
- Ein Interview mit mindestens zwei Lehrpersonen (je ca. 30 - 60 Minuten)
- Einblicke in den Unterricht verschiedener Klassen mit der Gelegenheit zum Gespräch mit Schüler/innen (variable Dauer)
- Möglichkeiten, Fotos zu machen (vom Schulgebäude, der ICT-Infrastruktur, Praxissituationen)
- Möglichkeiten, relevante Unterlagen zu vervollständigen

Bei den problemzentrierten Interviews (vgl. Witzel, 2000) nahm der Interviewende die Rolle eines interessierten Kollegen bzw. einer interessierten Kollegin ein. Die Interviews orientierten sich an zuvor ausgearbeiteten Leitfäden. Folgende Fragen standen im Zentrum und sollten so oder in ähnlicher Form im Verlauf des Gesprächs gestellt werden, wobei die Reihenfolge jedoch dem Gesprächsverlauf angepasst werden konnte:
- Was sind die wichtigsten Kennzeichen der Schule? Was muss man wissen, um diese Schule zu verstehen?
- Seit wann arbeitet die Schule mit ICT? Seit wann mit educanet^2? Wie hat sich das entwickelt?
- Wie wird ICT an der Schule genutzt (Lernende/Lehrende/Leitung/Externe)? Gibt es konkrete Beispiele?
- Wie wird educanet^2 an der Schule genutzt (Lernende/Lehrende/Leitung/Externe)? Gibt es konkrete Beispiele?
- Welche Rolle spielt educanet^2 an der Schule in Kombination mit anderen Plattformen/ICT-Werkzeugen?

Fallstudien zur Nutzung von Lernplattformen in Schulen 67

- Welche Ziele werden mit der Nutzung von educanet^2 verbunden? Wie haben sich diese Ziele verändert?
- Was hat sich mit der Nutzung von educanet^2 /ICT verändert für Lernende/Lehrende/Leitung/Externe?
- Wie werden die Veränderungen im Rückblick beurteilt? Von wem?
- Was waren förderliche bzw. hinderliche Faktoren dieser Veränderungen?
- Welche Rolle spielt die Schulleitung bzw. der ICT-Beauftragte bei der Einführung von educanet^2? Wer hat noch wichtige Rollen?
- Wie geht es weiter? Was sind die nächsten Schritte?

Ein ähnlicher Interviewleitfaden lag auch für das Gespräch mit den Lehrpersonen vor. Bei den Interviewpartnern sollte es sich um Lehrpersonen handeln, die educanet^2 regelmäßig, jedoch auf möglichst unterschiedliche Weise nutzen. So sollte es ermöglicht werden, eine gewisse Spannweite der educanet^2-Nutzung zu erfassen. Der Interviewleitfaden umfasste folgende Fragen:

- Welche Rolle spielen Computer und Internet in Ihrem Unterricht / in Ihrem Beruf? Wie setzen Sie ICT ein?
- Welche Rolle spielt educanet^2 in Ihrem Unterricht? Mit welchen Zielen nutzen Sie educanet^2?
- Wie sieht der Einsatz von educanet^2 im normalen Unterrichtsalltag aus? Gibt es konkrete Beispiele?
- Wie sieht der Einsatz von educanet^2 in besonders innovativen Unterrichtsideen aus? Gibt es konkrete Beispiele?
- Wie nutzen Sie educanet^2 außerhalb des Unterrichts?
- Wie nutzen die Schüler/innen educanet^2 außerhalb des Unterrichts?
- Wie hat sich Ihr Einsatz von educanet^2 entwickelt?
- Wie wird educanet^2 von Kollegen eingesetzt? Gibt es konkrete Beispiele?
- Was hat sich mit der Nutzung von educanet^2 verändert für Lernende/Lehrende/Leitung/Externe?
- Wie beurteilen Sie die Veränderungen im Rückblick?
- Was waren förderliche bzw. hinderliche Faktoren dieser Veränderungen?
- Welche Rolle spielt die Lehrperson für die Nutzung von educanet^2? Wer spielt noch wichtige Rollen?
- Wie geht es weiter?

In den Unterrichtsbesuchen und den Gesprächen mit Schülerinnen und Schülern ging es schließlich darum, einen noch konkreteren Eindruck von den Einsatzbedingungen und der Schülerperspektive zu erhalten. Bei den Schülergesprächen standen folgende Fragen im Zentrum, wobei hier auf einen umfassenderen Leitfaden verzichtet wurde:

- Was macht ihr mit educanet[2]? Erzählt bitte Beispiele.
- Ist das Nutzen von educanet[2] einfach oder schwierig?
- Wobei hilft euch educanet[2]?
- Macht die Arbeit mit educanet[2] Spaß?
- Nutzt ihr educanet[2] auch zuhause? Wozu?

Zusätzliche Fragen und Rückfragen waren bei allen Interviews jederzeit möglich, wobei besondere Aufmerksamkeit auf den Aspekt der Nicht-Beeinflussung und der Offenheit der Gesprächssituation gerichtet wurde. Die Audioinformation des Gesprächs wurde digital aufgezeichnet und zugleich mit handschriftlichen Notizen protokolliert. Auf eine Transkription der Audioaufzeichnungen wurde für die Auswertungen aus forschungsökonomischen Gründen vorläufig verzichtet, da dies für den Detaillierungsgrad der Auswertungen keine notwendige Bedingung darstellt.

Ergänzend zu den Befragungen wurden bereits im Vorfeld der Besuche relevante Schriftstücke der Schule gesammelt und gesichtet. Dabei ging es sowohl um Dokumente, die die allgemeine Beschreibung der Schule ermöglichen, als auch um solche, die spezifisch die Nutzung von educanet[2] betreffen. Interessante Dokumente umfassten z. B. Leitbilder, Strategiepapiere und Konzepte, aber auch Jahresberichte, Presseartikel und Informationen von der Homepage der betreffenden Schule. Zusätzlich wurden Möglichkeiten, einen Einblick in die konkreten Aktivitäten auf der Plattform zu nehmen und hier auch Screenshots zu fertigen, im Vorfeld oder im Nachgang der Besuche vereinbart. Die Angaben der Administratorinnen und Administratoren aus der vorangegangen Fragebogenuntersuchung rundeten die umfassende Datenerhebung ab.

Auf Basis der Interviews und aller relevanten Dokumente wurden Schulportraits in Form von journalistisch formulierten Reportagen verfasst. Die in den Schulportraits gegebenen Informationen wurden von den Schulverantwortlichen und allen interviewten Personen auf ihre Richtigkeit geprüft und, wo nötig, ergänzt. Der vollständige Wortlaut der Fallstudien findet sich in den nachfolgenden Kapiteln dieses Buches.

4 Auswertungen und Ergebnisse

Die Auswertungen der Fallstudien orientieren sich am theoretischen Modell der ICT-Integration in Schulen, wie es im zweiten Kapitel dieses Buches skizziert wurde. Entlang der Aspekte des Modells wurde in Auseinandersetzung mit dem Datenmaterial ein Kategoriensystem entwickelt, mit dem die Bedingungskonstellationen in den einzelnen Fallstudien verglichen wurden. Für jeden untersuchten

Aspekt wurden mehrere, ordinal gestufte Subkategorien entwickelt. Das Kategoriensystem wurde von zwei Kodierpersonen unabhängig voneinander auf die Daten angewendet und dabei über Berechnung der wahrscheinlichkeitsbereinigten Quote der übereinstimmenden Kodierungen (Cohen's Kappa) auf seine Reliabilität überprüft. Als Analyseeinheit diente der Einzelfall, d. h. jede Kategorie wurde pro Fall einmal angewendet. Für weitergehende Auswertungen wurden nicht übereinstimmende Kategorisierungen noch einmal überprüft und abschließend zugeordnet. Die Resultate der Kategorisierungen werden hier im Überblick dargestellt.

- *Rahmenbedingungen der Bildungspolitik/Bildungsverwaltung in Kanton und Gemeinde.* Die diesbezüglichen Kategorien beschreiben Vorgaben oder Bedingungen, die den Einsatz von ICT/Lernplattformen in der Schule nahelegen/erleichtern. Dazu können Verbindlichkeiten (etwa zum Einsatz der Plattform, zum Ausbau der Infrastruktur), ICT-Lehrpläne oder auch personelle oder finanzielle Ressourcen und Freiräume (Poolstunden, Schwerpunktbereiche, Wahlangebote etc.) zählen. Unterschieden wurden a) förderliche Rahmenbedingungen, b) keine besonders förderlichen oder hinderlichen Rahmenbedingungen, c) hinderliche Rahmenbedingungen und d) keine Angaben / keine Kategorisierung möglich. Die Kategorien konnten den zwölf Einzelfällen bei der Überprüfung der Interkodierer-Reliablität zuverlässig zugeordnet werden (Cohen's Kappa= .74). Nach konsensueller Überprüfung der nicht übereinstimmenden Kategorisierungen wurden in acht von zwölf Fallstudien förderliche Rahmenbedingungen auf Ebene der Bildungspolitik oder Bildungsverwaltung festgestellt. In den Übrigen fand dieser Aspekt keine Erwähnung.

- *Engagement und Unterstützung der Schulleitung.* In maximaler Ausprägung dieser Kategorie befürwortet die Schulleitung den Einsatz der Lernplattform und trifft Maßnahmen, um den Einsatz von Lernplattformen an der Schule für den einen oder anderen Zweck zu intensivieren. Unter dieser Kategorie wurde differenziert in a) eine in Bezug auf educanet^2 engagierte/befürwortende Schulleitung, b) eine in Bezug auf educanet^2 indifferente Schulleitung, c) eine in Bezug auf educanet^2 ablehnende Schulleitung und d) keine Angaben / keine Kategorisierung möglich. Die Interkodierer-Reliabilität war befriedigend (Cohen's Kappa=.85). In elf von zwölf Fallstudien befürwortet die Schulleitung explizit die Nutzung der Lernplattform an der Schule. In einer Fallstudie wurde die Rolle der Schulleitung nicht ausreichend angesprochen.

- *Engagement und Unterstützung von ICT-Beauftragten / einer ICT-Kerngruppe.* Dabei geht es um die Frage, ob Einzelpersonen oder eine kleinere Gruppe Vorreiter- und Servicefunktionen im Zusammenhang mit dem Einsatz von ICT und der Lernplattform übernehmen und sich darum bemühen, andere Lehrpersonen beim Einsatz der neuen Medien zu unterstützen. Vorhanden war a) ständig eine engagierte Einzelperson/Kerngruppe, b) phasenweise bzw. in der Vergangenheit eine engagierte Einzelperson/Kerngruppe c) keine speziell engagierte/n Einzelpersonen/Kerngruppe/n oder d) keine Angaben / keine Kategorisierung möglich. Die Reliabilität dieser Kategorien war gut (Cohen's Kappa = .92). Sämtliche Schulen verfügen über einen engagierten ICT-Beauftragten oder eine engagierte Gruppe von Personen, die die Nutzung der Lernplattform in besonderer Form vorantreibt.

- *Infrastruktur: Hardware, Vernetzung, Software.* Unter dieser Kategorie war zu beurteilen, ob die Schule über eine gute Infrastruktur verfügt, die den Einsatz von ICT bzw. der Lernplattform für Unterrichts- und/oder für organisatorische Zwecke problemlos ermöglicht. „Gute Infrastruktur" meint eine ausreichende Anzahl jederzeit zugänglicher Computer, problemlosen Internetzugang sowie brauchbare Software und digitale Lernressourcen. Unterschieden wurde a) gute Infrastruktur, d. h. ICT jederzeit in genügender Anzahl verfügbar, b) mittelmäßige Infrastruktur vorhanden, d. h. alles mit gewissem Aufwand ausreichend verfügbar, c) schlechte Infrastruktur vorhanden, d. h. auftretende Engpässe in einem der genannten Bereiche und d) keine Angaben / keine Kategorisierung möglich (Cohen's Kappa=.68). Die schwache Reliabilität ist vor allem auf vereinzelte Unklarheiten bei der Beurteilung von Notebookpools und Informatikräumen zurückzuführungen. Wenn Pool bzw. Informatikräume mehrheitlich auch spontan verfügbar sind, wurde dies im endgültigen Durchgang als „gute Infrastruktur" kategorisiert. Nach dieser Maßgabe verfügen nur drei Schulen über eine „gute" Infrastruktur; alle anderen wurden in dieser Beziehung als „mittelmäßig" eingestuft. In einer Schule fehlten ausreichende Informationen zu einer eindeutigen Einschätzung.

- *Interne Weiterbildung, Beratung, Austausch von Lehrpersonen.* In dieser Kategorie wurde eingeschätzt, ob an der Schule intern organisierte Weiterbildungskurse oder andere Möglichkeiten für Lehrpersonen existieren, um Impulse und Beratung zum Einsatz der Lernplattform bzw. zum Einsatz von ICT zu erhalten. Die Möglichkeiten sind im Idealfall institutionalisiert, d. h. sie sind längerfristig oder wiederholt vorhanden und in ihrem Ablauf geregelt. Unterschieden wurden die Ausprägungen a) regelmäßig und institutionalisiert vorhanden, d. h. wiederkehrend, geplant, klar geregelt, b) unregelmäßig und nicht institutionalisiert vorhanden, z. B. nur in einer bestimmten Phase des Projektes, nur bei Bedarf etc., c) nicht vorhanden und d) keine Angaben / keine Kategorisierung möglich (Cohen's Kappa=.84). Zehn der ausgewählten zwölf Schulen verfügen über regelmäßige und institutionalisierte Weiterbildungsgefäße für Lehrpersonen, in denen Impulse zur Nutzung der Lernplattform vermittelt werden. In den übrigen zwei Schulen gibt es Derartiges zumindest phasenweise und unregelmäßig.

- *Einstellungen von Lehrpersonen.* Dabei wurde eingeschätzt, ob die Lehrpersonen der jeweiligen Schule in Bezug auf den Einsatz von educanet^2 mehrheitlich positiv gestimmt sind, sie Vorteile und Möglichkeiten des Arbeitens mit der Plattform erkennen und grundsätzlich motiviert sind, sich entsprechende Kompetenzen anzueignen und die Plattform im Unterricht einzusetzen. Differenziert wurde in a) mehrheitlich positiv, b) teils-teils oder weder-noch, c) mehrheitlich negativ und d) keine Angaben / keine Kategorisierung möglich. Diese Kategorisierung konnte jedoch nicht reliabel durchgeführt werden (Cohen's Kappa=.41). Als möglicher Grund dafür kann die Datenlage genannt werden. Da nur einzelne Lehrpersonen im Rahmen der Fallstudien befragt wurden, beruhen Aussagen über die Einstellungen der Gesamtheit der Lehrpersonen an der Schule mehr als bei anderen Kategorien auf Interpretationen, zumal häufig differenzierte Aussagen anzutreffen sind, z. B., dass nur ein Teil der Lehrpersonen sehr motiviert sei, oder dass Lehrpersonen nur phasenweise motiviert seien. Die Zuordnung solcher Aussagen zu den genannten Kategorien ist entsprechend schwierig.

- *Einstellungen der Schülerinnen und Schüler.* Es wurde die allgemeine Stimmung der Lernenden in Bezug auf educanet^2 eingeschätzt. Dies geschah mit der Zielsetzung herauszufinden, ob sie im Arbeiten mit der Plattform Vorteile und Potenziale erkennen und motiviert sind, sich entsprechende Kompetenzen anzueignen und die Plattform für Lernzwecke einzusetzen. Die Kategorie unterscheidet die Subkategorien a) mehrheitlich positiv, b) teils-teils, weder-noch, c) mehrheitlich negativ und d) keine Angaben / keine Kategorisierung möglich. Obwohl hier ähnliche methodische Probleme bestehen wie bei der Kategorisierung der Einstellung der Lehrpersonen, konnte die Kategorisierung hier reliabel durchgeführt werden (Cohen's Kappa=.85). Schülerinnen und Schüler sehen die Nutzung der Plattform in der Schule in allen analysierten Fallstudien durchwegs positiv. Die

Spannweite reicht dabei von regelrechter Begeisterung bis zur nüchternen Anerkennung praktischer Nützlichkeit.

- *Organisatorische Nutzung im Lehrpersonenteam.* Mit dieser Kategorie wurde einschätzt, in welchem Umfang die Plattform gelegentlich oder regelmäßig für organisatorische Zwecke im Team genutzt wird. Es geht darum zu bestimmen, welcher Anteil von Lehrpersonen überhaupt mit der Plattform für berufliche Zwecke außerhalb des Unterrichts arbeitet. Die Skala der Einschätzung umfasst die Kategorien a) von vielen/allen, b) von wenigen oder einzelnen, c) von keinen sowie d) keine Angaben / keine Kategorisierung möglich (Cohen's Kappa=.84). In elf von zwölf Fallstudien nutzt eine Mehrheit der Lehrpersonen die Plattform für organisatorische Zwecke innerhalb des Lehrpersonenteams. In einer Schule geschieht dies immerhin bei einer Minderheit der Lehrpersonen. Die Intensität der Nutzung reicht vom einfachen Einsatz der in die Plattform integrierten E-Mail-Funktion über den Austausch von Dokumenten über die Dateiablage bis zum Einsatz komplexer Kollaborationswerkzeuge.

- *Unterrichtsnutzung mit Schülerinnen und Schülern.* Unter dieser Kategorie geht es darum zu bestimmen, welcher Anteil von Lehrpersonen überhaupt, d. h. wenigstens gelegentlich, mit der Plattform für Unterrichtszwecke arbeitet. Eingeschätzt wurde dies auf Basis der Fallstudien mit den Ausprägungen a) von vielen/allen, b) von wenigen oder einzelnen, c) von keinen und d) keine Angaben / keine Kategorisierung möglich (Cohen's Kappa=.85). In nur drei Schulen nutzt eine Mehrheit der Lehrpersonen die Lernplattform für Unterrichtszwecke. In den übrigen neun Schulen geschieht dies von wenigen oder einzelnen. Auch hier reicht die Spannweite der Einsatzmöglichkeiten von einfacher one-way-Kommunikation der Lehrpersonen an die Schülerinnen und Schüler (z. B. mittels Ankündigungen oder E-Mail und Verteilung von Unterlagen über Dateiablage) bis zu komplexen wechselseitigen Kooperationsprojekten, in denen auch die erweiterten Möglichkeiten der Plattform zum Einsatz kommen.

Zusammenfassend dargestellt, sind es nicht einzelne Bedingungen, die die zwölf ausgewählten Schulen gegenüber anderen auszeichnen, sondern es herrschen hier in nahezu allen Bereichen des Modells bessere Bedingungen als an den Schulen, die die Plattform weniger häufig nutzen. Zwischen den zwölf Schulen bestehen mehr Gemeinsamkeiten als Unterschiede. Alle verfügen über eine einzelne Person oder eine Kerngruppe, die sich besonders für den Einsatz von ICT und Lernplattformen engagiert. Sie bemühen sich nicht nur um pädagogische Akzentsetzungen, sondern übernehmen in fast allen analysierten Fallstudien auch die Administration der Plattform. Üblicherweise wird die Anmeldung von Lehrpersonen und Lernenden und ihre Zuteilung zu bestimmten Klassen und Gruppen zentral durchgeführt, so dass sich einzelne Lehrpersonen nicht mehr darum kümmern müssen. In fast allen befragten Schulen ziehen Schulleitung und ICT-Verantwortliche am gleichen Strang. Die Schulleitung steht der Einführung und Nutzung der Lernplattform in keinem Fall negativ gegenüber, sondern unterstützt die Entwicklungen aktiv und konstruktiv. Dabei bemühen sich die Schulleitungen sichtlich um einen sorgsamen Umgang mit Weisungsbefugnissen. Verbindliche Regeln stellen die Schulleiterinnen und Schulleiter dabei vor allem in Bezug auf den organisatorischen Einsatz im Lehrpersonenteam und weniger in Bezug auf den Einsatz im Unterricht auf. Hier setzen sie vor allem auf Überzeugungsarbeit. In allen Schulen werden interne Weiterbildungen zum Einsatz der Plattform angeboten, mehrheitlich fest institutionalisiert. Dabei fällt jedoch auf, dass sich die Art der Weiterbildung äußerst vielfältig gestaltet und in praktisch allen Schulen in einem permanenten Wandel begriffen ist. ICT-Verantwortliche sind hier offenbar noch in einer Suchbewegung, ein möglichst geeignetes Weiterbildungsformat zu entwickeln. Weit verbreitet ist vor allem die organisatorische Nutzung der Plattform innerhalb des Lehrpersonenteams. Der organisatorische Einsatz beschränkt sich überwiegend auf die E-Mail-Funktionen, den Kalender und die Dateiablage. In verschiedenen Fallstudien war diese Art der Nutzung eine vorbereitende Bedingung dafür, dass Lehrpersonen mit der Plattform vertraut werden und sie später auch für Unterrichtszwecke nutzen. Obwohl Schülerinnen und Schüler dem Einsatz der Plattform durchwegs positiv gegenüberstehen, wird sie erst von wenigen Lehrpersonen dieser zwölf „good practice"-Schulen regelmäßig und systematisch im Unterricht genutzt. Dabei muss zwischen einem Alltagseinsatz und besonderen Projekten differenziert werden. Im Alltag ähnelt der Plattform-Einsatz der Klasse dem Muster innerhalb des Lehrpersonenteams. Mit E-Mails oder Ankündigungen werden Informationen ausgetauscht, im Kalender werden wichtige Termine notiert, und auf der Dateiablage werden mehr oder weniger systematisch Unterrichtsmaterialien abgelegt. Die Plattform dient damit vor allem als Distributionsinstrument der Lehrperson und weniger als Werkzeug, das auch Schülerinnen und Schüler partizipativ und kommunikativ nutzen. Nur von wenigen Lehrpersonen und nur in wenigen Unterrichtsphasen wird die Lernplattform als ein Instrument aktiver Schülerarbeit eingesetzt, z. B. in Schreibprojekten in Wikis, Präsentationen über den Homepage-Generator, bei Diskussionen im Forum oder Chat und beim selbstständigen Bearbeiten von Online-Kursmaterial und Tests. Ein Punkt, in dem an den verglichenen Schulen verhältnismäßig große Heterogenität herrscht, ist die Frage der Infrastruktur. In keiner Fallstudie herrscht Vollausstattung, so dass jeder Schüler und jede Schülerin zu jeder Zeit einen Computer mit Internetanschluss zur Verfügung hätte. Stattdessen finden sich auch in diesen „good-practice"-Schulen nur wenige Computer im Klassenzimmer, und um mit der ganzen Klasse gleichzeitig an der Lernplattform arbeiten zu können, muss ein Notebookpool ausgeliehen oder in einen Computerraum gewechselt werden. Schulen unterscheiden sich jedoch darin, wie einfach verfügbar diese Geräte bzw. Räume sind. Relativ heterogen sind schließlich auch die politischen Vorgaben, die sich auf sehr unterschiedliche Aspekte beziehen können, z. B. die Nutzung der Plattform, die minimale Hardware, die Weiterbildung der Lehrpersonen, den Lehrplan oder schlicht Freiräume, innerhalb derer Schulen eigene Aktivitäten gestalten können. Solche Vorgaben wurden in Fallstudien in keinem Fall als problematisch wahrgenommen, sondern als Anreiz, die eigenen Bemühungen in diesem Bereich noch zu verstärken. In einzelnen Schulen spielt zudem ein relativer Konkurrenzdruck von außen eine Rolle, um innovativ tätig zu werden. Die Arbeit mit der Lernplattform stellt dabei ein besonderes Profilelement der jeweiligen Schule dar.

Angesichts der vielen Ähnlichkeiten in zentralen Punkten gestaltet sich eine differenzierende Typenbildung als schwierig. Dennoch lassen sich einzelne differenzielle Bemerkungen machen. Verschiedene Unterschiede lassen sich zwischen den Schulstufen beobachten. Während es in höheren Stufen immer mehrere Lehrpersonen sind, die die Plattform im Unterricht einsetzen, beschränkt sich die Unterrichtsnutzung an den Schulen der Primarstufe durchgängig noch auf einzelne Pionierinnen und Pioniere. Zudem wird die Lernplattform in den verschiedenen Schulstufen unterschiedlich im Unterricht eingesetzt. In der Primarstufe dominiert neben der Mail die Arbeit mit dem Homepagegenerator, der eine einfache Möglichkeit darstellt, mit Schülerinnen und Schülern eigene Webseiten zu erstellen, während in höheren Schulstufen vor allem die Dateiablage eingesetzt wird und darüber vor allem projektartige Arbeitsweisen mit der Plattform unterstützt werden. In den untersuchten Primarstufenschulen stellt die Arbeit mit educanet^2 zudem eine Möglichkeit dar, Schülerinnen und Schüler mit Grundbegriffen des Internet bekanntzumachen. Die Lernplattform stellt damit eine Art „Sandkasten" zur Verfügung, in dem der Umgang mit E-Mail, Homepages und unterschiedlichen anderen Diensten in geschütztem und kontrollierbarem Rahmen eingeübt wird. Als wesentlicher Faktor wird stärker als in anderen Schulstufen die hohe Motivation der Schülerinnen und Schüler bei der Arbeit mit der Plattform genannt. In höheren Schulstufen steht demgegenüber ein effizientes und praktikables Wissensmanagement im Vordergrund. Innerhalb der passwortgeschützten Umgebung können auch urheberrechtsgeschützte und persönliche Materialien effizient übermittelt werden. Lehrpersonen und Lernende sind leichter kontaktierbar. Die hohe Motivation der Primarschülerinnen und -schüler weicht dabei einem eher nüchternen Einschätzen der tatsächlichen oder möglichen Vorteile. Auch Nachteile und weniger praktische Aspekte werden von Lernenden höherer Schulstufen eher geäußert. z. B. die umständliche Handhabung bestimmter Funktionen.

Neben den qualitativen Auswertungen konnte anhand der Fragebogendaten der Administrator(inn)enbefragung geprüft werden, in welchen Bereichen sich die zwölf ausgewählten Schulen, die sich durch eine besonders intensive Nutzung von educanet² auszeichnen, von anderen Schulen unterscheiden, die educanet² in geringerem Maße einsetzen. Die Unterschiede zwischen den zwei Gruppen (N=200 vs. N=12) wurden mithilfe eines statistischen Tests auf Rangsummenunterschiede (Mann-Whitney-U-Test) geprüft, der auch bei ungleichen Vergleichsgruppengrößen und kleinen Stichproben zu robusten Ergebnissen führt. Dabei bestätigen sich die zentralen Ergebnisse der qualitativen Analysen. In den zwölf Schulen der Fallstudien besitzt die Nutzung von educanet² eine signifikant höhere Priorität als in den übrigen Schulen (U=535, p=.001), und die Schulleitung ist dem Einsatz der Plattform deutlich positiver gesonnen (U=623, p=.024). Es gibt mehr interne pädagogische Weiterbildungsangebote (U=716, p=.007), und die methodisch-didaktischen Kompetenzen der Lehrpersonen im Umgang mit der Plattform werden höher eingeschätzt (U=736.5, p=031). In allen anderen Bereichen, z. B. der Infrastruktur oder der Beurteilung der Lernplattform, finden sich ebenso wenig Unterschiede wie bei der Beurteilung eines mit der Plattform einhergehenden Wandels der allgemeinen Lehr- und Lernkultur.

5 Diskussion

Die überblicksartige Auswertung der „good-practice"-Fallstudien ermöglicht die Identifizierung zentraler Aspekte, die für die intensive Nutzung von Lernplattformen an Schulen entscheidend sein können. Die Auswertungen zeigen vor allem, dass viele verschiedene Bedingungen zusammenspielen müssen, um eine Lernplattform erfolgreich an einer Schule zu implementieren. Besonders wichtig dabei sind die Unterstützung der Schulleitung und das Engagement von ICT-Beauftragten bzw. einer ICT-Kerngruppe innerhalb der Lehrerschaft. Schulen, die intensiv mit der Plattform arbeiten, zeichnen sich zudem dadurch aus, dass sie interne pädagogische Weiterbildungen organisieren, die Lehrpersonen die nötigen Kompetenzen und Ideen vermitteln, wie mit einer solchen Plattform gearbeitet werden kann. Die selbstverständliche organisatorische Nutzung innerhalb des Lehrpersonenteams bildet eine gute Basis für einen alltäglichen Einsatz im Unterricht, da die Lehrpersonen auf diese Weise mittelbar angeregt werden können. Schülerinnen und Schüler sind in jedem Fall motiviert, mit der Plattform zu arbeiten, sei es, weil dies die üblichen schulischen Arbeitsweisen um neue Dimensionen erweitert oder weil sich damit gewisse Prozesse einfacher und effizienter gestalten lassen. Die Fallstudien zeigen aber auch, dass sich der Einsatz einer solchen Plattform mit unterschiedlicher Infrastruktur und unterschiedlichen pädagogisch-didaktischen Zielen realisieren lässt. Bei all diesen Faktoren herrscht eine große Variationsbreite ihres Zusammenspiels der Aspekte im Einzelfall. Es lohnt sich, die einzelnen Fallstudien näher zu betrachten und möglicherweise auch Anregungen daraus zu beziehen.

6 Literatur

Brophy, J. (Ed.). (2004). *Using video in teacher education.* Amsterdam <etc.>: Elsevier.
Centre for Educational Research and Innovation (Ed.). (2001). *Learning to Change: ICT in Schools.* Paris: OECD.
Dankwart, M. (Hrsg.). (2005). *School Wide Web. Kommunikations- und Kooperationsplattformen in der schulischen Praxis.* Gütersloh: Verlag Bertelsmann Stiftung.
EUN Consortium. (2004). *ERNIST ICT school portraits. 20 school portraits of innovative use of ICT in six European countries.* Woerden: Zuidam & zonen.
Fend, H. (2000). Qualität und Qualitätssicherung im Bildungswesen. Wohlfahrtsstaatliche Modelle und Marktmodelle. *Zeitschrift für Pädagogik, Beiheft 41*, 55-72.
Helmke, A. (2003). *Unterrichtsqualität. Erfassen - bewerten - verbessern.* Seelze: Kallmeyer.
Hunneshagen, H. (2005). *Innovationen in Schulen Identifizierung implementationsfördernder und -hemmender Bedingungen des Einsatzes neuer Medien.* Münster: Waxmann.
Kelle, U. & Kluge, S. (1999). *Vom Einzelfall zum Typus. Fallvergleich und Fallkontrastierung in der qualitativen Sozialforschung.* Opladen: Leske und Budrich.
Kerres, M. (2001). *Multimediale und telemediale Lernumgebungen Konzeption und Entwicklung.* München: Oldenbourg.
Kozma, R. B. (Ed.). (2003). *Technology, Innovation, and Educational Change: A Global Perspective.* Eugene, OR: ISTE.
Kruppa, K.,Mandl, H. & Hense, J. (2002). *Nachhaltigkeit von Modellversuchsprogrammen am Beispiel des BLK-Programms SEMIK (Forschungsbericht Nr. 150).* München: LMU.
Mayring, P. (2001). Kombination und Integration qualitativer und quantitativer Analyse. *Forum Qualitative Sozialforschung (www.qualitative-research.net), 2*(1), Art. 6.
Merkens, H. (1997). Stichproben bei qualitativen Studien. In B. Friebertshäuser & A. Prengel (Hrsg.), *Handbuch Qualitative Forschungsmethoden in der Erziehungswissenschaft* (S. 97-106). Weinheim / München: Juventa.
Moser, U. & Tresch, S. (2003). *Best Practice in der Schule. Von erfolgreichen Lehrerinnen und Lehrern lernen.* Buchs: Lehrmittelverlag des Kantons Aargau.

Petko, D. (2006). Computer im Unterricht: Videobasierte Fallstudien als Medium praxisnaher Lehrerinnen- und Lehrerbildung. *MedienPädagogik (www.medienpaed.com), 5*(2), 30 Seiten.
Petko, D.,Mitzlaff, H. & Knüsel, D. (2007). *ICT in Primarschulen. Expertise und Forschungsübersicht. Im Auftrag des Schweizer Dachverbandes der Lehrerinnen und Lehrer LCH.* Goldau: Institut für Medien und Schule, PHZ Schwyz. Online: http://www.lch.ch [01.12.2009].
Reusser, K. & Pauli, C. (1999). *Unterrichtsqualität: Multideterminiert und multikriterial.* Unveröffentlichtes Manuskript, Zürich.
Schrackmann, I.,Knüsel, D.,Moser, T.,Mitzlaff, H. & Petko, D. (2008). *Computer und Internet in der Primarschule. Theorie und Praxis von ICT im Unterricht mit 20 Videobeispielen auf zwei DVDs.* Oberentfelden / Aarau: Sauerländer
Schulz-Zander, R. (2003). *"Innovative Praktiken mit Neuen Medien in Schulunterricht und -organisation" (IPSO). Nationale Ergebnisse der internationalen IEA-Studie SITES Modul 2 - Second Informations Technology in Education Study.* Online: www.ifs-dortmund.de/files/Projekte/sitesm2/sites_m2_national.pdf [01.12.2009].
Schumacher, F. (Hrsg.). (2004). *Innovativer Unterricht mit neuen Medien.* Grünwald: FWU Institut für Film und Bild.
Seufert, S. & Euler, D. (2005). Change Management in der Hochschullehre: Die nachhaltige Implementierung von e-Learning-Innovationen. *Zeitschrift für Hochschuldidaktik, 2005*(3), 3-15.
Shulman, L. S. (1992). Toward a Pedagogy of Cases. In J. H. Shulman (Ed.), *Case Methods in Teacher Education* (pp. 1-30). New York: Teachers College Press.
Venezky, R. L. & Davis, C. (2002). *Quo Vademus? The Transformation of Schooling in a Networked World.* Online: http://www.oecd.org/dataoecd/48/20/2073054.pdf [01.12.2009].
Webb, M. & Cox, M. (2004). A review of pedagogy related to information and communications technology. *Technology, Pedagogy and Education, 13*(3), 235-286.
Wiggenhorn, G. & Vorndran, O. (2002). *Integrating IT into Schools. An international study on regional implementation strategies.* Online: www.netzwerk-medienschulen.de [06.01. 2006].
Witzel, A. (2000, 04.08.2008). Das problemzentrierte Interview. *Forum Qualitative Sozialforschung (www.qualitative-research.org) 1*(1), Art. 22.
Yin, R. K. (2003). *Case Study Research: Design and Methods.* Thousand Oaks <etc.>: Sage Publications.

Schulportrait: Berufsschule Bülach

Dominik Petko

Bülach liegt etwa zwanzig Minuten nördlich von Zürich, unweit der deutschen Grenze. Die kleine Stadt mit etwas mehr als 15.000 Einwohnerinnen und Einwohnern gilt als wirtschaftliches Zentrum des Zürcher Unterlandes. Waren früher hier verschiedene größere industrielle Betriebe beheimatet, so ist Bülach mit seiner hübschen Altstadt, seinen Einkaufsmöglichkeiten und Schulen heute vor allem ein regionales Dienstleistungszentrum. Etwas am Rand der Stadt, vor dem Panorama von Wiesen und Wäldern, befindet sich die Berufsschule. Viele Jugendliche sind hier anzutreffen, schließlich liegt gleich daneben auch die Kantonsschule, das regionale Gymnasium. Das Gebäude der Berufsschule verströmt mit seinem gezackten Fabrikdach und seiner Fassade aus Eternitplatten industriellen Charme (Abbildung 1). Innen zeigt sich das graue Äußere in freundlichen Farben. Im Eingangsbereich lädt die Cafeteria zum Verweilen ein, die Klassenräume liegen an den langen Gängen des Haupttraktes und im angrenzenden Pavillon. Ein weiteres Gebäude der Berufsschule findet sich auf der anderen Seite der Stadt.

Abbildung 1:   Die Berufsschule Bülach

Insgesamt 1200 Lehrlinge besuchen die Berufsschule Bülach (kurz: BSB). Je nach Lehrjahr und Lehrberuf erhalten sie hier an ein oder zwei Tagen pro Woche Unterricht. Die übrige Zeit verbringen sie in ihren Lehrbetrieben. Dieses duale System der Berufsausbildung wird in der ganzen Schweiz praktiziert. Da nicht alle Schülerinnen und Schüler zur gleichen Zeit anwesend sind, wirkt das Gebäude trotz starker Auslastung familiär. Etwa 200 Jugendliche sind jeden Tag vor Ort und verteilen sich auf Unterrichts- und Aufenthaltsräume. Es gibt gegen 100 Lehrpersonen mit insgesamt 40 Vollzeitstellen. Neben der Grundausbildung wird ein breites Angebot an Weiterbildung für Berufstätige angeboten, mit noch einmal etwa 1.000 Teilnehmenden pro Jahr, was die Räumlichkeiten zusätzlich auslastet.

Die Berufsschule ist sowohl auf technische als auch auf kaufmännische Berufe spezialisiert. Dieses Nebeneinander prägt das Schulleben. „Das befruchtet sich gegenseitig", meint Schulleiter Werner Kolb. Während die technische Ausbildung (z. B. heute für Polymechaniker oder Elektroinstallateure) schon eine lange Tradition besitzt, wird ein kaufmännischer Zweig erst seit sieben Jahren angeboten. Die technischen Lehrpersonen kommen mehrheitlich über Lehre, Berufspraxis, Fachhochschulstudium und pädagogischen Abschluss an die Schule, die Lehrerinnen und Lehrer der kaufmännischen Abteilung hingegen vielfach über den rein akademischen Bildungsweg, also von Universitäten. Computer werden in beiden Ausbildungsgängen intensiv eingesetzt, jedoch mit unterschiedlichem Anspruch. In den technischen Berufen werden vor allem Kompetenzen in CAD-Programmen und Steuerungssystemen vermittelt; die Berufsschullehrer arbeiten dabei auch mit Computersimulationen. In den kaufmännischen Berufen geht es dagegen vor allem um Office-Funktionen, Tabellenkalkulation und Datenbanken, aber auch Internetrecherchen und E-Mail. Während das Internet im kaufmännischen Bereich intensiv genutzt wird, spielt sein Einsatz in den technischen Berufsausbildungen nur eine untergeordnete Rolle. Kaufmännische Lehrlinge sitzen in ihren Betrieben täglich vor dem Bildschirm, die technischen Auszubildenden stehen mehrheitlich an der Werkbank. Angesichts so unterschiedlicher Nutzungskulturen war die Realisierung einer gemeinsamen Praxis der ICT-Nutzung keine Selbstverständlichkeit, sondern eine längere, schrittweise Entwicklung.

Die Berufsschule entwickelte vor fünf Jahren ein Konzept zur technischen Ausstattung, wonach in jedem Schulzimmer mindestens drei Computer mit Internetanschluss sowie ein Beamer vorhanden sein sollten. In der Praxis ist ein Computer für den primären Gebrauch durch die Lehrperson sowie für Präsentationen bestimmt, zwei weitere Computer dienen vor allem den Schülerarbeiten. Außerdem verfügt die Schule über acht voll ausgestattete eigene Computerräume sowie ein weiteres Zimmer, in dem Schülerinnen und Schüler seither über offen zugängliche Arbeitsplätze mit Internetzugang verfügen. Im angrenzenden Pavillon setzte man auf Wireless-Internet und einen ausleihbaren Notebook-Pool. „Dennoch war nicht die Technik der *Bottleneck*, sondern die Lehrpersonen", ist Rektor Kolb überzeugt. Lehrpersonen benötigen nach Ansicht des Schulleiters ein grundlegendes Bewusstsein für die große Bedeutung und die neuen Möglichkeiten von ICT. Die didaktische Fantasie beschränkte sich anfangs vor allem auf Anwenderschulungen und Tastaturschreiben. Der Beamer wurde zwar intensiv genutzt, jedoch eher als „besserer Tageslichtprojektor". Damit die Lehrpersonen überhaupt mit dem Computer arbeiten konnten, wurden Schulungen angeboten. Zwar hätte der Rektor gerne den Besuch von Computerkursen und diesbezügliche Zertifizierung für alle Lehrpersonen verbindlich erklärt, ist sich aber bewusst, dass dies schwierig durchzusetzen ist. „Zwingen möchte ich niemanden, das ist ein langer Prozess. Ich suche mit den Lehrpersonen nach Möglichkeiten und versuche, sie zu locken". Eine Reihe von schulinternen Weiterbildungstagen leitete einen Wandel ein. Sie boten Grundlagen für Diskussionen über Möglichkeiten und Ziele der Nutzung von ICT. Für ein Projekt „E-BSB" wurden erfolgreich Fördermittel des Kantons beantragt. Im Rahmen des Projektes entwickelten fächerübergreifende Teams einen Methodenkatalog mit Ideen der sinnvollen ICT-Nutzung für den Berufsbildungsalltag, der nun allen als internes Praxishandbuch vorliegt. Realistisch betrachtet, so Kolb, seien einige nun sehr motiviert, andere zum Teil weniger. Vielleicht sei das auch eine Generationenfrage.

Die Anmeldung zur Lernplattform educanet^2 erfolgte unmittelbar nach ihrer Inbetriebnahme im Jahr 2004. Jörg Simmler, der E-Learning-Projektleiter der Berufsschule und Fachlehrer aus der Abteilung Wirtschaft, hatte zuvor bereits mit der ersten Version von educanet^2 experimentiert. Die Umstellung auf die neue Plattform erfolgte zu einem Zeitpunkt, als die Schule gerade über ihr ICT-Konzept nachdachte. Mit dem Einverständnis von Rektor Kolb nutzte Simmler die Gelegenheit und meldete alle Lehrpersonen und alle Schülerinnen und Schüler auf der neuen Plattform an. Dies war ein bewusster strategischer Entscheid, so Simmler: „Jetzt machen wir das, und wir möchten, dass alle von Anfang an davon profitieren können". Seitdem wird die Liste aller Lehrenden und Lernenden auf der Plattform regelmäßig aktualisiert und nachgeführt. Lehrpersonen, Schülerinnen und Schüler werden dabei nicht nur bei der Plattform registriert, sondern auch ihren jeweiligen Klassen zugeordnet. Dieser Aufwand wird von zwei ICT-Verantwortlichen der zwei großen Fachbereiche der Berufsschule geleistet. Die Fachlehrpersonen finden damit auf der Plattform einen Spiegel der realen Strukturen vor und können ohne eigenen administrativen Vorlauf direkt mit der Arbeit auf der Plattform beginnen. Zur Handhabung der Plattform wurden Kurse veranstaltet, sowohl für Lehrpersonen als auch für Schülerinnen und

Schüler. Mittlerweile ist dies zur Regel geworden. Neu eintretende Berufsschüler(innen) erhalten in ihrer zweiten Woche eine Schulung in der Bedienung der Lernplattform. Danach beginnt der Alltag mit verschiedenen unterrichtsbegleitenden Online-Aktivitäten.

Heute wird educanet[2] in der BSB intensiv genutzt, sowohl zu organisatorischen Zwecken innerhalb des Lehrpersonenteams als auch für Unterrichtszwecke mit den Schülerinnen und Schülern. Vereinzelt haben auch Lehrmeister und Ausbildungsverantwortliche Zugang zur Plattform. Weit verbreitet ist dabei vor allem der Gebrauch von Dateiablage und E-Mail. Da Berufsschülerinnen und Berufsschüler nur ein bis zwei Tage pro Woche anwesend sind, läuft die Kommunikation für die Hausaufgaben in der Zwischenzeit oft über diese Kanäle. Viele Lehrerinnen und Lehrer informieren die Lernenden via Mail über die anstehenden Aufgaben und beantworten diesbezügliche Fragen. Sie deponieren für die Lernenden verpflichtende oder optionale Dokumente in der Dateiablage und sammeln auf diesem Weg auch Schülerarbeiten wieder ein (vgl. Abbildung 2).

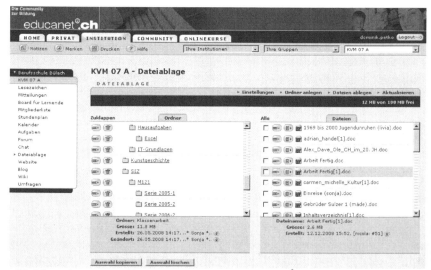

Abbildung 2: Dateiablage einer Klasse auf educanet[2]

Da der Speicherplatz auf der Dateiablage der Lernplattform beschränkt ist und damit multimediale Dateien wie Beispielfilme den verfügbaren Platz schnell füllen, verfügen die Lernenden über persönliche USB-Memory Sticks, auf denen solche Dateien in den Präsenzsitzungen über das Intranet der Schule verteilt werden. Das Ausmaß, in dem Dateiablage und Mail genutzt werden, ist von

Lehrperson zu Lehrperson unterschiedlich. Während einige ständig und umfassend auf diese Weise mit ihren Schülerinnen und Schülern kommunizieren, nutzen andere diese Kanäle nur für außergewöhnliche Nachrichten oder zusätzliche Arbeitsmaterialien. Der Gewinn der regelmäßigen Nutzung liegt unter anderem in der einfacheren Verteilung und Strukturierung von Unterlagen und Lernaufgaben und der klareren Kommunikation. Zwar loggen sich Schülerinnen und Schüler nicht ständig in die Plattform ein, jedoch sorgt die E-Mail-Weiterleitung dafür, dass sie in jedem Fall informiert sind. Die Nutzung anderer Funktionen der Lernplattform, z. B. Foren oder Wikis, ist im Unterrichtsalltag eine Seltenheit. Als Ergänzung nutzen manche Lehrpersonen andere Software, z. B. Google Docs. Neben der alltäglichen Nutzung von educanet[2] gibt es auch verschiedene Einzelprojekte an der Berufsschule, die von den erweiterten Möglichkeiten der Lernplattform Gebrauch machen (vgl. Abbildung 3).

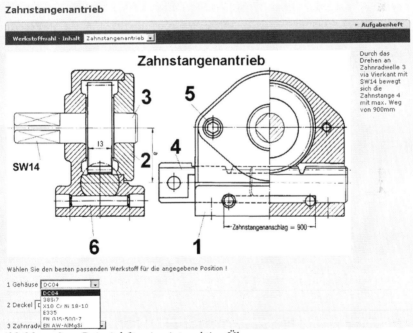

Abbildung 3:   Beispiel für eine interaktive Übung

So wurden in beiden Fachbereichen Online-Kurse als Lernmaterialien für die Berufschüler(innen) erstellt. Educanet^2 bietet die Möglichkeit, Online-Inhalte aus Bild und Text mit interaktiven Übungen zu verknüpfen. Für einfachere Online-Materialien ohne interaktive Übungen wird auch der Homepage-Generator der Plattform genutzt.

Solche Online-Materialien werden vor allem im Präsenzunterricht eingesetzt. „Es ist eine gute Ergänzung und Abwechslung, aber kein Wunderwerk", meint Technik-Fachlehrer Thomas Zolliker, „und zudem ist es mit Schwierigkeiten verbunden". Nicht alle Schülerinnen und Schüler haben zuhause Zugang zum Internet. Außerdem fällt ihnen teilweise das eigenständige und konzentrierte Lernen am Computer schwer. „Es gibt einfach zu viele Ablenkungen, die nur einen Mausklick entfernt sind", bestätigt auch Fachlehrer Robert Pfeffer. Außerdem wird der Aufwand für die Erstellung solcher Materialien auch von den engagierten Lehrpersonen als sehr hoch angesehen. Nach einer anfänglichen Phase der Euphorie werden in der technischen Abteilung nun nur noch wenige interaktive Materialien neu produziert. „Es wäre natürlich gut, wenn man solche Materialien mit Lehrpersonen aus anderen Schulen austauschen könnte", gibt Zolliker zu bedenken, „von meinem Material stammt vieles aus Lehrbüchern, und das unterliegt dem Copyright. Ich kann es also nur selbst verwenden, aber nicht weitergeben."

In der kaufmännischen Berufsausbildung folgt der Einsatz von educanet^2 noch einer anderen Notwendigkeit. In der Schweiz können kaufmännische Lehrlinge viermal in ihrer Ausbildungszeit zu zweiwöchigen firmenübergreifenden Kursen herangezogen werden. In dieser Zeit fehlen sie zwangsläufig sowohl im Ausbildungsbetrieb als auch in der Berufsschule. Nicht alle Lehrlinge sind davon betroffen, so dass nur ein Teil der Klasse dem Unterricht fernbleibt. Dies erwies sich vor allem in den überbetrieblichen Kursen 2 und 3 als problematisch, da die wechselnden Absenzen einen effektiven Unterricht quasi verunmöglichten. Die gesetzlichen Vorgaben sehen jedoch vor, den Unterricht während dieser Zeit so zu gestalten, dass auch den Abwesenden kein Nachteil entsteht und ihnen die Gelegenheit gegeben wird, die Hausaufgaben nachzuarbeiten. Als Lösung für diese Herausforderung wurden an der BSB für diese zweimal zwei Wochen E-Learning-Sequenzen entwickelt. Alle Schüler(innen) arbeiten während dieser Zeit eigenständig an Arbeitsaufträgen über educanet^2. Dies geschieht vollständig online, d. h. zweimal vier Schultage fallen für alle Berufsschüler(innen) zugunsten eines selbstständigen Arbeitens mit educanet^2 aus. Die Lehrlinge bearbeiten die Aufgaben entweder zuhause oder in freigestellter Zeit im Betrieb.

Im dritten Lehrjahr betrifft dies nur noch einen Tag pro Woche, so dass hier noch ein anderes Modell der Kompensation zum Einsatz kommt. Ein Teil der Klasse arbeitet dann selbstständig in der Berufsschule an herkömmlichen Aufga-

Schulportrait: Berufsschule Bülach 85

ben, während die anderen die jeweiligen Aufgaben in educanet[2] nachvollziehen und individuell nachbearbeiten können (vgl. Abbildung 4).

Abbildung 4:   *Die halbe Klasse arbeitet vor Ort, die anderen über educanet[2]*

Die Vorbereitung auf die E-Learning-Wochen erfolgte sehr sorgfältig im Rahmen eines längeren Projektes. Der ICT-Verantwortliche erarbeitete ein Konzept, das er mit „Multiplikatoren" der Fachbereiche in ersten Modellentwürfen umsetzte. Auf dieser Grundlage begleiteten die Multiplikatoren ihre Fachteams dann in der Planung und Umsetzung der praktischen E-Learning-Phasen. Dabei entstand eine Vielfalt von Ansätzen. Im Fach Deutsch arbeiten die Schüler im Wiki an einer Fortsetzungsgeschichte, bei der die Lernenden nicht nur über narrative Strukturen nachdenken, sondern zugleich vor der Herausforderung stehen, sich zu koordinieren. Im Fach Englisch werden englischsprachige Restaurantführer im Internet zum Ausgangspunkt für die Aufgabe, in einer englischsprachigen E-Mail einem fiktiven Geschäftspartner ein Restaurant zu empfehlen. Das Modul wird ergänzt durch interaktive Grammatikübungen. Im Fach Wirtschaft entstand ein Webquest, in dem die Schritte einer Firmengründung simuliert werden - von der Idee über den Business-Plan, von der Erledigung der Formalia bis hin zur ansprechenden Präsentation. Im Fach Sport werden mit Videobeispielen Anregungen für selbstständiges Training angeboten. Eine interne Umfrage unter Lehrenden, Lernenden und Lehrbetrieben zeigt die sehr hohe Akzeptanz dieser Lernsettings. Lehrlinge schätzen diese Formen des Lernens und haben damit keine Probleme.

Für die Schülerinnen und Schüler ist der Gebrauch von Computer und Lernplattform nichts Besonderes. „Am PC gehen viele Sachen einfach schneller und einfacher", meint eine Schülerin ganz pragmatisch. Die Nutzung von educanet[2], insbesondere von E-Mail und Dateiablage, ist für die Schülerinnen und Schüler Alltag. Sie loggen sich nicht nur in der Berufsschule in die Plattform ein, sondern auch im Ausbildungsbetrieb oder zuhause. Da Hausaufgaben über die Plattform verteilt und teilweise auch benotet werden, ist dies für sie keine Frage. „Für ein paar Sachen ist das schon noch hilfreich", meint ein Schüler. Man müsse etwa nicht immer alles dabeihaben, wenn der Lehrer dort Material ablegt. Als sinnvoll empfunden werden auch interaktive Lernprogramme. Außerdem könne man die Lehrpersonen leichter kontaktieren. Eine Schülerin ergänzt „Aber es ist halt für die Schule". Für die Kommunikation untereinander werden eher andere Instant Messengers und soziale Netzwerk-Plattformen eingesetzt.

Die jetzige Nutzung von educanet[2] ist noch nicht der Endpunkt der Entwicklung an der Berufsschule Bülach. Im 5-Jahreskonzept der Schule stellt das Erkunden neuer Möglichkeiten des E-Learning ein Kernelement der Unterrichtsentwicklung dar. Rektor Werner Kolb sieht das so: „Es ist unsere Aufgabe, den Prozess am Leben zu halten, nach Möglichkeiten zu suchen und sie umzusetzen. Wir müssen uns immer wieder überlegen, wie wir die neuen Medien im Unterricht sinnvoll anwenden. Diesen Prozess muss man über Jahre hinweg fördern. Da kann man nicht einfach nach zwei Jahren sagen, das ist erledigt, und jetzt läuft das. Unterrichtsentwicklung und vor allem E-Learning-Entwicklung bedarf stetiger Pflege mit Projekten, schulinternen Weiterbildungen und so weiter. Dazu gehören auch Gefäße für Diskussionen." Wohin diese Entwicklung führt, ist jedoch schwer absehbar. „Ich habe keine Kristallkugel, mit der ich in die Zukunft sehen kann. Aber die technischen Möglichkeiten werden besser, und die Lernenden kommen mit immer wieder anderen Voraussetzungen in die Berufsschule", meint Rektor Kolb, „Daher müssen wir einerseits abwarten, was im Dreieck von Lehrpersonen, Lernenden und Technik passiert. Aber wir wollen andererseits mit dem ganzen Lehrkörper auch aktiv dabei sein, müssen nachdenken, was Sinn macht und was Humbug ist, was sich mit vernünftigem Aufwand realisieren lässt und was nicht. Dann kommt das schon gut."

Schulportrait: Berufsbildungszentrum Freiamt

Barbara Wespi

Schlichte Formen, klare Linien und ein durchgehendes Konzept in den Farben schwarz, weiß, grau und rot verleihen dem Bau des Berufbildungszentrums Freiamt eine sachliche Modernität. Der von weitem sichtbare, transparente Glasturm des 2008 fertig gestellten Umbaus zeigt als Farbtupfer das rote bbz-Logo (Abbildung 1). Vereinzelte rote Stühle zwischen vielen schwarzen in der Mensa, Bilder in warmen Rottönen und die Lehrerin in der roten Strickjacke mit dem freundlichen Lächeln lockern die strengen Linien auf.

Abbildung 1: Berufsbildungszentrum Freiamt

„Die Umsetzung des Um- und Neubaus war eine langwierige Angelegenheit, von der Planung über die Finanzierung bis hin zur Entscheidung über die Wahl der Böden, der Einrichtungsdetails und der Raumaufteilung", meint Rektor Orlando Müller, „die akkurate Arbeit hat sich gelohnt, bis jetzt sind wir mit dem Bau vollumfänglich zufrieden." Der Eingangsbereich eröffnet sich dem Eintretenden lichtdurchflutet, die Mediothek und das Computerzimmer sind – nur durch Glaswände voneinander abgetrennt – von jedermann einsehbar, was den Eindruck von Offenheit, Transparenz und gegenseitigem Wohlwollen vermittelt – drei wichtige Eckpunkte des Leitbilds der Schule. Neu und unverbraucht präsentiert sich das Schulhaus von innen und außen. Die Raumaufteilung wurde umgestaltet. Jeweils zwei Lehrpersonen teilen sich ein auf den neuesten technischen Stand gebrachtes Vorbereitungszimmer mit direktem Zugang zu den Schulzimmern.

Die in den Gängen auf den Beginn der nächsten Unterrichtstunde wartenden Schülerinnen und Schüler grüßen fremde Schulbesucher freundlich. Da sich hier alle kennen, fallen Fremde sogleich auf. Eine familiäre und herzliche Atmosphäre prägt die Schulkultur des bbz Freiamt. Eine wichtige Rolle hierbei spielen sowohl die überschaubare Größe der Schule als auch das ländliche Umfeld. Die Stadt Wohlen stellt mit ihren 14.000 Einwohnerinnen und Einwohnern das Zentrum der Region Freiamt dar. Das Gebiet liegt im Südosten des Kantons Aargau an einer zentralen Position im Mittelland und ist in einer halben Autostunde von Zürich, Zug und Luzern erreichbar. Das Bestehen des Wohlener Standorts musste das bbz Freiamt heftig erkämpfen, gibt es doch Bestrebungen im Kanton nach einer größeren Zentralisierung der Berufsbildung. Rektor Orlando Müller ist mit den Entwicklungen der letzten Zeit zufrieden: „In Zusammenhang mit dem Neubau sollte der Standort des bbz für die nächsten Jahre gesichert sein. Die Verteilung der Berufsbildung auf mehrere kleinere Zentren sehe ich als großen Vorteil. Eine kleine Schule hat ein besseres Schulklima, ist flexibler in der Organisation und in näherem Kontakt mit den Lernenden und deren Bedürfnissen."

Die Schule besteht aus zwei Abteilungen: Die Abteilung Wirtschaft betreut 330 Lernende. In der Gewerbe- und Technikabteilung werden 480 Lernende, welche eine Lehre in den Bereichen Bau, Lebensmittel (Bäcker und Metzger) oder Landmaschinenmechanik absolvieren, ausgebildet. Unterrichtet werden die Schülerinnen und Schüler von insgesamt 40 Lehrpersonen. Der Schule gehört zudem ein Atelier an, in welchem 14 Bekleidungsgestalterinnen ausgebildet werden. Der angenehme Duft nach frisch gebackenem Brot, der dem Besucher beim Betreten des Schulhauses sogleich entgegenströmt, ist der schulinternen Bäckerei für Ausbildungszwecke zu verdanken.

Die Lernenden in kaufmännischer Berufsausbildung können sich zwischen dem Basisprofil und dem M-Profil mit dem Ziel der Berufsmaturität entscheiden. Zusammen mit den Lernenden der gewerblichen oder technischen Berufe und den 400 Kursbesuchenden der Abteilung Weiterbildung und Innovation, welche ebenfalls zum bbz Freiamt gehört, ergibt sich eine bunte Durchmischung, die positiv wahrgenommen wird. Die ehemals getrennten Abteilungen wurden zusammengeschlossen und unter ein gemeinsames Rektorat gestellt. Zusätzlich wird die Infrastruktur des bbz von der Kantonalen Schule für Berufsbildung (ksb) benützt, welche das 10. Schuljahr im Kanton Aargau organisiert. Die ksb ist der Schulleitung des bbz nicht direkt unterstellt. Das bbz Freiamt stellt hohe Ansprüche an die Qualitätsentwicklung. Eine vor kurzem abgeschlossene Evaluation der Universität Zürich attestierte der Schule einen hohen Qualitätsstandard: „Das bbz Freiamt bewährt sich als eine kleine, überschaubare Schule im kantonalen Wettbewerb. Die Berufsbildung am bbz Freiamt genießt in der Region hohes Ansehen und großes Vertrauen. Die hohen fachlichen und sozialen Kompetenzen werden geschätzt." Die Evaluation legt den Fokus der Untersuchung auf den Schwerpunkt „Motivation der Lernenden" und kommt zu folgendem Schluss: „Die Befragten vertreten großmehrheitlich die Auffassung, dass sich der respektvolle, freundliche, offene und ehrliche Umgang, der am bbz Freiamt gepflegt wird, spürbar und nachhaltig auf die Lernmotivation der Lernenden auswirke."

Das familiäre Schulklima, in dem sich Lehrende und Lernende wohl fühlen, entsteht nicht zufällig; um es zu erhalten, bedarf es gegenseitiger Anstrengungen. Mit den ersten Klassen wird jeweils zu Beginn der Ausbildung ein Lager durchgeführt, um das Zusammengehörigkeitsgefühl zu fördern. Schon bald kennen die Abteilungsleiter alle ihre Lernenden persönlich. Gegenseitige Hospitationen und unangemeldete Besuche der Schulleitung gehören zu einer langen Qualitätssicherungstradition der Schule. „In Zukunft möchte ich Unterrichtsentwicklung mit der Auswertung und Besprechung von auf Video aufgenommenen Unterrichtslektionen weiterführen", so sieht Rektor Orlando Müller die künftige Weiterentwicklung des Qualitätsmanagements. Transparenz werde an der bbz großgeschrieben, an die Lehrpersonen würden hohe Ansprüche bezüglich ihrer fachlichen, pädagogischen und didaktischen Kompetenzen gestellt; aber auch für menschliche Schwächen, Tage, an denen man weniger fit sei, werde Verständnis gezeigt. „Wir Lehrpersonen sind keine Maschinen", meint Orlando Müller, welcher selber Französisch in der kaufmännischen Abteilung unterrichtet und den Schulalltag aus langjähriger Erfahrung kennt.

Die technische Ausstattung des bbz entspricht dem neuesten Stand. In den Lehrervorbereitungszimmern stehen stationäre Computer und in den drei Computerzimmern jeweils 26 Rechner zur Verfügung. Weitere Laptops können für den flexiblen Einsatz ausgeliehen werden. Kabelloser Internetanschluss besteht im ganzen Schulhaus. Die Geräte werden drei- bis fünfjährlich ersetzt. Die Installation und der Support werden einer örtlich ansässigen Computerfirma übertragen. In jedem Klassenzimmer steht neben dem Pult der Lehrperson ein Computer mit einem Touchscreen, dessen Bild mit einem Beamer, der in allen Schulzimmern fix installiert ist, an die Wand projiziert wird. Mit einem speziellen Stift lassen sich dies wie eine erweiterte Tafel nutzen. Projizierte Folien oder Arbeitsblätter lassen sich mit farbigen Markierungen und handschriftlichen Ergänzungen versehen, alles kann abgespeichert und zu einem späteren Zeitpunkt wieder verwendet werden. Exemplarische Internetrecherchen sowie die Demonstration von veranschaulichenden Bildern und Videos durch die Lehrperson werden erleichtert. „Die Arbeit mit der neuen Technologie hat meinen Unterricht bereichert und die Vorbereitung vereinfacht", meint der frisch von der Universität St. Gallen kommende Handelslehrer Michael Maissen. „Die Veranschaulichung ist einfacher und vielfältiger, ohne dabei der Klasse den Rücken zuzukehren, wie dies an der Tafel normalerweise geschieht, und ohne Unterbrechung des Unterrichtsflusses, wenn man mühsam das Präsentationsgerät wechseln muss."

Abbildung 2:   Unterricht mit Touchscreen und Beamer im Computerzimmer

Für ältere Lehrpersonen sei die Umstellung etwas schwieriger gewesen, man musste sich von vertrauten Gewohnheiten trennen;, doch mittlerweile arbeiteten alle Lehrpersonen mehr oder weniger intensiv mit der neuen Technik, wie Rektor Orlando Müller betont. Ein gewisser Druck werde auch von den Lernenden ausgeübt, welche sich schnell an die stets aktuellen, modernen Unterrichtsmittel gewöhnen und deren Einsatz einfordern. Die Schul- und Unterrichtsentwicklung verläuft am bbz in der Regel in Top-down-Prozessen. Mit einigen Lehrpersonen wurde das neue System getestet und für alle Lehrpersonen implementiert

Schulportrait: Berufsbildungszentrum Freiamt 91

Ähnlich verlief die Einführung der Lernplattform educanet². Philippe Elsener, der ICT-Verantwortliche der Schule, testete die damals existierende erste Version von educanet² mit einer Pilotklasse. Weitere Lehrpersonen experimentierten daraufhin mit den Möglichkeiten, die die Lernplattform bietet. Die Erfahrungsberichte der Lehrpersonen und auch die Rückmeldungen der Lernenden waren mehrheitlich positiv, sodass die Schulleitung 2004 den Entschluss fasste, die Lernplattform für alle Lehrpersonen verpflichtend einzuführen. Widerstände gegen die Arbeit mit educanet² waren kaum festzustellen. Viele der Lehrpersonen verfügen über Berufserfahrung aus Wirtschaftsunternehmen, arbeiten teilweise neben ihrer Lehrtätigkeit noch in der Privatwirtschaft und sind dadurch an eher direktive Entscheide ebenso gewöhnt wie an den flexiblen Umgang mit neuen Technologien. Um den Einstieg zu erleichtern, wurden interne Weiterbildungen und Beratung durch den ICT-Verantwortlichen angeboten.

Obwohl alle Lehrpersonen die Lernplattform mittlerweile zumindest als Kommunikationsmittel innerhalb der Lehrerschaft nutzen, wurde educanet² bisher nicht in beiden Abteilungen des Berufsbildungszentrums gleichermaßen für Unterrichtszwecke eingeführt. „Da nicht alle Lernenden der Abteilung Gewerbe und Technik über das Internet zu Hause erreichbar sind, haben wir educanet² dort bisher nicht in allen Klassen eingeführt. Dies sollte aber in naher Zukunft geschehen. Die Lernenden haben in der Schule Möglichkeiten, auf das Internet zuzugreifen. Die Auszubildenden in den kaufmännischen Berufen sind hingegen täglich mit dem Computer und Internet konfrontiert und loggen sich auch bei der Arbeit in den Betrieben häufig auf educanet² ein", beschreibt Rektor Orlando Müller die Situation. Alle Lernenden der neuen Klassen der Abteilung Wirtschaft werden systematisch von Philippe Elsener auf educanet² angemeldet. Er ist es auch, der die Daten aktualisiert und verwaltet. Die Plattform gehört seither zur selbstverständlichen Infrastruktur der wirtschaftlichen Abteilung der Schule.

In der Abteilung Wirtschaft verläuft die Kommunikation zwischen Schulleitung, Lehrpersonen und Klasse ausschließlich über educanet². Die Verwendung findet hohe Akzeptanz, die Lernenden wachsen in Verbindung mit der Plattform in die Struktur der Schule hinein und können sich ihre Schule ohne educanet² gar nicht vorstellen. „Die Anwendung ist sehr einfach. Ich verwende educanet² regelmäßig von zu Hause aus, da alle wichtigen Informationen der Schule und von den Lehrpersonen damit übermittelt werden. Heute habe ich schnell nachgeschaut, ob der Sportunterricht stattfindet. Manchmal lade ich Dateien hoch, dann kann ich von überall her darauf zugreifen", meint ein KV-Lehrling. Hauptsächlich werden die E-Mail-Funktion, der Website-Generator, die Foren, der Chat und die Dateiablage verwendet. E-Mail, Foren und Chat werden von den Schüler/-innen vorwiegend außerhalb der Schule zur Kommunikation untereinander oder mit der Lehrperson genutzt; oftmals werden mithilfe dieser Werkzeuge

Fragen zum Prüfungsstoff diskutiert. Je nach Bedarf schaltet sich die Lehrperson dazu. Diese Tools werden im regulären Unterricht jedoch (noch) nicht verwendet. Der Website-Generator kommt am bbz bisher lediglich im Informatikunterricht zum Einsatz, wobei die Lernenden seine Funktionen kennenlernen und eine eigene Seite generieren, um die Anwendung einzuüben. Gelegentlich werden auch Umfragen von der Schulleitung an mehrere Klassen oder von einzelnen Lehrpersonen an ihre Klasse über educanet[2] organisiert. Die Funktionen der Lernplattform stoßen immer wieder an Grenzen. Z. B. entspricht die Kalender-Funktion von educanet[2] für Online-Reservationen von Schulzimmern nicht gänzlich den Bedürfnissen der Schule, weshalb hierfür auf ein Angebot von Google zurückgegriffen wird. Der Google-Kalender sei übersichtlicher, einfacher in der Handhabung und komfortabler. Auch der Prüfungsplan zur Koordination der Examen über die Fächer einer Klasse kann dort durch die Verwendung verschiedener Farben visualisiert werden, was der Kalender von educanet[2] nicht erlaubt, erklärt Philippe Elsener. Insgesamt wird die Lernplattform educanet[2] von allen Lehrpersonen und Schüler/-innen der Abteilung Wirtschaft häufig genutzt, jedoch dienen die Anwendungen – außer im Informatikunterricht – vor allem der Kommunikation sowie der Ablage von Dateien und Informationen.

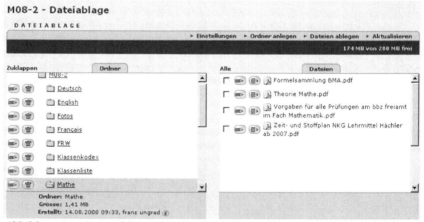

Abbildung 3: Dateiablage einer kaufmännischen Klasse

Ausgereiftere Projekte, Online-Kurse und weiterführende Unterrichtssequenzen unter Einbezug weiterer Funktionen von educanet[2] wurden bisher nicht ausgearbeitet. Alle Befragten erkennen jedoch das Entwicklungspotenzial, das die Plattform bietet, und möchten ihren Unterricht in Zukunft stärker darauf ausrichten.

Dabei gilt es auch immer, die unterschiedlichen Voraussetzungen der Lernenden zu berücksichtigen.

Während die Lernenden der kaufmännischen Berufe den Umgang mit dem Computer durch tägliche Übung gewohnt sind, besitzen nicht alle Lernenden der gewerblichen und technischen Abteilung die nötigen ICT-Kompetenzen. Aus diesem Grund verläuft die Unterrichtsentwicklung bezüglich des Einbezugs von Computer- und Internettechnologien in den beiden Abteilungen des bbz Freiamt sehr unterschiedlich. In einer Bäcker-Konditoren-Klasse wird beispielsweise die Ernährungslehre mit einer Lern-CD auf spielerische Art und Weise wiederholt. „Da nicht alle Lernenden genügend Vorkenntnisse haben, bevorzuge ich die Bearbeitung der CD im Plenum via Beamer-Projektion. So kann ich sicherstellen, dass alle Lernenden mitkommen und allfällige Fragen inhaltlicher und technischer Art geklärt werden", begründet der Fachlehrer Heinz Vollenweider seine Art des ICT-Einsatzes. Im allgemeinbildenden Unterricht von Angelika Gretler werden die Computer beispielsweise dazu genutzt, um nach aktuellen Stelleninseraten im Internet zu suchen. Die angehenden Landmaschinenmechaniker sind dazu angehalten, einen Lebenslauf und ein Bewerbungsschreiben als Reaktion auf eine bestimmte Stellenanzeige zu verfassen. Diese Art des Unterrichts ermöglicht aktuelle und realitätsnahe Lerngelegenheiten. Die ausgearbeiteten Texte werden per E-Mail an die Lehrerin zur Korrektur gesendet. „Sobald educanet[2] auch in diesen Klassen implementiert ist, werde ich dies über die Plattform laufen lassen", meint Angelika Gretler.

Die Lehrpersonen, die heute schon educanet[2] im Unterricht einsetzen, werten die interaktive Lernumgebung als Bereicherung. „Die Unterrichtsvorbereitung wurde einfacher, der Unterricht abwechslungsreicher und aktueller", meint der Deutschlehrer Martin Erne. Stellt sich eine Frage, demonstriert Erne im Internet, wie man die betreffenden Informationen oder Bilder zur Veranschaulichung sucht und findet. Neue Medien eröffnen realitätsnahe Arbeitsaufträge, zum Beispiel, indem die Schülerinnen und Schüler die Aufgabe erhalten, ein geeignetes Hotel im französischsprachigen Gebiet für ihren Chef zu suchen. Die Lernenden begründen ihre Wahl des Hotels vor der Klasse und üben auf diese Weise an realitätsnahen Situationen die Anwendung der Fremdsprache. Bestehende Online-Materialien können damit zum Ausgangspunkt des Unterrichts werden, z. B. indem Lernende aktuelle Werbungen oder Podcasts im Internet vergleichen und analysieren. Als Vorübung für die Lehrabschlussprüfung des KV suchen die Lernenden in einem Volltext-Archiv fast aller Schweizer Zeitungen selbstständig nach Texten (z. B. Glossen, Kolumnen), die sie daraufhin näher analysieren. Die Kommunikation bezüglich der Auswahl und der Interpretation der Texte zwischen dem Deutschlehrer und der Klasse verläuft vorwiegend per educanet[2]. Die Lernenden senden der Lehrperson die Texte auf educanet[2] zu, stellen Fragen – manchmal auch von zu Hause oder vom Betrieb aus. Falls trotzdem noch weitere Absprachen notwendig sind, haben die Schüler/-innen die Möglichkeit, den Lehrer im Unterricht direkt zu fragen. „Der Vorteil liegt darin", meint Erne, „dass ich die Lernenden auch außerhalb der Schule erreiche und Fragen dann beantworten kann, wenn es die Lernenden beschäftigt." Vor Prüfungen werden in der Dateiablage der Plattform zusätzliche Übungsmaterialen zur Verfügung gestellt oder Fragen in Foren beantwortet. Eine Gefahr sieht der Deutsch- und Geschichtslehrer Philippe Elsener darin, dass die Schülerinnen und Schüler sich an die zusätzlichen Dienstleistungen der Lehrpersonen zu stark gewöhnten und nicht mehr selbstverantwortlich Notizen machen und ihre Lernmaterialien verwalten. „Es ist bequemer, die Lehrperson dazu aufzufordern, alle Daten auf educanet^2 abzuspeichern, dann muss man selber keine Ordnung in den Lernmaterialen haben", sagt Elsener. Es gehe jedoch darum, den Schülerinnen und Schülern eine angemessene und selbstverantwortliche Umgangsweise mit den neuen Technologien zu vermitteln. Die Lehrpersonen müssten sich vor übertriebenen Ansprüchen der Lernenden auch abgrenzen können. „Gelegentlich sage ich bewusst, dieser Inhalt ist nicht auf der Plattform, das müsst ihr euch notieren", erklärt Rektor Orlando Müller. Verbunden mit der neuen Technologie sei nicht nur eine Erleichterung der Unterrichtsvorbereitung, sondern auch ein Mehraufwand für die Lehrperson, da die Ansprüche gestiegen seien und man immer mehr Dienstleistungen anbiete. „ICT ist eine tolle Sache, aber wir haben auch immer eine gesunde Portion Skepsis dabei", meint der ICT-Verantwortliche Philippe Elsener. Neuerungen werden – wenn als sinnvoll erachtet – zügig eingeführt. Der Rektor Orlando Müller ist sich bewusst, dass die Zukunft weiterhin rasante Weiterentwicklungen im Bereich ICT bringen wird. Als nächste Schritte sieht er in seiner Berufsschule den Aufbau von Online-Kursen und die Entwicklung ganzer Internet-Unterrichtssequenzen. Die Schule benutzt educanet^2 bisher vorwiegend als pragmatische und ergänzende Kommunikationsplattform und Dateiablage, möchte die vielfältigen Möglichkeiten aber künftig vermehrt nutzen und die Plattform für alle Klassen beider Abteilungen gleichermaßen einführen.

Schulportrait: Gymnasium Kantonsschule Rychenberg

Dominik Petko

Die Kantonsschule Rychenberg ist eines von drei Gymnasien in Winterthur, der sechstgrößten Stadt der Schweiz. Winterthur liegt im Kanton Zürich, nur knapp dreißig Autominuten von der Kantonshauptstadt entfernt. Mit seinen guten Verkehrsverbindungen gilt Winterthur als Pendlerhochburg, sowohl in die Stadt hinein als auch hinaus. Winterthur, einst bedeutender Industriestandort, präsentiert sich heute vor allem als Kultur- und Dienstleistungszentrum. Sechzehn Museen und verschiedene Bühnen, teils in der schönen Altstadt und teils in alten Industriegebäuden gelegen, ziehen Publikum aus dem In- und Ausland an. Die alt- und neusprachlich orientierte Kantonsschule Rychenberg liegt etwas außerhalb des Stadtzentrums, in einem Wohnquartier am Lindberg. In unmittelbarer Nachbarschaft befinden sich ein Kurzzeitgymnasium und eine Musikschule.

Abbildung 1:   Das Hauptgebäude der Kantonsschule Rychenberg

Mit 160 Lehrpersonen, insgesamt 100 Vollzeitstellen und ca. 1.200 Schülerinnen und Schülern zählt die Kantonsschule Rychenberg zu den großen Schulen des Kantons. Ihre Größe ermöglicht der Schule ein breites Angebot im Pflicht- und Wahlpflichtbereich. Etwa 60 % der Schülerinnen und Schüler stammen aus dem ländlichen Umland, 40 % aus der Stadt. Die Schülerschaft und deren Eltern sind mehrheitlich sehr lern- und leistungsorientiert und daher an einer hohen Qualität des schulischen Angebots interessiert. Die Kantonsschule ist ein sogenanntes Langzeitgymnasium. Schülerinnen und Schüler wechseln nach der 6. Primarklasse hierher und schließen nach der 12. Klasse mit der eidgenössischen Matura ab. Auch dadurch unterscheidet sich die Kantonsschule Rychenberg von den anderen Winterthurer Mittelschulen.

Die Gebäude der Schule stammen aus drei Perioden. Das Hauptgebäude entstammt den 60er Jahren des 20. Jahrhunderts, ein Ergänzungsbau den 80ern und ein weiterer Gebäudekomplex der Zeit nach der Jahrtausendwende. Trotzdem vermittelt die Anlage einen abgestimmten und sehr modernen Eindruck. Gerade beim jüngsten Gebäude wurde viel Wert auf individuelle Arbeitsmöglichkeiten für Schülerinnen und Schüler gelegt (vgl. Abbildung 2).

Abbildung 2: Schüler an den Computerarbeitsplätzen der Mediothek

In der großen und äußerst modernen Mediothek, die sich die Kantonsschule Rychenberg mit der Nachbarschule teilt, laden lose gruppierte Sitzkissen vor den riesigen Fenstern zum Lesen und Ausruhen ein. Neben Büchern werden auch aktuelle Jugendzeitschriften und Filme angeboten. In Arbeits- und Ruhezonen stehen für die Schülerinnen und Schüler viele Computerarbeitsplätze bereit. Zusätzlich besteht die Möglichkeit der individuellen Ausleihe von Notebooks durch Schülerinnen und Schüler.

Die Arbeit mit neuen Medien hat hier bereits eine längere Tradition. Schon in den achtziger Jahren bemühte sich die damalige Rektorin um eine systematische Ausstattung der Schule mit Computern. In dieser Zeit wurden drei Informatikräume eingerichtet, davon zwei Halbklassenräume mit 14 und ein Ganzklassenraum mit 26 Desktop-Computern. Seit der Jahrtausendwende wurde die Infrastruktur ergänzt durch mittlerweile acht Notebookwagen, auf denen sich 14 Notebooks samt Ladestationen sowie ein Drucker befinden. Die Notebookwagen sind für Lehrpersonen flexibel ausleihbar und können auf Rollen in ihre Klassenzimmer gezogen werden. Auf jedem Stockwerk stehen zwei dieser Wagen zur Verfügung. Zusätzliche Rechner finden sich in Räumen für bildnerische Gestaltung und in der Mediothek. Im ganzen Schulhaus ist Wireless LAN verfügbar, über das auch mit privaten Geräten auf das Internet zugegriffen werden kann. Jeder Nutzer und jede Nutzerin meldet sich für den Internetzugang mit einem persönlichen Passwort an. Unerwünschte Inhalte sind dabei durch Filterprogramme gesperrt. Daneben existiert noch ein Schulserver, der ebenfalls über das Netzwerk verfügbar ist. Die Ausstattung der Schulzimmer ist auf das Konzept der Laptopwagen ausgerichtet. Hier hängt jeweils ein fest installierter Beamer, außerdem ist eine Audio- und Videoanlage installiert. Computer oder Notebooks finden sich in normalen Schulzimmern jedoch nicht. Diese Geräte werden bei Bedarf mitgebracht oder geholt. Die Laptopwagen können hierfür reserviert werden, sie sind aber bei spontanem Bedarf häufig auch kurzfristig verfügbar.

Auch die Anmeldung bei der Plattform educanet[2] geschah an der Kantonsschule Rychenberg auf ausdrückliche Initiative des ehemaligen Rektors. „Dass die Schulleitung dahinter steht, ist ein sehr entscheidender Faktor", meint Lehrer Michael Beusch, „wenn sie das nicht will, dann hat die Einführung einer Lernplattform wenig Chancen". Die Entscheidung für educanet[2] und gegen andere Lernplattformen war zunächst vor allem eine Preisfrage. Der für Schulen kostenfreie Betrieb durch Bund und Kantone war gegenüber anderen Plattformen wie z. B. BSCW, das auch in der engeren Wahl stand, der entscheidende Vorteil. Da in der ICT-Kommission zum damaligen Zeitpunkt fast nur technisch orientierte Personen Einsitz hatten, engagierte sich der ehemalige Rektor für eine höhere Präsenz von Pädagoginnen und Pädagogen. Aus den Ideen der restrukturierten ICT-Konferenz erwuchsen verschiedene Angebote für individuelle Beratung und gemeinsame Weiterbildung, die jedoch nicht häufig in Anspruch genommen wurden. Prorektor Thon Benz wundert dies nicht. „Letztendlich funktioniert das nur mit guten Beispielen. Kollegin A zeigt es Kollegen B, und dieser lässt sich vielleicht inspirieren und versucht das auch mal. Kollegin C bekommt das mit, und dann kommt vielleicht etwas ins Rollen.", beschreibt er die Entwicklung. Einzelne Gruppen von Lehrpersonen haben sich zu bestimmten Themen mittlerweile selbstständig auf der Plattform organisiert, etwa zum sprachimmersiven Unterricht (die Kantonsschule bietet fremdsprachigen Unterricht in Kernfächern an) oder zu einem kantonalen Projekt zum selbstgesteuerten Lernen. Mit regelmäßigen „best practice"-Blöcken, in denen im Rahmen von Konferenzen innovative Ideen vorgestellt werden, wird heute versucht, den informellen Austausch breiter zu institutionalisieren. Die Schule geht immer wieder neue Wege, um hier Impulse zu setzen. Für Schülerinnen und Schüler werden gegenwärtig z. B. „Treffpunkte" definiert, die in einem Kompetenzraster bestimmen, was sie bis zu einem bestimmten Zeitpunkt mindestens mit ICT erreicht haben sollten. Erst kürzlich wurden störende technische Hürden abgebaut, indem der Netzwerkzugriff vereinfacht und Installationen entschlackt wurden. Spätestens drei Minuten nach Anschalten des Schulcomputers sind die Geräte heute einsatzbereit. Dies geschah auch, um den Trend zur Anschaffung privater Notebooks zu unterstützen, die Lehrpersonen und Lernende nun vermehrt in den Unterricht mitbringen.

„E-Mail war anfangs ein Match-entscheidender Hebel bei der Einführung der Lernplattform", meint Lehrer Michael Beusch. Für jede Lehrperson und jede Schülerin bzw. jeden Schüler wird ein Login und damit auch eine E-Mail-Adresse auf der Plattform educanet^2 eingerichtet. Es besteht die Verpflichtung, über diese Adresse erreichbar zu sein. Wegen des anfangs geringen Speicherplatzes der plattformeigenen E-Mail-Funktion leiteten zwar viele Nutzerinnen und Nutzer die E-Mail auf eine andere private Adresse um, der große Vorteil der institutionellen Mailanschrift liegt jedoch darin, dass für jeden und jede eine einheitliche Adresse vorhanden und damit eine stabile Erreichbarkeit gewährleistet ist. Die Kommunikation unter den Lehrpersonen und zwischen Schulleitung und Lehrpersonen geschieht nach Einschätzung des Prorektors bereits zu etwa 50 % via E-Mail, mit steigender Tendenz. Auch die Schülerinnen und Schüler rufen mittlerweile regelmäßig ihre E-Mails ab. Dies geschieht verstärkt, seitdem die Rückgabeerinnerungen der Mediothek konsequent per Mail verschickt werden. Bei stark verzögerter Rückgabe werden Mahngebühren fällig. Schülerinnen und Schüler besuchen bei Schuleintritt einen dreitägigen Einführungskurs, in dem die nötigen Funktionen vorgestellt und eingerichtet werden. Der Umgang mit der Plattform wird im Verlauf eines einsemestrigen ICT-Grundkurses eingeübt. Das regelmäßige Login auf der Plattform bildet die wichtige Grundlage dafür, dass produktiv gearbeitet werden kann. „In anderen Schulen, in denen schon alle über eine anderweitige E-Mail-Adresse verfügen, gestaltet sich die Einführung der Plattform in jedem Fall um einiges schwieriger", fasst Michael Beusch seine Erfahrungen zusammen. Auf weitere Verpflichtungen zur Nutzung der Plattform wurde an der Kantonsschule Rychenberg im Hinblick auf die grundlegende Lehrfreiheit jedoch verzichtet.

Neben E-Mail dient die Plattform vor allem auch als Dateiablage für kleinere Dokumente. Lehrpersonen unterscheiden sich jedoch deutlich darin, wie systematisch Unterrichtsmaterialien auf der Plattform zur Verfügung gestellt werden. Während einige nur optionale Dokumente auf der Plattform zugänglich machen und verpflichtende grundsätzlich in kopierter Form im Unterricht verteilen, stellen andere die im Unterricht verteilten Dokumente teilweise oder vollständig auch auf der Plattform zur Verfügung. Eine Lehrperson, in deren Unterrichtszimmer eine elektronische Wandtafel vorhanden ist, hatte es sich phasenweise sogar zur Gewohnheit gemacht, die Tafelanschriften unmittelbar nach der Lektion als PDF auf der Lernplattform zur Verfügung zu stellen. So wurden Mitschriften reduziert, und Schülerinnen und Schüler, die die Stunde versäumt hatten, konnten die Inhalte durch die aufgeführten Stichworte nachvollziehen. Bei vielen wird die Dateiablage der Plattform noch unregelmäßig und unsystematisch genutzt. Größere Dateien werden zudem häufig über den internen Server der Schule verteilt. Dass Schülerinnen und Schüler trotz der unterschiedlichen Praxis der verschiedenen Lehrpersonen nicht irritiert werden, liegt vor allem daran, dass die Arbeit mit der Dateiablage durch Präsenzkommunikation im Unterricht begleitet wird. Hier wird ständig im Detail besprochen, wann was auf der Plattform geschieht. Teilweise wird auf neu in die Plattform eingestellte Dateien zusätzlich auch per Mail oder über die Ankündigungsfunktion der Plattform hingewiesen. Insbesondere für die Lehrpersonen, die auch die Produkte der Unterrichtseinheiten und Arbeiten von Schülerinnen und Schülern systematisch auf der Plattform dokumentieren, spielt die Idee einer Reflexion eine wichtige Rolle. Dokumente bleiben stabil im Zusammenhang verfügbar. Die Entwicklung von Lerninhalten und -prozessen kann so auch über Jahre hinweg nachvollzogen werden.

Darüber hinaus haben sich bei einzelnen Lehrpersonen weitere Alltagsnutzungen der Plattform herauskristallisiert. Beispielsweise lässt der Lehrer Francesco Serratore seine Schülerinnen und Schüler schriftliche Aufgaben mehrheitlich im Wiki schreiben. Dies habe nach seiner Einschätzung den Vorteil, dass die Lernenden die Arbeiten ihrer Kolleginnen und Kollegen einsehen könnten und sie sich damit auch mehr Mühe gäben. Praktisch sei ebenfalls, dass für eine Korrektur keine Hefte eingesammelt werden müssten. Für die Kontrolle könne sich die Lehrperson einfach durch Links der einzelnen Beiträge klicken. Anmerkungen und Korrekturen würden ebenfalls vereinfacht und könnten über die History-Funktion des Wikis der Lernplattform nachvollzogen werden. Die Entwicklung von Schreibfähigkeiten lassen sich so über Jahre verfolgen.

Lehrer Reto Häfeli nutzt im Alltag dagegen vor allem die Forumsfunktion, wobei vor Prüfungen jeweils ein Forum eröffnet wird und individuelle Fragen außerhalb des Unterrichts nicht mehr per Mail, sondern nur noch im Forum beantwortet werden. Fragen müssen damit nicht mehrfach gestellt werden, und alle Schülerinnen und Schüler haben Einblick in die Antworten. Im Gespräch mit den Lehrpersonen zeigt sich, dass vor allem die Variabilität einer solchen Lernplattform geschätzt wird. Unterschiedlichste Funktionen unter einem einzelnen Login zur Verfügung zu haben, wird grundsätzlich als praktisch beurteilt, auch wenn die Menüführung der Plattform mehrfach kritisiert wird. Insbesondere die an Social Networks gewöhnten Schülerinnen und Schüler finden die Plattform relativ umständlich. Für sie ist eine Vielfalt von nebeneinander genutzten Plattformen der Normalfall. Die Arbeit mit der einzelnen Plattform und ihrer integrierten Palette von Online-Werkzeugen scheint dagegen vor allem Lehrpersonen entgegenzukommen, die mit komplexeren Systemen Berührungsängste haben könnten.

Highlights in der Plattformnutzung entstehen vor allem dann, wenn nicht nur die Organisation oder die Konservierung von Lernprozessen im Mittelpunkt steht, sondern interaktive und kommunikative Prozesse gefördert werden. So hatte z. B. Geschichtslehrer Reto Häfeli mit seiner Klasse ein gemeinschaftliches Wiki zu einer bestimmten Epoche aufgebaut. Mit Bildern und Texten entstand durch gegenseitige Unterstützung ein anschauliches Online-Handbuch dieser Zeit. Schülerinnen und Schüler einer 8. Klasse ließ Reto Häfeli mit Hilfe des Homepagegenerators der Plattform Webseiten über römische Kaiser erstellen. In Lerngruppen entschieden sich die Schülerinnen und Schüler für einen bestimmten Herrscher und sammelten im Internet und in der Schulmediothek Informationen und Material, das sie anschließend entlang bestimmter Vorgaben auf ihrer Homepage verarbeiteten. Der Lehrer stellte zu diesem Zweck einen Handbibliothek mit grundlegender Literatur zur Verfügung. Die Lernenden durften bestehendes Material in Auszügen übernehmen, mussten dies jedoch sorgfältig zitieren und bibliografieren. Auch das Copyright von Bildern war dabei zu beachten. Nach der ersten Phase konnten sich die Lerngruppen gegenseitig im Wiki Rückmeldungen zu ihren Arbeiten geben, bevor sie die Seiten zur Abfassung der endgültigen Version noch einmal überarbeiteten. Eine weitere gegenseitige Rückmelderunde schloss die Lerneinheit ab, ohne dass die Lehrperson bei der Beurteilung das letzte Wort hatte. Nach Eindruck der Lehrperson waren die gegenseitigen Rückmeldungen das eigentliche Highlight dieser Unterrichtseinheit.

Die Schülerinnen und Schüler engagierten sich stark für ihre Produkte und gaben sich gegenseitig mehr Feedback als gefordert.

Der Mathematiklehrer Michael Oettli ließ Schülerinnen und Schüler in einer Unterrichtseinheit zur Stochastik regelmäßig im Wiki Protokolle zu den Inhalten der einzelnen Lektionen verfassen. Hierzu mussten sie auch mit einem Formeleditor arbeiten, mit dem sich mathematische Ausdrücke in Grafiken umwandeln und auf die Plattform laden lassen. Die Protokolle wurden jeweils in Zweiergruppen produziert, denen eine einzelne Lektion und ein bestimmtes Thema zugeteilt worden waren, auf das sie sich bereits im Vorfeld der Lektion besonders vorbereitet hatten. Die Protokolle hatten eine erstaunlich hohe Qualität, an der der Lehrer, der Protokolle jeweils korrigierte, kaum etwas auszusetzen hatte. Der hohe Qualitätsanspruch der Schülerinnen und Schüler gründete nach Einschätzung des Mathematiklehrers vor allem auf dem Bewusstsein der verantwortlichen Lernenden, dass diese Protokolle als Lerngrundlage für ihre Mitschüler dienten und mit guten Protokollen die kommende Prüfung besser zu bewältigen sein würde. Dass sich dieses Vorgehen dennoch nicht nachhaltig eingebürgert hat, ist auf den hohen Aufwand der Erstellung und Korrektur zurückzuführen, der im Alltag nicht immer zu leisten ist.

Der Französischlehrer Francesco Serratore veranstaltete mit Hilfe des Online-Forums Klassendiskussionen. Schülerinnen und Schüler erhalten dafür anonyme Logins und haben auf diese Weise, nach Erfahrung der Lehrperson, weniger Hemmungen, sich zu kontroversen Themen und noch dazu in einer Fremdsprache zu äußern (vgl. Abbildung 3).

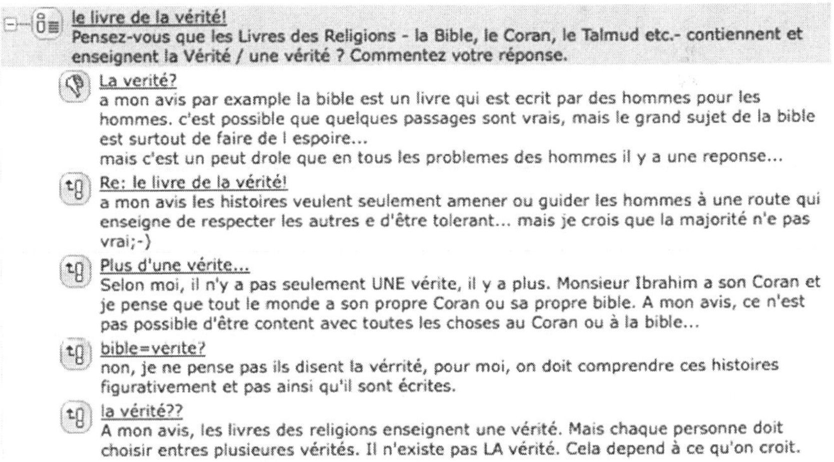

> **le livre de la vérité!**
> Pensez-vous que les Livres des Religions - la Bible, le Coran, le Talmud etc.- contiennent et enseignent la Vérité / une vérité ? Commentez votre réponse.
>
> **La verité?**
> a mon avis par example la bible est un livre qui est ecrit par des hommes pour les hommes. c'est possible que quelques passages sont vrais, mais le grand sujet de la bible est surtout de faire de l espoire...
> mais c'est un peut drole que en tous les problemes des hommes il y a une reponse...
>
> **Re: le livre de la vérité!**
> a mon avis les histoires veulent seulement amener ou guider les hommes à une route qui enseigne de respecter les autres e d'être tolerant... mais je crois que la majorité n'e pas vrai;-)
>
> **Plus d'une vérite...**
> Selon moi, il n'y a pas seulement UNE vérite, il y a plus. Monsieur Ibrahim a son Coran et je pense que tout le monde a son propre Coran ou sa propre bible. A mon avis, ce n'est pas possible d'être content avec toutes les choses au Coran ou à la bible...
>
> **bible=verite?**
> non, je ne pense pas ils disent la vérrité, pour moi, on doit comprendre ces histoires figurativement et pas ainsi qu'il sont écrites.
>
> **la vérité??**
> A mon avis, les livres des religions enseignent une vérité. Mais chaque personne doit choisir entres plusieures vérités. Il n'existe pas LA vérité. Cela depend à ce qu'on croit.

Abbildung 3:   Thematische Diskussion im Französisch-Forum

Die Lehrperson eröffnet die Diskussion mit fünf bis sechs provokanten Thesen zu einem aktuellen Thema, z. B. Religionen in der Schweiz oder die Frage der Integration Jugendlicher mit Migrationshintergrund. Die Schülerinnen und Schüler loggen sich in der Unterrichtszeit auf der Plattform ein und formulieren ihre Beiträge. Die Lehrperson bietet Hilfestellung und achtet auf die Einhaltung formaler Diskussionsregeln, die zuvor abgesprochen wurden (etwa die prägnante Neubenennung jedes Diskussionsbeitrages.). Am Schluss der Lerneinheit wird im gemeinsamen Klassengespräch eine Reflexion der Diskussion durchgeführt: Welche Bedeutung hat die Anonymität in der Diskussion? Wurden ehrliche Meinungen geäußert?

Im Rahmen eines virtuellen Austauschprojektes initiierten Englischlehrer Michael Beusch und Geschichtslehrer Marcel Bearth mit einer Partnerklasse aus den USA ein Chatprojekt. Eine Schweizer und eine New Yorker Klasse wurden in zwölf Gruppen eingeteilt, die auf der Lernplattform Inhalte vorbereiteten, welche anschließend in zwölf Chatrooms auf Englisch diskutiert wurden. Thematisch ging es darum, zeitgeschichtliche Ereignisse in den USA und der Schweiz sowie Unterschiede im Leben von Jugendlichen in den USA und der Schweiz zu identifizieren. Obwohl das Projekt erfolgreich verlief, war der organisatorische Aufwand sehr hoch. Die Plattforminterfaces wurden dafür eigens auf Englisch übersetzt, da damals noch keine entsprechenden Übersetzungen zur Verfügung standen. Die Partnerklasse wurde auf die Plattform eingeschrieben, und die Handhabung musste eingeübt werden. Vor allem aber musste eine inhaltliche und sprachliche Vorbereitung geleistet werden, damit die Schülerinnen und Schüler in der Fremdsprache interessante Chats zu relevanten Themen durchführen konnten. Etwas enttäuschend war, dass sich die amerikanische Partnerklasse nicht mit der gleichen Sorgfalt vorbereitete und trotz hohem Aufwand der Ertrag nicht so gut wie gewünscht ausfiel.

Für die Schülerinnen und Schüler, die in ihrer Freizeit mehrheitlich auf Social Network Plattformen präsent sind, wird der Umgang mit educanet^2 als problemlos, aber auch etwas umständlich beurteilt. Die befragten Schülerinnen und Schüler beurteilen die Mehrwerte nüchtern. Sinnvoll erscheint ihnen der regelmäßige Austausch elektronischer Dokumente über die Dateiablage. Außerdem schätzen sie die Möglichkeit, Lehrpersonen Mails schreiben oder Fragen im Forum stellen zu können. Geschätzt wird es auch, wenn Texte weniger häufig handschriftlich und vermehrt auf der Tastatur abgefasst werden können. Darüber hinaus könnten sie sich auch vorstellen, Hausaufgaben verstärkt über den Kalender zu koordinieren. Nach ihrer Einschätzung geschieht der Einsatz von educanet^2 im Unterricht jedoch erst bei wenigen Lehrpersonen regelmäßig.

„Die Herausforderung ist, dass Schülerinnen und Schüler über den Neuheitswert hinaus motiviert bleiben, denn die ersten Klicks sind ja immer spannend", meint Prorektor Thon Benz, „Sinn macht das erst, wenn die Technik in den Hintergrund tritt und wirklich inhaltlich gearbeitet wird." Damit Technik nicht nur Spielerei bleibt, muss nach seiner Überzeugung an aktivierenden, produktorientierten Aufgaben gearbeitet werden, hinter denen Schülerinnen und Schüler einen realen Sinn erkennen. Solche Projekte hätten darüber hinaus häufig einen inhaltsübergreifenden Anspruch, der von den Schülerinnen und Schülern auch geschätzt werde. „Insbesondere, wenn die Knochenarbeit kommt, wenn Schülerinnen und Schüler merken, dass das Lernen am Computer auch mit Anstrengung verbunden ist, kommt es auf gute Aufgabenstellung an", unterstreicht auch Lehrer Beusch. Ein großer Ansporn ist es etwa, wenn das Produkt einer Arbeitsphase nicht nur „für die Schublade" produziert, sondern z. B. über das Internet öffentlich präsentiert wird. Das Endprodukt sollte nicht nur inhaltlich, sondern auch grafisch ansprechend und präsentabel gestaltet werden. Hier würden einzelne Lehrpersonen langsam eine Sensibilität entwickeln. Wenn die Schülerinnen und Schüler an projektorientierten Aufgabenstellungen arbeiten, sei es die Kunst der Lehrpersonen, die Lernenden möglichst selbstständig handeln zu lassen, für Nachfragen und Coaching jedoch ansprechbar zu sein. „Letztendlich müssen wir argumentieren, was das für einen pädagogisch-didaktischen Mehrwert besitzt", bringt Prorektor Thon Benz seine Erfahrungen auf den Punkt, „darüber müssen wir immer neu nachdenken. Nur dann gewinnen wir die Lehrpersonen für eine neue Praxis".

Schulportrait: Collège Saint-Michel, Fribourg

François Flückiger
Übersetzung: Andreas Fehlmann

Freiburg oder Fribourg ist eine der vier offiziell zweisprachigen Städte der Schweiz. Als Hauptort des gleichnamigen Kantons steht Freiburg mit seinen 37000 Einwohnerinnen und Einwohnern zwischen La Chaux-de-Fonds und Schaffhausen auf Rang vierzehn der größeren schweizerischen Städte. Trotz seiner Kleinheit ist Freiburg das Zentrum der Region, dies nicht zuletzt dank der Präsenz von drei Gymnasien und sechs Berufsschulen. Auch international genießt Freiburg durch seine Universität einen ausgezeichneten Ruf. Nahezu 10000 Studierende beleben das Stadtbild. Lebendig geht es auch in den kleinen, gemütlichen Altstadtbeizen zu und her. Die Freiburger Gymnasien werden französisch „Collèges" genannt. Wenn aber von «Le Collège» die Rede ist, meint man damit das Collège St. Michel (vgl. Abbildung 1).

Abbildung 1:   Der Platz des Collège St. Michel

Den Fribourgeois steht diese Institution mit ihrer fünfhundertjährigen humanistischen und philosophischen Lehrgeschichte für die Begegnung von Tradition und Fortschritt. Von der Altstadt her führen verschiedene Wege und Treppen auf den großen, autofreien Platz zwischen den sechs Gebäuden der Schule mit ihren 1200 Schüler/-innen, 150 Lehrpersonen und 10 Mitarbeitenden. Die große jesuitische Kirche dominiert die Szene, der gegenüberliegende Neubau aus den 60er Jahren gleicht einem Aquarium und wird allgemein auch so bezeichnet. Die erhöhte Lage bietet eine herrliche Aussicht auf die darunter liegenden Dächer der Altstadt. Bei klarer Sicht reicht der Blick bis zu den Freiburger Alpen.

Die Zeit des Jesuiteninternats und der Schule für angehende Priester ging im 19. Jahrhundert zu Ende. Das Collège wurde anschließend bis 1970 als Knabengymnasium geführt, in dem katholische Priester unterrichteten. Heute ist das Collège St.Michel konfessionell neutral, geschlechtergemischt, zweisprachig, zukunftsgerichtet und stolz auf seine Geschichte, was auch der Wahlspruch der Schule zum Ausdruck bringt: «Nous vantons les anciens mais nous sommes de notre temps.» Sinngemäß übersetzt: «Wir preisen die Alten, aber leben in der Gegenwart.» Und wie das folgende Portrait zeigt, sind die Informations- und Kommunikationstechnologien im Collège St. Michel Teil dieser Gegenwart.

Das Collège St.Michel bietet im Rahmen der vierjährigen Maturitätsausbildung alle Richtungen und Schwerpunkte an. Die französische und deutsche Abteilung unterstehen dem gleichen Direktorium. Lernende können sich auch für einen zweisprachigen Unterricht entscheiden. In der Stadt bieten drei andere Gymnasien die gleiche Ausbildung an. Der Entschluss für den Schulbesuch in St.Michel wird, nach Meinung von Daniela Zunzer, Mitglied des Direktoriums, oft wegen der generellen Offenheit der Schule getroffen, aber auch aufgrund der im Vergleich zu anderen Schulen auf mehr Selbstverantwortung basierenden Unterrichts- und Arbeitsformen. Die neue Direktion unterstützt aktiv das gemeinsam entwickelte Leitbild der Schule, welches einem ausgeprägten humanistischen Weltbild verpflichtet ist. Oberstes Ziel ist die Förderung der Unabhängigkeit und Selbstständigkeit der Schüler/-innen im Hinblick auf die später folgenden Ausbildungen, insbesondere die universitären, ein Weg, den die überwiegende Mehrheit der Absolventen einschlägt. Die Direktion und das Kollegium haben sich darauf verständigt, die Kommunikationsplattform educanet[2] als ein Element zum Erreichen dieser Ziele einzusetzen.

Wie bei den meisten Schulen der Größe von St. Michel wird für administrative und organisatorische Zwecke und für die Kommunikation ein Intranet verwendet. Jede Lehrperson verfügt über einen persönlichen Zugang zum Server, auf dem elektronische Unterlagen gespeichert werden können. Aus Sicherheitsgründen ist der Zugang dazu nur von der Schule aus möglich. Die in der Schule verfügbare Infrastruktur wird von den Lehrpersonen deshalb auch intensiv genutzt. Fast die Hälfte der 150 Computer der Schule ist für die Lehrpersonen reserviert. Diese Geräte stehen in den Vorbereitungsräumen, in der Lehrerbibliothek sowie im Büro des ICT-Verantwortlichen. Neben Intranet ist selbstverständlich auch Internet verfügbar. Wie sämtliche Lehrpersonen des Kantons, haben alle eine offizielle, kantonale educanet²-E-Mailadresse. Einige Unterrichtsräume sind mit einem Computer für die Lehrpersonen sowie einem Beamer ausgestattet. Für die Schüler/-innen können drei Informatikräume mit genügend Geräten für je eine Klasse reserviert werden; dazu gibt es noch drei kleinere Informatikräume. Den Lernenden stehen diese Geräte auch außerhalb des Unterrichts zur Verfügung. Die meisten Schüler/-innen verfügen jedoch auch zuhause über einen Breitbandanschluss. Mittelfristig ist vorgesehen, alle Unterrichtsräume mit einem Computer mit Internetanschluss sowie mit einem fix installierten Beamer auszurüsten. Dies wird von einer Mehrheit der Lehrpersonen gewünscht, da sie ihren Unterricht mit multimedialen und interaktiven Elementen bereichern möchten.

Die ersten Lehrpersonen, die ICT im Unterricht verwendet hatten, waren hauptsächlich in naturwissenschaftlichen und mathematischen Bereichen tätig. Dies änderte sich mit dem Aufkommen der grafischen Benutzeroberflächen, welche die Bedienung auch für die anderen Fachschaften einfacher und attraktiver machten. Die Entwicklungen des Internets mit den vielfältigen Recherche- und Informationsmöglichkeiten brachte schließlich eine Mehrheit der Lehrpersonen dazu, ICT vermehrt im Unterricht einzusetzen. Mitentscheidend für diese Entwicklung war der politische Wille, den Einsatz von ICT im Unterricht zu fördern. Begleitet von einem breit angelegten obligatorischen Weiterbildungsprogramm des Kantons, wurden die Lehrpersonen für die Bedeutung von ICT sensibilisiert und die Computerkenntnisse innerhalb des Kollegiums verbessert. Die Weiterbildungsinitiative des Kantons zeichnete sich insbesondere dadurch aus, dass alle Lehrpersonen verpflichtet waren, ein pädagogisches Szenario zu entwerfen und dieses im Anschluss daran, auch mit der eigenen Klasse, umzusetzen. Eine Schwierigkeit besteht jedoch für viele Lehrpersonen immer noch darin, dass nicht alle Unterrichtsräume mit Computer und Beamer ausgestattet sind. Sie warten daher lieber noch damit ab, ihren Unterricht gänzlich auf ICT auszurichten, solange nicht in allen Unterrichtsräumen die gleichen technischen Voraussetzungen gegeben sind. «Das ist sehr bedauerlich», sagt Adrian Schmid in seiner Funktion als pädagogischer ICT-Verantwortlicher der Schule, «denn die Möglichkeit, mit Beamer und elektronischen Daten zu arbeiten, soll ja nicht nur den Lehrpersonen vorbehalten sein. Auch die Schüler/-innen sind sehr erpicht darauf, diese Medien bei Präsentationen und Diskussionsrunden einzusetzen.»

Die ersten Gehversuche mit educanet² am Collège St. Michel wurden von Laurent Bardy, Lehrer für Wirtschaft und Informatik, gemacht. Dies geschah im

Jahr 2004, als der Wechsel von educanet auf educanet² erfolgte. Nach einem Jahr intensiven Testens mit einer Schülergruppe gelang es dem leidenschaftlichen ICT-Adepten, die Direktion davon zu überzeugen, alle 1200 Schüler/-innen und alle Lehrpersonen auf educanet² einzutragen. Im gleichen Jahr entschied sich der Kanton Freiburg dazu, alle Lehrpersonen des Kantons in eine kantonale Institution auf educanet² aufzunehmen. Dieser Entschluss wurde allgemein begrüßt, auch wenn noch nicht alle Details der Umsetzung klar waren. Die Lehrpersonen von St. Michel hatten nun plötzlich ein zweites Login und eine zweite offizielle Mailadresse auf derselben Plattform. Der Einfachheit halber entschieden sich die meisten dafür, ihre kantonale educanet²-Adresse auf die educanet²-Adresse der Schulinstitution umzuleiten. Laurent Bardy, als Administrator der Institution St. Michel auf educanet², kam jedoch auf die Idee, die Lehrpersonen mit ihrem kantonalen Benutzerkonto als «Externe» in die St. Michel educanet²-Institution aufzunehmen, um so das Problem der doppelten Logins zu lösen. Um das Anlegen und Mutieren von Schülerkonten sowie von Gruppen- und Klassenräumen zu vereinfachen, entwickelte der kundige Informatiker zwei Werkzeuge. Eines dient dazu, auf einfache Weise neue Gruppen anzulegen; das andere wird verwendet, um neue Schülerkonten anzulegen und die bestehenden Konten bei Schuljahrwechsel zu mutieren. «Möglichst einfache Handhabung und das Eingehen auf die Wünsche und Ansprüche der Benutzer sind ausschlaggebend dafür, dass die Plattform intensiv und effizient genutzt wird». Diese Haltung ist einer der Gründe für die erfolgreiche Einführung und Nutzung der Plattform educanet² am Collège.

Zur Administration der Klassen wird im Sekretariat seit Jahren ein System verwendet, welches sich zwar bewährt hat, aber von einigen Lehrpersonen zunehmend als ungeeignet empfunden wird. Jede Klasse führt ein Klassenbuch, welches jeweils am Abend im Sekretariat deponiert wird. Hier werden die von den Lehrpersonen erfassten Absenzen übertragen und neue Informationen für die Schüler/-innen der Klasse eingetragen. Am Morgen wird das Klassenbuch durch den/die Verantwortliche/-n der Klasse abgeholt. Dieses System bringt es aber mit sich, dass die Lehrpersonen den Lernenden gewissermaßen ausgeliefert sind: Das Klassenbuch kann «versehentlich» in einem Unterrichtsraum liegen bleiben, was in einer Schule mit sechs Gebäuden ärgerlich ist. Der Verantwortliche selbst kann an einem bestimmten Tag abwesend sein, am Morgen vergessen, das Buch zu holen, oder es am Abend wieder ins Sekretariat zurückzubringen. Nun ist die Direktion mit Unterstützung der educanet²-Administratoren damit beschäftigt, dieses System zu überdenken und die Möglichkeiten zu evaluieren, welche die Werkzeuge der Lernplattform in dieser Hinsicht bieten. Die Idee ist, für jede Klasse auf educanet² eine Gruppe zu eröffnen. Alle in dieser Klasse unterrichtenden Lehrpersonen können dann mit den in dieser Gruppe verfügbaren Werkzeugen nicht nur die Absenzen nachführen und allgemeine administrative Informationen platzieren, sondern zusätzlich können so auch die angekündigten Lernkontrollen wie auch die Daten und Modalitäten der Hausaufgaben kommuniziert werden.

Abbildung 2:   *Intensiv genutzt werden am Collège die virtuellen Gruppen.*

Ein wichtiger Aspekt dieser Lösung ist die Möglichkeit von educanet², im Privatbereich jedes Benutzers alle Termine von Gruppen und Klassen, denen er angehört, zusammengefasst anzuzeigen. Seit einigen Monaten wird das «elektronische Klassenbuch» mit einer Anzahl von Klassen getestet; bisher sind die Rückmeldungen sehr viel versprechend. Lehrpersonen wie Lernende sind auf diese Weise und auch außerhalb der Schule immer auf dem aktuellen Stand der Information. Den Zeitaufwand, um nach jeder Lektion die Angaben in die entsprechende Gruppe auf educanet² einzutragen, wiegen die Nachteile des bisherigen Systems bei weitem auf. Einzig das Sekretariat bedauert, dass auf diese Weise der direkte Kontakt mit den Schüler/-innen beim Deponieren und Abholen der Klassenbücher nicht mehr stattfindet.

Auch, wenn bis anhin die ICT-Nutzung keinen Niederschlag im Curriculum des Gymnasiums gefunden hat, sind sich alle Interviewpartner darin einig, dass ICT gegenwärtig und auch in Zukunft in ihren Klassen integriert wird. Im ersten Jahr der gymnasialen Ausbildung nehmen alle Neueintretenden an einem wöchentlich stattfindenden ICT-Grundkurs teil. Hier werden sie in die Benutzung der Schulcomputer sowie in die Grundzüge der Tabellenkalkulation und Textverarbeitung eingeführt und mit der Plattform educanet² vertraut gemacht. Diese Kenntnisse sind jedoch für umfangreiche und komplexere Projekte meist ungenügend. Speziellere ICT-Fertigkeiten müssen deshalb innerhalb der Projekte selbst vermittelt werden. So wendet Antoinette Messner, pädagogische ICT-Animatorin und Sprachlehrerin, zu Beginn jedes Schuljahres zwei Lektionen auf, um die Schüler/-innen in die Anwendung eines Präsentationsprogramms einzuführen. Dieses wird später bei den mündlichen Präsentationen und Vorträgen im Sprachunterricht eingesetzt und verhilft vor allem gehemmteren Schüler/-innen zu mehr Selbstvertrauen bei mündlichen Beiträgen. Eine eigentliche Audio- und Video-Produktionsschulung wird im Rahmen von speziellen Projektwochen oder größeren Projekten durchgeführt. In kleineren Gruppen als dem Klassenverband können die Schüler/-innen sich gegenseitig unterstützen und anleiten, und wenn dies innerhalb interessanter Projekte geschieht, sind sie auch sehr motiviert, sich selbstständig die nötigen Kenntnisse anzueignen. Das war etwa der Fall, als eine Gruppe den Sankt Nikolaus vor seinem traditionellen Auftritt vor den Ehemaligen in der Garderobe beim Umziehen und Schminken filmte, und die Aufnahmen live in die Aula übertrug.

Ein wichtiges Element der gymnasialen Ausbildung ist seit 1995 die Maturitätsarbeit, welche inklusive mündlicher Präsentation gemäß Prüfungsreglement ein fixer Bestandteil des Abschlusses ist. Zudem bildet sie einen idealen Anlass für die intensive Auseinandersetzung mit einem Thema und zur Aneignung einer selbstständigen Arbeitsweise, gerade auch im Hinblick auf ein späteres Studium. Educanet² erweist sich als ein sehr geeignetes Werkzeug, um diesen Arbeits- und Coachingprozess zu begleiten und zu unterstützen. Auf der einen Seite ist es für die betreuende Lehrperson ein Medium, um mit ihren Schüler/-innen in ständigem Kontakt zu bleiben. Den Lernenden bietet es Gelegenheit, Unterstützung von ihren Mentoren zu erhalten, auch wenn sie diesen nicht täglich persönlich begegnen. Der Geografielehrer Laurent Bronchy nutzt educanet² sehr systematisch und stellt den Klassen konsequent alle Unterlagen, Präsentationen und interaktiven Animationen aus seinem Unterricht zur Verfügung. Um die Maturitätsarbeiten in seinem Verantwortungsbereich zu begleiten, nutzt er verschiedene Werkzeuge von educanet². Alle Arbeiten und die gesamte Kommunikation laufen ausschließlich papierlos über die Lernplattform. Die individuellen Besprechungstermine werden elektronisch festgelegt. Die von den Schüler/-innen verfassten Protokolle dieser Besprechungen werden per E-Mail ausgetauscht und auf der Plattform abgelegt. Auch die Zwischenergebnisse der schriftlichen Arbeit werden auf die Dateiablage der Gruppe hochgeladen. Im Verlauf der Maturitätsarbeit entsteht so nach und nach ein elektronisches Dossier zur Entstehungsgeschichte der Arbeit. Laurent Bronchy kann mit dieser Methode die Arbeiten fortlaufend begleiten, kommentieren und die Schüler/-innen ermutigen. Die Verwendung der Dateiablage erleichtert es, den Überblick über die verschiedenen Versionen der Arbeiten zu behalten; bei einem Austausch über E-Mail wäre dies schwierig. Laurent Bronchy bemerkt mit einem Schmunzeln, dass auf diese Weise auch vermieden werden könne, dass die Schüler/-innen Berge von Papier zu den Besprechungen mitnehmen, in der Hoffnung, damit vertuschen zu können, dass vereinbarte Aufgaben nicht erledigt wurden. Eine Mehrheit der Schüler/-innen arbeitet sehr gern mit diesem System. Die virtuelle Präsenz ihres Mentors bei der Vorbereitung und Durchführung ihrer Projekte, die Möglichkeit, einfach und schnell Hilfe zu erhalten und ihrem eigenen Arbeitsrhythmus gemäß vorangehen zu können, führen zu einer größeren Nähe und Vertrautheit zwischen Mentor und Lernendem. Die guten Erfahrungen sprechen sich herum, eine zunehmende Anzahl von Mentoren setzt inzwischen educanet^2 ein, wodurch die Effizienz gesteigert, Zeit gewonnen und eine größere Selbstständigkeit der Lernenden erreicht wird. Nicht zuletzt wird angemerkt, dass die Dateiablage auf educanet^2 andere Arten der Dateisicherung allmählich ersetzt. Insbesondere USB-Datenträger werden weniger eingesetzt, sind diese doch oft immer dann, wenn sie gebraucht werden, nicht zur Hand. Die Dateiablage auf educanet^2 benötigt dazu einzig eine funktionierende Internetverbindung.

Die Dateiablage von educanet^2 wird sowohl von den Lehrenden wie auch den Lernenden am Collège fleißig genutzt, wie beispielsweise im Rahmen eines ehrgeizigen aktuellen Projekts, bei dem die Schüler/-innen im Französischunterricht News zu verschiedenen Themen verfassen. Doch auch die anderen Werkzeuge werden zunehmend häufiger verwendet. So wurde das Umfragemodul eingesetzt, um in einer Informatikklasse die private technische Computerausstattung zu erheben. In der gleichen Klasse wurde das Forum eingesetzt, um eine Liste von FAQ zu führen. Fragen, welche die Informatiklehrperson bis anhin individuell und zeitraubend per E-Mail beantwortete, können jetzt in der Liste nachgelesen werden. Der Website-Generator wird von den Schüler/-innen sehr gern verwendet, um Schülerarbeiten auf dem Internet zu publizieren und sie so der gesamten Schule und einer weiteren Öffentlichkeit bekannt zu machen. Die einfache Bedienung des Website-Generators hat eine Lehrperson, welche sich als Computernovize bezeichnet, gar dazu befähigt, ein Sprachaustauschprojekt zwischen deutsch- und französischsprachigen Klassen zu begleiten. Die Seiten zu diesem Projekt finden sich unter der Adresse csmfr.educanet2.ch/tandem.

Laurent Bardy betont, dass den Lehrpersonen der Transfer der theoretischen Beherrschung der Technologie der ICT-Werkzeuge zu deren praktischer Anwendung im Unterricht aufgezeigt werden müsse. Es reiche nicht, ICT-Werkzeuge einfach zur Verfügung zu stellen und darauf zu vertrauen, dass die Lehrpersonen sich den Gebrauch dieser Werkzeuge selbst aneignen und sie danach auch einsetzen. Es müsse vielmehr aufgezeigt werden, in welchen konkreten Situationen sie sinnvollerweise eingesetzt werden können. «Solange die Lehrpersonen sich nicht konkret vorstellen können, auf welche Weise die Plattform im Alltag einsetzbar ist, solange wird sie nicht benutzt. Es ist daher wichtig, mit konkreten Beispielen ein Aha-Erlebnis auszulösen.» Die zunehmende Anzahl von educanet[2]-Nutzerinnen und -Nutzern am Collège lässt vermuten, dass dieses Aha-Erlebnis bei gut der Hälfte erfolgt ist, und die andere Hälfte jedenfalls bereit ist, den ermutigenden Beispielen ihrer Kolleginnen und Kollegen zu folgen. «Wir haben keine spektakulären Ergebnisse vorzuweisen, doch wir bewegen uns in die gute Richtung. Im technischen Bereich passieren die Entwicklungen in einem atemberaubenden Tempo. Um die technischen Neuerungen dann aber in der konkreten Unterrichtspraxis nutzbar zu machen, braucht es Zeit, im Bildungsbereich vielleicht noch mehr als anderswo», erklärt Laurent Bardy. Er wie auch Antoinette Messner und die anderen ICT-Animatorinnen und Animatoren zählen dabei auf Schneeballeffekte, auf die Zeit, die solche Entwicklungen brauchen, und nicht zuletzt auf die Fachkompetenz des Kollegiums und den Enthusiasmus der heutigen und zukünftigen Schüler/-innen.

Schulportrait: Kantonsschule Beromünster

Dominik Petko

Die Kantonsschule Beromünster liegt im ländlichen Raum des Kantons Luzern, an der Grenze zum Aargau. Das Gymnasium steht am Rand des kleinen Ortes mit etwas mehr als 2000 Einwohnern - eine lockere Ansammlung von nüchternen, rechteckigen Gebäuden, die sich um einen zentralen Platz mit einigen Bäumen und einem Brunnen gruppieren. Ein sorgfältig gestaltetes Farb- und Beschriftungskonzept der Gebäude und Eingänge vermittelt einen modernen Eindruck. Neben der Schule liegt der Sportplatz, ein schuleigenes Hallenbad ist ebenso ausgeschildert wie die Informatikräume.

Abbildung 1:   Die Kantonsschule Beromünster

Im Inneren des Hauptgebäudes vermitteln Holzakzente einen wohnlichen Eindruck. Die große Garderobe in der Eingangshalle hängt voller Mäntel, an den verstreuten Arbeitstischen in der Eingangshalle sitzen Gruppen von Lernenden. Es herrscht eine familiäre Atmosphäre. Mit 380 Schülerinnen und Schülern und

45 Lehrpersonen gehört die Kantonsschule Beromünster zu den kleineren Schulen des Kantons. Es besteht ein enger, auch jahrgangsübergreifender Kontakt sowohl innerhalb des Lehrerkollegiums als auch in der Schülerschaft. Die Kantonsschule Beromünster ist ein sogenanntes Langzeitgymnasium. Die Schülerinnen und Schüler kommen nach sechs in der Primarstufe verbrachten Jahren an die Schule und verlassen sie nach dem zwölften Schuljahr mit der eidgenössisch anerkannten Matura.

„Der Einsatz von ICT ist bei uns keine Pflicht. Es herrscht Lehrfreiheit", sagt Rektor Jörg Baumann. Dennoch nutzen viele Lehrpersonen die neuen Möglichkeiten. Damit eine freiwillige Nutzung von ICT zur Regel wird, setzt die Kantonsschule auf Überzeugungsarbeit. Als zentral hierfür erachtet Rektor Baumann eine Kerngruppe begeisterter und kompetenter Lehrpersonen, die andere mitreißen können. Diese Gruppe habe sich aus Eigeninitiative gebildet und weiterqualifiziert. Heute sind es fünf Lehrpersonen, die mediendidaktische Kaderkurse oder Studiengänge absolviert haben und ihr Wissen in der Schule weitergeben; zwei weitere befinden sich in Ausbildung. Diese Lehrpersonen kommen aus unterschiedlichen Fachschaften, von den Sprachen bis zu den Naturwissenschaften. Lehrer Hans-Peter Erni, tragendes Mitglied dieses ICT-Teams, beschreibt die Entwicklung folgendermaßen: „Wir wurden am Anfang als Freaks betrachtet, die da irgendwas gemacht haben. Aber dann wirkten wir wie ein Virus und haben andere mit unseren ICT-Ideen angesteckt."

Der Einsatz von Computern an der Kantonsschule Beromünster begann als Initiative einzelner Lehrpersonen, die im Mathematikzimmer mit ihren Schülerinnen und Schülern Turbo-Pascal programmierten. Später kamen weitere Lehrpersonen hinzu, die die Textverarbeitung einführten. Der wachsende Computerpark wurde in späteren Initiativen einzelner Lehrpersonen auch vernetzt. Die Aktivitäten konzentrierten sich lange Zeit auf die Einrichtung eines Computerraums, bis um das Jahr 2000 ein kantonales Konzept für die Ausstattung der ganzen Schule umgesetzt wurde, welches nicht nur Neubeschaffungen von Rechnern, sondern auch die vollständige Vernetzung aller Klassenzimmer umfasste. Den Lehrpersonen stehen heute Arbeitsrechner in Fachbereichszimmern zur Verfügung, und in fast jedem Schulzimmer finden sich mindestens ein Computer und ein Beamer. Darüber hinaus existieren zwei Laptoppools zur Ausleihe sowie zwei voll ausgestattete Informatikzimmer mit Computerarbeitsstationen. Schülerinnen und Schüler können außerhalb der Unterrichtszeit weitere Computer in der Bibliothek und einem Gruppenraum nutzen. Auch ein Informatikraum steht den Lernenden für schulische Zwecke offen, wenn er nicht anderweitig besetzt ist. Alle Rechner besitzen eine Verbindung zum Internet und zum internen Server; Schüler/-innen und Lehrpersonen melden sich mit einem individuellen Passwort an. Es besteht eine Benutzungsordnung, die Schülerinnen und

Schülern die Nutzung problematischer Inhalte und die Installation von Software untersagt. Mit privaten Geräten kann nicht auf das Netzwerk zugegriffen werden.

Die Schule war im Jahr 2001 eine der ersten, in der sich Lehrpersonen auf der Lernplattform educanet und später, im Jahr 2004, auf dem neuen educanet^2 anmeldeten. Heute wird für jede/n Schüler/in und jede Lehrperson von der Schulverwaltung aus ein educanet^2-Login erstellt und die korrekte Klassenzuteilung auf der Plattform vorgenommen. In Verlaufe der achten Klasse steht eine Einführung in den Umgang mit ICT und educanet^2 auf dem Stundenplan. Lehrpersonen können danach voraussetzen, dass Schülerinnen und Schüler den Umgang mit den Funktionen der Plattform vom Grundsatz her beherrschen. Für Lehrpersonen und Schulleitung existiert an der Kantonsschule Beromünster neben educanet^2 eine zweite Plattform, Microsoft Sharepoint. Es handelt sich hierbei um ein kantonales Angebot, das die internen Server ablösen wird. Diese dienten den Lehrpersonen bisher als Austauschplattform, in deren Ordnerstruktur wesentliche Dokumente gesichert und strukturiert abgelegt wurden. Künftig herrscht eine klare Funktionstrennung: für Unterrichtszwecke educanet^2, für organisatorische Zwecke und den Austausch innerhalb des Lehrerteams Sharepoint. Diese Trennung erfolgt als Ergebnis von Sicherheits- und Praktikabilitätsüberlegungen. Für den Dateiaustausch zwischen Lehrpersonen war der interne Speicherplatz der Lernplattform allzu beschränkt, insbesondere für große Mediendateien wie Bilder, Ton- und Videodateien. Alle Daten des Servers werden künftig zentral beim Kanton verwaltet und gesichert. Über eine komplexe Rechteverwaltung haben Lehrpersonen eigenen Speicherplatz, Austauschmöglichkeiten innerhalb von Arbeitsgruppen, jedoch auch Zugriff auf regionale oder kantonale Dokumente. Im Gegensatz zum bisherigen Schulserver sind die Daten nicht nur im Netzwerk der Schule, sondern auch über das Internet, z. B. von zu Hause aus, erreichbar. Damit dies Erfolg hat, ist es nach Rektor Baumann nötig, dass die Verwaltung mit gutem Beispiel vorangeht. Alle wichtigen Dokumente müssen konsequent hier abgelegt werden, damit Lehrpersonen die Plattform tatsächlich nutzen. Dokumente werden nicht mehr per Mail verschickt, sondern nur noch der Link auf die Plattform. Von der Umstellung des eigenen Wissensmanagement der Lehrpersonen werden mittelbar auch neue Ansätze für den Einsatz von Lernplattformen mit Schülerinnen und Schülern erwartet.

Abbildung 2: Login auf educanet² im Gruppenraum

Auf der Lernplattform educanet² der Kantonsschule Beromünster kann zwischen Alltagsnutzung und Modellprojekten mit Unikatscharakter unterschieden werden. Im Alltag stellen Lehrpersonen auf der Plattform Material für Schülerinnen und Schüler bereit und sammeln Schülerarbeiten ein, sie verschicken Mitteilungen und sind für Lernende ansprechbar. Diese Ansätze machen den Großteil der Aktivitäten auf der Lernplattform aus. Schülerinnen und Schüler ihrerseits finden dies nützlich und sinnvoll. Z. B. entwickelte ein Italienischlehrer ein mp3-Vokabular mit Hörbeispielen. Andere Sprachlehrer legen nicht-übersetzte Vokabellisten über die Dateiablage ab, die dann auf Englisch von Schülern erklärt und ergänzt wieder auf die Plattform hochgeladen werden. Im Geografieunterricht laden Schülerinnen eine Dokumentenvorlage zu verschiedenen Ländern herunter, füllen sie mit Informationen aus dem Internet und legen das ergänzte Dokument wieder auf der Plattform ab. „Die Plattform dient damit als Startpunkt und als Endpunkt der Arbeit im Unterricht", sagt Lehrer Michael Rauter, Mitglied der ICT-Kerngruppe. Trotz solcher Grundmuster wird die Dateiablage langfristig sehr unterschiedlich eingesetzt. In manchen Klassen dient sie nur als Austauschmöglichkeit für aktuelle Dokumente, während ältere Dateien nach einer gewissen Zeit gelöscht werden. In anderen Klassen werden auch ältere Dokumente in der Dateiablage belassen, so dass eine Art Wissensspeicher der bisherigen Unterrichtsinhalte entsteht. Dies erfordert jedoch eine sinnvolle Strukturierung des Ablagesystems. Wo diese nicht besteht, bietet die Dateiablage bald ein chaotisches Bild, so dass Dateien fast nur noch über das Änderungsdatum und ihre (möglichst aussagekräftigen) Titel auffindbar sind. Diese Strukturierungsaufgabe wird mehrheitlich von den Lehrpersonen geleistet. Die Plattform erleichtert daneben die Unterrichtsorganisation. Für Lehrpersonen und Schüler/-innen ist es praktisch, dass alle über die E-Mail-Funktion der Plattform erreichbar sind. Viele richten eine Weiterleitung auf die private E-Mail-Adresse ein. Eine solche Weiterleitung kann auch für den Terminplan eingerichtet werden. Einige Klassen führen mithilfe des Kalenders ein detailliertes Klassenbuch mit Arbeitsaufträgen und Terminen. Online-Kommunikation wird mit diesen Möglichkeiten zu einer zweiten Kommunikationsebene neben dem täglichen Miteinander im Klassenzimmer. Der Mehrwert liegt dabei in der Dokumentiertheit der digitalen Kommunikation, die nicht mehr nur „Schall und Rauch" ist, sondern die selbst zu einer Wissensressource wird. Die Intensität und Regelmäßigkeit solcher Aktivitäten schwanken in der Kantonsschule jedoch von Lehrperson zu Lehrperson.

Daneben existieren noch verschiedene anspruchsvollere Online-Aktivitäten, die jedoch erst von wenigen Lehrpersonen der Schule genutzt werden. Die Lernplattform educanet[2] bietet einen Homepagegenerator, mit dem Schülerinnen und Schüler Inhalte auf öffentlichen Homepages außerhalb der Plattform erstellen und präsentieren können. Auf diese Weise entstanden an der Kantonsschule Beromünster vielfältige Webseiten, z. B. Gedichtsammlungen in Text- und Hörbeiträgen oder ein bebilderter Überblick zum Thema Werbung. Der Homepagegenerator der Plattform ist, neben der Materialverteilung und der Mailfunktion, an der Kantonsschule die am häufigsten eingesetzte Funktion der Plattform. Hans-Peter Erni sieht dies als üblichen nächsten Schritt: „Wenn man das mit dem Download ein wenig satt hat, dann möchte man präsentieren". Schüler/-innen erzielen mit dem Homepagegenerator der Lernplattform schnell ein gutes Ergebnis, das sie stolz im Freundeskreis und der Familie herumzeigen. Der öffentliche Charakter der Präsentation hebt für die Schülerinnen und Schüler den Anspruch an ihre Produkte. Es gibt jedoch auch Herausforderungen. Eine besteht in der Koordination der Bearbeitungsrechte, damit nicht ein Lernender die Arbeit eines anderen überschreibt oder löscht. Äußerst wichtig ist zudem ein verantwortungsbewusster Umgang mit urheberrechtsgeschütztem Material.

Besonders innovative Projekte werden mit dem Wiki der Lernplattform durchgeführt, obwohl dies im Vergleich zu anderen Wikis nur über einen reduzierten Funktionsumfang verfügt. Hier werden Texte geschrieben und korrigiert, wobei der Prozess der Entstehung und Überarbeitung sichtbar wird. In einem Semesterprojekt sollten Schülerinnen und Schüler z. B. ein konkretes innovatives Produkt entwickeln und vermarkten. Der Prozess umfasste unter anderem die

Erstellung eines Budgets, eine Marktanalyse, ein Organigramm und die Entwicklung eines Prototyps. Auf dem Wiki arbeiteten die Schülerinnen und Schüler entlang eines vorgegebenen Rasters an einer Projektdokumentation, die zu einem bestimmten Termin fertig zu stellen war. Die Lehrperson konnte die Entstehung des Berichtes im Wiki verfolgen und frühzeitig Coaching anbieten. Zuletzt wurde das Projekt vor der Klasse präsentiert und von den Mitschülerinnen und Mitschülern bewertet. Im folgenden Semester wurden die besten Projekte zur Aufbesserung der Klassenkasse, teilweise mit Hilfe externer Geldgeber, tatsächlich umgesetzt. So gelangte ein Getränk auf Basis von Naturextrakten zur Produktionsreife, das später auch in der Mensa angeboten wurde, oder eine Rücken schonende Schultasche auf Rollen, die auch in einer lokalen Papeterie ausgestellt und verkauft wurde.

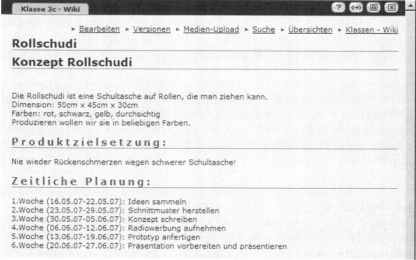

Abbildung 3:   Das Wiki einer Projektgruppe

Projekte dieser Art werden an der Kantonsschule Beromünster regelmäßig durchgeführt, insbesondere dank eines innovativen Unterrichtsgefäßes mit dem Titel „Lernen am Projekt". Beim „Lernen am Projekt" bearbeiten Schülerinnen und Schüler eine selbst gewählte Aufgabe innerhalb eines vorgegebenen thematischen Rahmens, z. B. Seewege. Über das Semester hinweg entstehen dazu Arbeitsergebnisse, mit denen sich die Lernenden nicht nur inhaltliches Wissen aneignen, sondern auch bestimmte allgemeine Arbeitstechniken. Das „Lernen am Projekt" wird von der 9. bis zur 12. Klasse durchgeführt und behandelt trimesterweise Themen wie z. B. Präsentieren, Recherchieren in Bibliothek und Internet, Zitieren, Textverarbeitung, Interviewtechnik, Videobearbeitung und vieles mehr. Die Erarbeitung der jeweiligen Methoden und ICT-Fähigkeiten erfolgt gekoppelt an Kurzprojekte verschiedener Fächer. Teilweise finden diese Projekte in Einzelarbeit, teils in Gruppenarbeit statt. Das „Lernen am Projekt" umfasst zwei Stunden pro Woche, die von anderen Fächern in einen Stundenpool für fächerübergreifendes Lernen abgegeben wurden. Das Modul wird in Teamteaching von Lehrpersonen verschiedener Fächer unterrichtet. Dabei werden zwischen Lehrpersonen auch Ideen zum Einsatz von ICT ausgetauscht und weiterentwickelt. ICT-skeptische Lehrpersonen erleben in der Zusammenarbeit mit ihren Kollegen auf praktische Weise die neuen Potenziale. In der Zusammenarbeit beim „Lernen am Projekt", aber auch in anderen Projektwochen, werden für ICT-Novizen auch anspruchsvolle Anwendungen realisierbar und erfahrbar.

Der Austausch zwischen Lehrpersonen wird an der Kantonsschule Beromünster großgeschrieben, sowohl informell als auch formell. Im Rahmen von Qualitätsentwicklungsaktivitäten sind gemeinsame Unterrichtsvorbereitungen und Hospitationen die Regel. Immer wieder organisiert die ICT-Kerngruppe interne Weiterbildungen für das ganze Kollegium, in denen neue Möglichkeiten gezeigt und diskutiert werden: von der Schulung allgemeiner Anwendungsfähigkeiten bis zu methodisch-didaktischen Impulsen. Die Impulse, organisiert als schulinterne Weiterbildungsblöcke, Abendkurse oder Supportstunden, finden breiten Anklang. Das Angebot der ICT-Mentoren, auf Wunsch Kolleginnen und Kollegen auch individuell bei der Umsetzung ihrer Ideen zu begleiten, stieß jedoch auf wenig Resonanz. Rektor Baumann ermöglichte dieses breite Angebot mit der Bereitstellung nötiger Strukturen und Ressourcen. Mitglieder des ICT-Teams werden für ihre Arbeit mit einer Stundenentlastung und teilweise auch direkt finanziell honoriert. Wenn einzelne Kolleginnen und Kollegen trotz dieser Angebote und Möglichkeiten nicht bereit sind, sich mit ICT in ihrem Unterricht auseinanderzusetzen, dann sei das trotzdem kein Zeichen für schlechten Unterricht, stellt Rektor Baumann klar. Gezwungen werde niemand, dafür sei der zu erwartende Reibungsverlust viel zu hoch. Grundsätzliche Verweigerung sei jedoch selten geworden. So habe Anfang 2000 noch die Verpflichtung, mindestens einmal pro Woche die E-Mail abzurufen, in der Lehrerschaft für Diskussionen gesorgt. Heute sei E-Mail für fast alle ein selbstverständliches tägliches Arbeitsinstrument. Die Entwicklung gehe teilweise auch quasi von alleine, brauche jedoch Zeit. Beträchtliches Anregungspotenzial sieht Baumann bei der Durchmischung von Generationen innerhalb des Lehrerkollegiums und in der Nachfrage der Schülerinnen und Schüler. Es gehört zur Schulhauskultur, ohne Hemmungen etwas auszuprobieren und auch Fehler machen zu dürfen. „Solange man Lehrpersonen die Möglichkeiten, aber auch die Freiräume gibt, dann läuft das", so das Fazit von Jörg Baumann. In Mitarbeitergesprächen gibt er individuelle Anregungen für persönliche Weiterbildung. Rektor Baumann schätzt, dass ca. ein Viertel der Lehrpersonen intensiv mit educanet[2] arbeitet und ein weiteres Viertel zumindest gelegentlich. Wie dies geschieht, sei aber sehr unterschiedlich.

Die Nutzung der Lernplattform nehme zu, meint auch Lehrer Michael Rauter, Mitglied des ICT-Teams. Jedes Jahr kämen etwa zwei bis drei Lehrpersonen hinzu, die educanet[2] regelmäßig nutzten. Alle, die irgendwie schon ein wenig mit Computern vertraut seien, fänden früher oder später den Zugang, wenn sie die praktischen Vorteile des Arbeitens mit der Lernplattform realisierten. Lehrpersonen gänzlich ohne Fähigkeiten im ICT-Bereich seien allerdings nur schwer zu erreichen. Die Schülerinnen und Schüler würden es jedoch begrüßen, wenn mehr Lehrpersonen mit der Plattform arbeiteten. Nach Lehrer Rauter ist eine neue Kommunikationskultur erst langsam am Entstehen. Aus seiner Sicht ist es hilfreich, wenn Lehrpersonen zunächst selbst untereinander auf diese Weise arbeiten. Dann sei es möglich, dass sie auf Ideen kämen, wie solche Arbeitsweisen auch in der Kommunikation mit Schülerinnen und Schülern Sinn machen. Neue Lehrpersonen, die von der Uni bzw. der PH kommen, hätten Lernplattformen in ihrer eigenen Ausbildung genutzt und würden nun ganz selbstverständlich von sich aus auch mit ihrer Klasse damit arbeiten wollen.

Damit sich die Nutzung von ICT und Lernplattform positiv entwickelt, nennen Rektor und ICT-Verantwortliche eine Kombination verschiedener Faktoren. Dazu gehören nach einhelliger Ansicht eine Kerngruppe von interessierten Lehrpersonen und eine Schulleitung, die deren Aktivitäten und die damit verbundene Schul- und Unterrichtsentwicklung unterstützt. Im Gegensatz zu anderen Schulen, in denen zu einem bestimmten Zeitpunkt der Einsatz der neuen Technologien generalstabsmäßig geplant und umgesetzt wurde, ist dies hier nur in Bezug auf die Infrastruktur der Fall. Für den Unterricht setzt die Kantonsschule Beromünster maßgeblich auf Eigeninitiative. Für die Zukunft erwartet Rektor Baumann, dass die Möglichkeiten von ICT in Schulen noch selbstverständlicher genutzt werden. Es gehe dann nicht mehr darum „ICT einzusetzen, damit es eingesetzt wurde", sondern die technischen Möglichkeiten dort zu nutzen, wo es von der Didaktik und der Effizienz her einen Sinn ergebe. Der Fokus sollte dabei vermehrt auf Schüler(inne)n und ihrem Lernen liegen. Momentan beschränkt sich deren schulische Nutzung von ICT entweder auf vom Lehrer explizit geforderte Aktivitäten oder auf selbst gewählte außerschulische Nutzung wie Spielen oder Chatten. ICT solle demgegenüber von Schülerinnen und Schülern als effizientes persönliches Lerninstrument erlebt werden können, das sie irgendwann auch unaufgefordert einsetzen. Für den umfassenden Einsatz von ICT erhielt die Kantonsschule Beromünster im Jahr 2008 den Informatikpreis der Schweizerischen Zentralstelle für die Weiterbildung der Mittelschullehrpersonen.

Schulportrait: Cycle d'orientation de la Gradelle

François Flückiger
Übersetzung: Andreas Fehlmann

Auch wer noch nie in Genf war, findet problemlos zum Cycle d'Orientation de la Gradelle (Schulhaus der Sekundarstufe I Gradelle). Vom Hauptbahnhof fährt der Bus in knapp zwanzig Minuten zur gleichnamigen Haltestelle.

Abbildung 1:   Das Schulhaus des C.O. de la Gradelle   *Bild: Daniel Salagnac*

Über die Mont-Blanc-Brücke erreicht man das Viertel Eaux-Vives, in dem der Jet d'eau, das Genfer Wahrzeichen, zu sehen ist. Von dort ist man rasch auf der Avenue de Frontenex, die einen Richtung Südosten aus der Stadtmitte führt. Nach dem Zentrum biegt man kurz vor dem Domaine de la Vigne Blanche rechts in den Chemin de la Gradelle ab, zurück zu dichter besiedelten Vierteln der Gemeinden Grange-Canal und Chêne-Bougeries. Der Schulweg endet vor einem mächtigen gespaltenen Granitblock, hinter dem das Schulhaus liegt.

Die Schule macht im Vergleich zu vielen anderen Genfer Schulgebäuden einen sehr einladenden und offenen Eindruck. Acht Einzelgebäude sind harmonisch um das Hauptgebäude gruppiert und durch Passagen verbunden, welche - leuchtend grün oder sattrot angestrichen - zum Flanieren einladen. Diesen Eindruck bestätigen mehrere Lehrkräfte, die gerne die Zeit zwischen zwei Lektionen nutzen, um frische Luft zu schnappen. Durch die Dachfenster, den Holzboden und das Mini-Amphitheater hat die geräumige Eingangshalle den Charakter eines Treffpunktes. Auf der rechten Seite verläuft ein Gang mit roten Türen bis zum anderen Hausende. 2009 besuchen 640 Schülerinnen und Schüler die Schule Gradelle. Im Kanton Genf erfolgt die Klasseneinteilung über die Leistungszuordnungen A und B. Dementsprechend variiert die Klassengröße zwischen 18 und 24 Lernenden.

Unter den 87 fest angestellten Lehrkräften ist ein Drittel über 50 und nur ein Zehntel unter 30 Jahre alt. Wie die Direktorin betont, zeichnet sich die Schule Gradelle durch ihre aktive Öffnung zur Außenwelt aus. Dieses Engagement zeigt sich zum Beispiel in der engen Zusammenarbeit mit Gemeindebehörden bei Sportveranstaltungen und Ausstellungen oder auch dadurch, dass Jugendliche bei disziplinarischen Vergehen zu gemeinnützigen Arbeiten in der Umgebung herangezogen werden. Die Zusammenarbeit mit dem nahe gelegenen Jugendzentrum ist eng; die dort Mitarbeitenden verbringen ihre Mittagspausen häufig in der Schule. Oft besuchen auswärtige Klassen Theateraufführungen der Schule. Weitere kulturelle Anlässe tragen das ihre dazu bei. Beispielhaft für diese Öffnung steht der Besuch einer professionellen Theatertruppe im Jahre 2004, welche sich während vier Monaten in der Schule einquartiert hatte. Das Schulhaus wurde zum lebendigen Bestandteil der Genfer Kulturszene; täglich wurde „Antigone" von Sophokles in der Schulaula geprobt. Viele auswärtige Klassen besuchten die Proben und nutzten die Gelegenheit zu Begegnungen mit Licht- und Tontechnikern, Masken- und Kostümbildnern, Politikern und weiteren Anwesenden . Zwei Wochen lang fand fast täglich eine öffentliche Aufführung der Tragödie in der Sekundarschule statt.

Die Auseinandersetzung mit ICT ist Teil der Öffnung der Schule nach außen. Die Entwicklung verlief jedoch langsam und häufig auch nicht ganz einfach. Die ersten Computer erschienen erst in den neunziger Jahren des 20. Jahrhunderts im Sekretariat. Erst 1995/96 wurde auf der pädagogischen Ebene gehandelt, und die ersten Informatikkurse verdrängten das bisher gelehrte Fach Maschinenschreiben. Nur einzelne Lehrpersonen nutzten den Computer mit Begeisterung. Einigen fiel es schwer, ihre E-Mails regelmäßig zu lesen. Viele äußerten den Wunsch, die eingehenden Informationen unter einer Adresse gesammelt zu erhalten: Single-Sign-On anstatt einer kantonalen Adresse @edu.ge.ch und eines zusätzlichen educanet[2]-Logins. Von Enthusiasmus für eine webbasierte Lernplattform konnte Anfang 2004 nicht die Rede sein.

Das Vorantreiben der ICT-Entwicklung verdankt die Schule einer innovativen Deutschlehrerin: Die erfahrene Pädagogin und Ausbilderin Renata Janett wurde zur educanet[2]-Botschafterin des Hauses. Sie übernimmt seither die Eröffnung der Konten für Lehrkräfte und Lernende auf educanet[2] sowie die Ausbildung der Lehrkräfte und deren Betreuung. Von 2005 bis 2007 wurde allen Unterrichtenden der Schule eine Weiterbildung angeboten, an welcher die meisten teilnahmen. Außerdem wurde versucht, die Wünsche und Bedürfnisse der Lehrpersonen bei der Einführung der Plattform per Umfragefunktion zu erfassen; allerdings reagierten nur die ohnehin computerfreundlicheren Lehrpersonen darauf. Parallel dazu wurde für alle Benutzer eine Benutzercharta erarbeitet, die auch den Eltern bekannt gegeben wurde und welche die Schüler/-innen im Computerraum seither einhalten müssen. Gleichzeitig wurde die Infrastruktur der Schule ausgebaut. Für den ICT-Unterricht stehen nun drei Computerräume zur Verfügung. Im Apple-Medienraum reicht die Anzahl der Computer für alle Schüler/-innen einer Klasse aus. Die beiden PC-Räume mit je 14 Computern sind vor allem für den Informatikunterricht reserviert. Für computerunterstützten Unterricht in den Klassenräumen stehen Medienwagen zur Verfügung, welche reserviert werden müssen und wegen der großen Nachfrage oft frühzeitig ausgebucht sind. Beamer stehen lediglich auf den Medienwagen sowie in den Computer-, Kunstgeschichte- und Biologieräumen zur Verfügung. In der Gradelle sind die Klassenzimmer noch lange nicht alle mit festem Computer- und Internetzugang ausgestattet. Dies scheint der Physiklehrer Reymermier zu bedauern: „Der Computer sollte im Klassenzimmer verankert sein."

Die Plattform educanet[2] wird inzwischen vielfältig genutzt: Lehrpersonen desselben Fachs bilden virtuelle Gruppen auf educanet[2] mit dem Ziel, sich fachlich auszutauschen und ihre Ressourcen zu teilen. Allerdings bedauern in den Fachgruppen die Pioniere der Einführung von educanet[2], dass immer dieselben Lehrpersonen Unterrichtsmaterial ablegen bzw. abholen. Versierte Unterrichtende bemühten sich, ihren Kolleginnen und Kollegen zu demonstrieren, wie man traditionelle, maschinengetippte Unterlagen scannt und auf der Dateiablage speichert. Doch Gewohnheiten spielen eine wichtige Rolle und oftmals ist der altersbezogene „digital divide" spürbar. Als das Sekretariat die ersten offiziellen Dokumente der Schule per E-Mail versandte, wurden diese Nachrichten nicht von allen Lehrpersonen ernst genommen und beachtet.

Der Einsatz für Unterrichtszwecke ist ebenfalls sehr heterogen und vielfältig. Klassen arbeiten für einzelne Fächer mit den Gruppenfunktionen von educanet[2], einige Lehrpersonen nutzen auch die virtuellen Klassenräume. Sprachlehrpersonen arbeiten bei Klassenaustauschprojekten mit ihren Schüler/-innen im Community-Bereich von educanet[2] und nutzen die neuen Kommunikationsmöglichkeiten. Virtuelle Gruppenräume werden auch für fakultative Aktivitäten eingerichtet, etwa für die Schulzeitung: Unter der Leitung eines Sprachlehrers arbeiten die angehenden Journalisten an in einer „Redaktionssitzung" festgelegten Thematik und stellen den Mitarbeitern dann ihre Entwürfe und Fotos im Wiki zur Kritik. Vorschläge zu Änderungen können so von allen Mitgliedern unterbreitet werden, was einerseits kritisches Lesen fördert und andererseits respektvolles Formulieren von Meinungsäußerungen übt. Bei Meinungsverschiedenheiten wird zeitweise eine virtuelle Umfrage gestartet, um die eine oder andere Version für die definitive Papierzeitung zu wählen.

In Austauschprojekten zwischen der Deutschschweiz und Genf wird die Plattform immer häufiger eingesetzt. Ein gemeinsamer Klassen- oder Gruppenraum dient dem Informationsaustausch. Zunächst stellen sich die Schüler (schriftlich) in ihrer Muttersprache vor und legen ihr mit einem Foto illustriertes Profil im gemeinsamen Ordner ab. So wird die Wahl der Lernpartner erleichtert. Im Wiki werden dann die Schulhäuser und -gewohnheiten in der Fremdsprache vorgestellt und mit selbst gemachten Fotos illustriert. Zwei bis drei Mal sind die teilnehmenden Klassen gleichzeitig online und schicken einander Quickmessages (chatten funktioniert mit einer solchen Vielzahl von Schülern nicht). Jeder Schüler soll dann per Mail weitere Informationen über seinen Partner erhalten, die er seiner Klasse mündlich in der Fremdsprache mitteilen kann. Das Forum dient dabei zum Austausch von Ideen für einen gemeinsamen Tagesausflug am Schuljahresende.

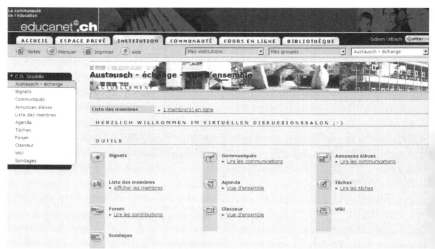

Abbildung 2: Diskussionsplattform mit der Austauschklasse für den Sprachunterricht

Sebastian Archimède unterrichtet Informatik und Mathematik. Nach seiner Einschätzung lassen sich mit dem Erlernen der Grundfunktionen von educanet[2] einige im Lehrplan vorgesehene ICT-Kompetenzen abdecken, welche nicht unbedingt mit Windows erlernt werden müssen. Diese Grundlagen in der Handhabung, die über drei Jahre der Orientierungsstufe erworben werden, bilden das Basiswissen für die Nutzung der Plattform in den verschiedenen anderen Fächern. Spätestens ab der achten Jahrgangsstufe sind die Schülerinnen und Schüler in der Lage, Mathematikübungen, Prüfungsziele und Zusatzmaterialien auf der Plattform abzurufen und zu nutzen.

Kelian, Nuria, Jonas, Ivo und Joanna haben schon mit verschiedenen Funktionen der Plattform Erfahrungen gesammelt. Für die eine ist es der Kommunikationspfad mit der Austauschpartnerin in Wittenbach. Die beiden schreiben sich Mails, schicken einander Fotos und sprechen über Lieblingsgruppen und -schauspieler, ohne dazu von den Lehrern aufgefordert zu werden. Für den anderen war es eine wirkungsvolle Art, seine Berufspläne als Automechaniker bekannt zu geben, indem er für seine Klassenkameraden im wiki darstellte, welche Bedingungen für eine Lehre zu erfüllen sind, sein Interview mit einem als Automechaniker Tätigen dokumentierte und seine Motivation formulierte. Zusammen mit seinen Mitschülerinnen und Mitschülern hat er so an einem (vom Lehrer gesteuerten) „Berufskatalog" mitgearbeitet. Solche Aktivitäten seien ein wichtiger Beitrag zur Stärkung des Selbstvertrauens und der Motivation gerade von Schüler/-innen mit Lernschwierigkeiten, meint Renata Janett. Gelegentlich kommen auch Rückmeldungen von Eltern - entweder mit technischen Fragen („In welchem Format sollen die Dateien gespeichert werden?") oder mit positiven Bemerkungen zu den Aktivitäten, die ihnen ihre Kinder zu Hause am Computer erklärt haben. Zeitweise nutzen die Jugendlichen die Plattform auch, um mit Freunden zu chatten. Meist besuchen sie dafür jedoch lieber andere soziale Netzwerkplattformen, da die Lernplattform den Austausch mit Kameraden außerhalb der Schule normalerweise nicht erlaubt. Für Kontakte innerhalb der Schule ist die Schweizer Bildungscommunity jedoch ein sicheres Kommunikationsmittel.

Im Vergleich zu den Schüler/-innen, die ausnahmslos Interesse an der neuen Arbeitsweise zeigen (besonders beim Erstellen von Websites, wobei sogar die Pausenglocke überhört wird), tun sich viele Lehrpersonen schwer mit den neuen Kommunikationsmitteln. Die Lehrpersonen von Gradelle sehen die Ziele für das nächste Schuljahr darin, bei Schüleraustauschprojekten vermehrt Foren, Umfragen und den Blog zu benutzen sowie schulintern weitere Erfahrungen mit dem Website-Generator und dem Lehrplan zu sammeln.

Nachdem der Lehrerschaft im Schuljahr 2007/08 weitere Weiterbildungsangebote unterbreitet wurden, sind für 2008/09 neue Meilensteine der administrativen Nutzung von educanet² gelegt worden. Mit diesen befasst sich auch Jonathan Partini, Praktikant an der Wirtschaftsschule, welcher zu dieser Thematik in der Gradelle seine Diplomarbeit verfasst. Zusammen mit dem Doyen (Dekan) Fritz Herrmann hat er ein Konzept entworfen und insbesondere die verbreitete Nutzung der Agenda mit Angabe von internen Links lanciert. „Mit der Agenda können leicht 20 Minuten bis zu einer halben Stunde bei jeder Postverteilung gespart werden oder sogar noch mehr, wenn beispielsweise eine Lehrperson ein Informationsblatt vermisst, was nicht selten vorkommt. Ich habe wirklich den Eindruck, dass dies der Schule weiterhilft", erklärt Fritz Herrmann. Die positive Entwicklung der Kommunikationsweise spricht für den Einsatz der Plattform: Früher wurden gedruckte Mitteilungen aller Art kistenweise in die Schulen geliefert. Nach Einführung der Plattform bekam das Sekretariat das Infomaterial auf elektronischem Wege zugesandt und hatte es nur noch auszudrucken und zu verteilen. Heute fließt die Information gleich in die Mailboxen der Lehrpersonen. Alternativ werden die Unterlagen auf der Dateiablage von educanet² abgespeichert, und ein interner Link in der Agenda verweist auf die Bereitstellung. Auch das Organisieren von Schulausflügen ist durch die administrative Anwendung der Austauschplattform erleichtert worden, da die Lehrpersonen von zu Hause aus Zugriff auf die entsprechenden Regelungen und Formulare erhalten haben. Effizienz ist dabei ein Kernargument. „Lehrpersonen sind kritische und eigenständige Persönlichkeiten", meint Herrmann – „damit sie an einem gemeinsamen Projekt teilnehmen, muss es sie überzeugen."

Schulportrait: Schulhaus Matt, Sekundarstufe I, Littau/Luzern

Barbara Wespi

In Littau, einer Vorortsgemeinde der Stadt Luzern, sind es vor allem Frauen, die den Einsatz von Computer und Internet initiierten und maßgeblich vorantreiben. Doris Reck als ICT-Verantwortliche der Volksschule Littau führte mit der Unterstützung der Schulleiterin Stefanie Rey educanet[2] unmittelbar nach dem Erscheinen der zweiten Version (2004) an den Littauer Schulen ein. Seitdem ist educanet[2] als allgemeine Kommunikationsplattform an den Schulen etabliert. Dass Frauen einen solchen Prozess einleiten, ist im schulischen Umfeld eher selten, sind es doch oftmals technikbegeisterte Männer, die hier ein besonderes Interesse zeigen.

Abbildung 1:   Schulhaus Matt, Littau

Auch in Littau ist der aktuelle Stand des ICT-Einsatzes im Unterricht dem persönlichen Einsatz einzelner Lehrpersonen zu verdanken, welche teilweise mit unentlöhnter Arbeit, aus Überzeugung und Spaß an der Sache die Computer in den Schulzimmern installierten. Der Einsatz der Technik im Unterricht wird in Littau fortwährend ausgebaut; junge Lehrpersonen, wie etwa der Reallehrer Raimund Erni, arbeiten bereits intensiv mit educanet[2] im Unterricht, weitere kommen allmählich mithilfe von Weiterbildungskursen und dem Support der ICT-Verantwortlichen hinzu.

Die Vorortsgemeinde Littau ist mit knapp 17.000 Einwohnern die viertgrößte Gemeinde im Kanton Luzern. Im Juni 2007 haben sich die Stimmbürgerinnen und Stimmbürger der Gemeinden Littau und Luzern für eine Fusion entschieden, welche am 1. Januar 2010 umgesetzt sein wird. Die gemeinsame Zukunft mit der Stadt Luzern war umstritten; Stefanie Rey, die Schulleiterin des Schulhauses Matt, sieht darin jedoch Vorteile für die Schule: „Synergien mit der Stadt Luzern können genutzt werden, und die Organisation wird noch professioneller." Die Volksschule Littau ist eine geleitete Schule mit insgesamt ca. 1.900 Schülerinnen und Schülern, die in sechs verschiedenen Schulhäusern von 200 Lehrpersonen unterrichtet werden. Durch die gegebenen demographischen Voraussetzungen ist sie eine multikulturelle Schule mit einem beträchtlichen Fremdsprachenanteil, was in einigen Abteilungen eine spezielle Herausforderung darstellt. Die damit verbundenen Probleme bewegen sich jedoch, laut Rey, im Rahmen des Üblichen. Im Schulhaus Matt werden ca. 250 Jugendliche in 15 Klassen der Sekundarstufe I auf Niveau A, B, C und D, d. h. vom niedrigsten bis zum höchsten Niveau, von 30 Lehrpersonen unterrichtet. Die motivierte, positive Stimmung im Lehrerzimmer und auf dem Pausenhof des Schulhauses Matt vermittelt den Eindruck, dass mit den möglichen Problemen dieser Heterogenität produktiv umgegangen wird.

Die Installation von PCs im Schulhaus Matt begann im Jahr 1993, als ein Computerzimmer mit 13 Geräten (286-er mit Dos/Enable) eingerichtet wurde. Ein Netz existierte damals lediglich zum Ausdrucken von Dokumenten. 1998 wurden diese Geräte durch 13 Pentium 1-Maschinen mit Win95 ersetzt; zusätzlich wurden sechs Notebooks angeschafft. 2003 wurden die Geräte wiederum ersetzt (Pentium 4-Rechner mit WinXP). Ein Linux-Schulserver sowie ein zweites Informatikzimmer mit sechs alten PCs und sechs Notebooks wurden eingerichtet. Zurzeit verfügt das Schulhaus über zwei Computerzimmer, eines mit 14, das andere mit 24 PCs mit dem Betriebssystem XP, sowie sechs Notebooks für den flexiblen Einsatz in den Schulzimmern. Erst seit 2008 steht in jedem Schulzimmer zusätzlich ein PC, welcher vorwiegend für Recherchen im Internet genutzt wird. Im Sommer 2008 sind alle Räume vernetzt worden, sodass nun von allen Zimmern des Schulhauses aufs Internet zugegriffen werden kann; zuvor waren nur wenige Zimmer verkabelt und nur einige sporadische W-Lans vorhanden. Der ICT-Support war zwar geregelt, überschritt in seinem tatsächlichen Umfang jedoch die dafür vorgesehene Arbeitszeit. Die Fusion mit Luzern verspricht neue Anstellungsbedingungen mit besserer Entlöhnung, insbesondere für die pädagogisch-didaktische ICT-Beratung. Das Einrichten und der Unterhalt der Geräte werden künftig von einer externen Stelle durchgeführt.

Die Lernplattform educanet[2] lernte die ICT-Verantwortliche, Doris Reck, 2004 in Rahmen einer Weiterbildungsmaßnahme kennen und initiierte deren Einsatz im Schulhaus Matt gleich nach dem Erscheinen der zweiten Version. Sie übernimmt seither Administrationsaufgaben auf der Plattform. Regelmäßig nimmt sie neue Lehrpersonen und neue Klassen auf der Plattform auf. Mit der Einführung von educanet[2] im Schulhaus Matt waren verschiedene Veränderungen verbunden. Die Kommunikation zwischen der Schulleitung und den Lehrpersonen läuft seit der Einrichtung der Plattform ausschließlich über educanet[2]. Stefanie Rey, welche schon seit vielen Jahren an der Schule unterrichtet und seit neun Jahren das Amt der Schulleitung innehat, begrüßt die Vorteile, welche ihr die Plattform ermöglicht: „Ich erreiche die Lehrpersonen mit wichtigen Informationen schneller und unkomplizierter. Einige Zeit lang haben wir die Informationen zusätzlich zur elektronischen Mitteilung in Papierform ins Fach gelegt, nun läuft der Informationsaustausch ausschließlich über die Plattform. Alle wichtigen Termine finden sich im Terminkalender auf educanet[2]. Nach dem Prinzip der Holschuld sind die Mitarbeitenden selbst dafür verantwortlich, sich die betreffenden Informationen zu beschaffen. Seit der Einführung von educanet[2] haben wir die Sitzungstermine reduzieren können. Wir treffen uns nur noch für Diskussionen oder um Entscheidungen zu treffen." Auch Umfragen wickle sie über educanet[2] ab und könne sich so auf Sitzungen besser vorbereiten, erzählt Rey weiter. Im Zusammenhang mit der Fusion der Gemeinde Littau mit der Stadt Luzern sei educanet[2] ebenfalls eine wertvolle Hilfe: Luzern arbeitet seit kurzem ebenfalls mit der Plattform, aktuelle Mitteilungen und für beide Gemeinden relevante Informationen werden auf educanet[2] ausgetauscht. Fragen, die einen weiten Kreis an Beteiligten betreffen, werden im Forum diskutiert und beantwortet. Educanet[2] ist auf der administrativen Ebene der Schule nicht mehr wegzudenken; im Unterricht dagegen wird die Plattform bislang nur von Pionierinnen und Pionieren intensiv genutzt. Allmählich steigen jedoch immer mehr Lehrpersonen in die Arbeit mit Computer und Internet ein.

Um die Schülerinnen und Schüler in das erst vor Kurzem auf educanet[2] integrierte Tool „Lernplan" einzuführen, haben sich die beiden Lehrpersonen Raimund Erni und Doris Reck ein besonderes Unterrichtssetting ausgedacht: Die dritte Realklasse wird in sieben Zweiergruppen eingeteilt und auf die beiden zur Verfügung stehenden Computerzimmer verteilt, sodass die beiden Partner einer

Zweiergruppe jeweils nicht im gleichen Zimmer arbeiten. Jede Zweiergruppe ist einer eigenen Gruppe innerhalb der Lernplattform zugeteilt. Die beiden Lehrpersonen sind Mitglieder einer der Gruppen. Gemeinsam lösen die Lernenden als Gruppe möglichst viele Aufgaben des Lernplans, welcher sich aus 13 Aufgaben aus den Bereichen Mathematik, Geschichte und Allgemeinwissen zusammensetzt. Zu Beginn sind lediglich vier Aufgaben im Lernplan auf der Plattform freigeschaltet. Die beiden Gruppenmitglieder sind aufgefordert, über edcuanet2 zu vereinbaren, wer welche Aufgabe löst. Erst, wenn alle vier Aufgaben korrekt gelöst und von der Lehrperson kontrolliert worden sind, schaltet diese die nächsten vier Aufgaben frei. Die Lernenden erhalten zu Beginn je drei Fragekarten, von denen für jede Frage eine an die Lehrperson abgegeben werden muss. Damit soll unterbunden werden, dass die Schülerinnen und Schüler sich zu häufig an die Lehrperson wenden, anstatt sich Hilfe bei ihrem Lernpartner bzw. ihrer Lernpartnerin zu holen. Die Schüler/-innen sollen auf diese Weise lernen, sich selbstständig Wissen zu beschaffen, sei es im Internet, aus ihren Lernmaterialien oder bei Mitschülerinnen und Mitschülern. Die Lernaufgaben behandeln Inhalte, die im Fachunterricht durchgenommen worden sind und sollen die Schülerinnen und Schüler dazu führen, den Lernstoff an neuen Aufgaben selbstständig anzuwenden. Um die Aufgaben des Lernplans zu lösen, müssen die Lernenden auf der Plattform navigieren können. Quickmessage und Mail werden zur Kommunikation mit dem Lernpartner/der Lernpartnerin gebraucht, z. B. werden die Lösungen zu den Geschichtsaufgaben in der Form eines Wiki-Eintrages fortlaufend erweitert und mit passenden Bildern aus dem Internet ergänzt.

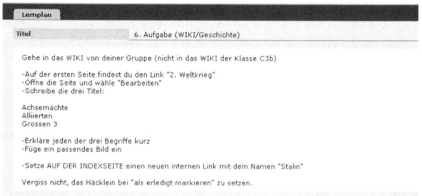

Abbildung 2: Beispielaufgabe aus dem Lernplan

Zum Abschluss der Doppellektion treffen sich die einzelnen Gruppen mit ihrer Lehrperson, um die Lernphase zu evaluieren. Dabei werden ihre Lernfortschritte reflektiert, Anwendungsprobleme auf educanet², Lernaufgaben und alternative Lösungswege besprochen. Die Schüler/-innen bekunden einheitlich, dass die Arbeit ihnen Spaß gemacht habe. Einige Aufgabenstellungen seien nicht auf Anhieb gelungen, und man habe bei der Lehrperson nachfragen müssen, wie beispielsweise beim Hochladen der Bilder. Einige Aufgaben seien schwierig gewesen. Die Lehrpersonen zeigen sich mit ihrem Unterrichtssetting ebenfalls zufrieden: „Das Erstellen der Aufgaben im Lernplan ist anwenderfreundlich und unkompliziert, bedeutet jedoch einen großen zeitlichen Aufwand. Ich begrüße das neue Tool sehr, da ein Lernplan auch problemlos exportiert und mit anderen Lehrpersonen ausgetauscht oder für weitere Lektionen wiederverwendet werden kann", meint Raimund Erni.

Schülerinnen und Schüler der dritten Sekundarklassen schätzen die Plattform educanet² im Rahmen ihres Projektunterrichts: Die Lernenden der Abschlussklassen verfassen selbstständig eine größere schriftliche Arbeit. Die Kommunikation mit der Lehrperson, der Austausch von Material und das Gegenlesen von Textentwürfen werden über educanet² abgewickelt. „Die Dateiablage ist sehr praktisch. Wenn ich in der Schule oder zu Hause etwas geschrieben habe – zum Beispiel ein Interview – kann ich es hochladen und überall wieder darauf zugreifen, um weiterzuarbeiten", erzählt ein Schüler der dritten Sekundarklasse. Die Grundkompetenzen, um in educanet² navigieren zu können, erlernten die Schüler/-innen der dritten Real- und Sekundarklassen im Wahlfach Informatik, welches mit wenigen Ausnahmen von allen Jugendlichen der Schule besucht wird. Doris Reck hat für das Kennenlernen der Grundfunktionen von educanet² eine „Schnitzeljagd" konzipiert, bei welcher die Lernenden auf spielerische Art und Weise Aufgaben lösen, somit die Plattform erkunden und dadurch für das Lösen von weiterführenden Aufgaben gewappnet sind. Dabei geht es z. B. um das probeweise Lösen von Testfragen und erste Meinungskundgebungen in einem Forum. Das spielerische Erkunden der Möglichkeiten von educanet² bereitet den Lernenden viel Spaß und fällt ihnen meistens nicht schwer. Über technische Probleme oder Schwierigkeiten wissen die Jugendlichen wenig zu berichten: „Es gibt keine Probleme, außer manchmal beim Einloggen", meint eine Schülerin der Realklasse. Der Umgang mit Computer und Internet scheint für die Lernenden eine Selbstverständlichkeit zu sein.

Freude, Begeisterung und wenig Berührungsängste gegenüber der Technik stellt auch Reallehrer Raimund Erni bei seinen Schüler/-innen fest: „Seit die Kommunikationsmöglichkeit über educanet² besteht, wenden sich die Jugendlichen viel häufiger per Quickmessage oder per Mail mit Fragen und Anliegen an mich. Die Hemmschwelle, mit der Lehrperson Kontakt aufzunehmen, scheint über das Internet niedriger zu sein als bei der Face-to-Face-Kommunikation." Es komme vor, dass die Schüler/-innen nach Hausaufgaben fragen, über Prüfungsstoff diskutieren möchten oder einen Bewerbungsbrief zum Kontrolllesen zusenden. Erni begrüßt diesen Kontakt mit den Jugendlichen sehr; man müsse sich jedoch auch abgrenzen können, es erwarte niemand von ihm, dass er rund um die Uhr am Computer erreichbar sei. Einen Nachteil sieht der Reallehrer darin, dass die Jugendlichen durch den vermehrten Einbezug von ICT in den Schulalltag noch stärker dazu „verführt" werden, Zeit am Computer zu verbringen. Die Gefahr bestehe, dass die Lernenden nach der Erledigung der Hausaufgaben über das Internet gleich noch einige weitere Stunden am Computer verblieben. „Es ist wichtig, einen angemessenen Umgang mit dem Computer zu erlernen. Mit dem Einsatz von educanet[2] sehe ich die Möglichkeit zu zeigen, dass der Computer ein nützliches Arbeitsinstrument ist und nicht nur zu Unterhaltungs- und Vergnügungszwecken genutzt werden kann."

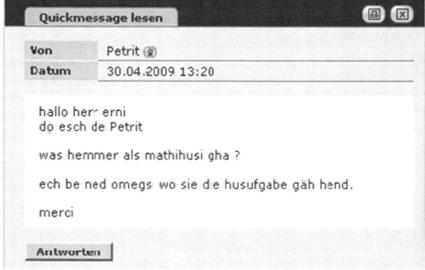

Abbildung 3: Quickmessage-Mitteilung eines Schülers an seinen Lehrer, Raimund Erni

Dem ICT-Team des Schulhauses Matt ist es ein besonderes Anliegen, die Schülerinnen und Schüler auf drohende Gefahren im Internet aufmerksam zu machen. Daher lautet sein diesjähriges Motto: „Achtung - vernetzt!". Unter der Leitung von Doris Reck hat das Team eine DVD mit Unterrichtsmodulen zu diesem Thema erstellt, welche die Lehrpersonen wahlweise in ihrem Unterricht durchführen. Das Projekt endete mit einem Elternabend, um auch die Eltern für das Thema zu sensibilisieren. Der Einladungsbrief in Form einer DVD kann von den Eltern nur elektronisch gelesen werden. Beim Öffnen der DVD erscheint zunächst ein Videoclip von www.klicksafe.de aus der TV-Werbung, welcher Eltern auf die im Internet lauernden Gefahren aufmerksam macht. Gleich darunter befindet sich ein Link, mit dem der Einladungsbrief geöffnet werden kann, sowie Informationen und Software für Schüler/-innen und Eltern. Somit sind die Eltern darüber informiert, was die Kinder im Unterricht lernen. Die Unterrichtsbausteine behandeln Themen wie Medienkonsum, Chat und Mail, Mobbing und Communities, Schädlinge und Abzocker, Download und Sucht sowie Games. Das Projekt wird durch eine Informationsveranstaltung eines Telekommunikationsanbieters ergänzt.

Das ICT-Team im Schulhaus Matt ist sich der Potenziale und Herausforderungen des Einsatzes von Computer und Internet in der Schule sehr wohl bewusst. Die Arbeit mit diesen Technologien in der Schule wird in Zukunft weiter ausgebaut, auch, um die Lernenden auf die Anforderungen des Berufslebens vorzubereiten. Die Jugendlichen sollen einen bewussten, reflektieren Umgang mit ICT erlernen, die Gefahren kennen und ICT als sinnvolles Werkzeug für das Lernen in der Schule und zu Hause einsetzen können. Dass es im Schulhaus Matt vor allem Frauen sind, die zu den Technik-Pionier(inn)en gehören, kann Mädchen und Lehrerinnen ermutigen, ihre ICT-Kompetenzen ebenso zielgerichtet weiterzuverfolgen wie ihre männlichen Mitschüler bzw. Kollegen.

Schulportrait: Oberstufe Jolimont, Fribourg

François Flückiger
Übersetzung: Andreas Fehlmann

Jolimont ist eine der drei Schulen der Sekundarstufe I in Fribourg. Sie liegt im Quartier Gambach, auf der Anhöhe direkt gegenüber dem Bahnhof, in einer bevorzugten und entsprechend teuren Wohnlage. Täglich beleben Hunderte von Schüler/-innen das Villenquartier. Neben dem Schulhaus Jolimont befinden sich hier außerdem das Gymnasium Gambach, eine Berufsschule sowie Gebäude der Universität. Um die zahlreichen französischsprachigen Schüler/-innen aufzunehmen, wurde erst kürzlich ein weiterer Anbau in Betrieb genommen. Dieser befindet sich zehn Fußminuten vom Hauptgebäude entfernt.

Abbildung 1: Das Schulhaus Jolimont

Bedingt auch durch die zentrale Lage in Bahnhofsnähe, besuchen viele Schüler/-innen aus den umliegenden Gemeinden die Schule und durchmischen sich mit denjenigen aus dem Quartier Gambach oder aus den ehemaligen Arbeitervierteln. Die teils brisante Mischung durch die verschiedene soziale und nationale Herkunft der Lernenden hat die Schuldirektion dazu veranlasst, eine ganze Palette von Maßnahmen zu treffen. Als zentral erachtet Philippe Jean, Rektor der Schule, den persönlichen Kontakt. So begrüßt er alle 600 Schüler/-innen zum Schuljahresbeginn persönlich und zeigt auch im Verlaufe des Schuljahres täglich eine wohlwollende und aufmerksame Präsenz. «Es gibt Tage, an denen schon am Morgen eine gewisse Unruhe und Nervosität spürbar ist. An solchen Tagen achte ich darauf, in der Schule sichtbar zu sein. Das gibt mir die Möglichkeit, in den Pausen mit den Lernenden ins Gespräch zu kommen und so kritische Situationen gar nicht erst entstehen zu lassen». Dialogbereitschaft, Präsenz und frühzeitige Intervention tragen zusammen mit der offenen und einladenden Architektur mit Begegnungsorten dazu bei, den Schüler/-innen einen geordneten und sicheren Rahmen auch außerhalb der Lektionen zu bieten.

Jolimont gehört zu denjenigen Schulen des Kantons, welche sich schon früh mit der Verwendung von ICT im Unterricht befassten. In einer ersten Phase, ab dem Jahr 2000, wurde damit begonnen, die Klassenzimmer mit Laptops inklusive Internetanschluss sowie Beamern auszurüsten. Gleichzeitig wurden mit beträchtlichem finanziellen Aufwand drei Informatikzimmer eingerichtet, zwei davon mit je 14 und eines mit 28 Geräten. Hier steht pro Schüler/-in oder je Zweier-Team ein Rechner zur Verfügung. Rektor Philippe Jean war die treibende Kraft hinter diesen Neuerungen. Nachträglich bedauert er, dass sich die Investitionen hauptsächlich auf die Anschaffung von Hardware und Software konzentrierten, und dabei die pädagogische und didaktische Reflexion über die sinnvolle Verwendung von ICT im Unterricht vernachlässigt wurde. Obgleich sich in der Zwischenzeit alle Lehrpersonen auf diesem Gebiet weitergebildet haben, hat die Mehrheit immer noch Mühe, geeignete Formen von ICT im Unterricht einzusetzen und die von der Direktion gewünschte pädagogische Entwicklung voranzutreiben: «Es geht darum, den Schülerinnen und Schülern, welche in ihrer Freizeit durchwegs regelmäßige ICT-Konsumenten sind, zu zeigen, wie sie ICT auch für ihre Arbeit in der Schule und für ihre eigenen Bildungsaktivitäten verwenden können. Dies zu unterstützen, liegt zurzeit vor allem in der Verantwortung der ICT-Ansprechpersonen. Die Ausrichtung ihrer Tätigkeiten hat sich im Lauf der Zeit geändert; zu Beginn begleiteten und unterstützten sie die Lehrpersonen vor allem darin, sich technische Grundkenntnisse in ICT anzueignen. Heute sind sie darum bemüht, Lehrpersonen und Lernende im Gebrauch von ICT im Rahmen des Schulalltags zu unterstützen». In den Augen des Direktors sind die nachfolgend beschriebenen Beispiele Schritte in die richtige Richtung und sollten dem Kollegium als Modell dienen, um seine Praxis danach auszurichten.

Seit 2004 wird educanet[2] für die interne Kommunikation und den Austausch verwendet. Die Lern- und Arbeitsplattform wird auf drei Ebenen eingesetzt: Das Direktionsteam nutzt täglich die gemeinsame Agenda, nicht zuletzt wegen der zwei auseinander liegenden Standorte der Schule. Die privaten Agenden der

Lehrpersonen können mit dem allgemeinen Terminkalender synchronisiert werden. Die weitere Kommunikation innerhalb des Kollegiums erfolgt fast ausschließlich per Mail. Beispielsweise wird monatlich das Nachrichtenbulletin verschickt, welches neben Mitteilungen zu Veranstaltungen oder Weisungen auch die Termine der regelmäßig stattfindenden Klassenbesuche des Direktors enthält. Die zweite Ebene der Verwendung von educanet[2] ist die der Lehrpersonen. Organisiert ist der Austausch unter den Lehrpersonen mehrheitlich in Fachgruppen. Einzelne besonders engagierte Lehrpersonen legen vielfältige Materialien in den entsprechenden Ordnern ab, etwa Unterlagen zur Unterrichtsvorbereitung, Arbeitsblätter, Prüfungsaufgaben usw. Eine kantonale Besonderheit ist die Art des Ressourcentauschs: In jeder Sekundarschule zeichnet eine Person dafür verantwortlich, alle Unterlagen der Fachgruppen zu sammeln und diese auf dem kantonalen Server abzulegen. Die gleiche Person wiederum hat als einzige des Schulhauses Zugang zu diesem kantonalen Server und holt die von den anderen Sekundarschulen zur Verfügung gestellten Unterlagen dort ab, um sie dem eigenen Kollegium wiederum zur Verfügung zu stellen. Die dritte Ebene der Verwendung von educanet[2] ist im Unterricht selbst angesiedelt. Zu Hause und in der Schule nutzen die Schüler/-innen mehrheitlich die Dateiablage sowie den Website-Generator. Auf dieser Ebene möchte die Schule weitere Fortschritte erzielen.

Abbildung 2:   *Gemeinsame Agenda des Direktionsteams auf educanet²*

Für den Aufwand der Integration von ICT in den Schulalltag werden vier Lehrpersonen von insgesamt neun Wochenlektionen befreit, um innerhalb der gewonnenen Zeit pädagogische Unterstützung für die anderen Lehrpersonen anzubieten. Es hat sich gezeigt, dass mehrheitlich um Beistand auf einfacher technischer Ebene gebeten wird. Gemäß Bernard Gasser, dem Leiter dieses Teams, verfügen die Lehrpersonen nach den obligatorischen Besuchen der Weiterbildungsveranstaltungen des Kantons im Umgang mit Computern über relativ gute technische Kenntnisse: «Eigentlich müssten diese Weiterbildungen jetzt weitergeführt werden können. Die technische Basis ist gelegt, es wurden enorme Energien in die Vermittlung von technischen Kompetenzen investiert, die praktische Umsetzung in den konkreten Unterricht wurde dabei jedoch vernachlässigt». Sein Kollege Pierre Fidanza meint: «Es ist erfreulich festzustellen, dass eine zunehmende Anzahl von Lehrpersonen ICT zur Vorbereitung von Unterrichtsinhalten nutzt und ICT auch innerhalb des Unterrichts einsetzt. Zudem stellen wir zu unserer großen Befriedigung fest, dass es zunehmend zur Gewohnheit geworden ist, eigene Unterrichtsmaterialien den Kolleginnen und Kollegen sowie den Schüler/-innen via educanet[2] zukommen zu lassen. Leider sind ein durchgängiger Einsatz und die Integration von ICT im Unterricht noch nicht die Regel. Ein Grund dafür liegt eventuell in den Erfahrungen, welche die Lehrpersonen in den obligatorischen ICT-Einführungskursen machten: Eine Bedingung dieser Kurse war, dass alle Teilnehmenden eine Unterrichtssequenz, d. h. ein pädagogisches Szenario, mit ICT planen, durchführen und schriftlich dokumentieren. Dies wurde eher als eine Belastung und Hürde denn als wirkliche Hilfe empfunden. Das Beispiel wurde unter Zwang und mit viel Aufwand erarbeitet, hinterließ aber das subjektive Empfinden, dass der Einsatz von ICT im Unterricht mit viel Zusatzaufwand verbunden ist und in keinem Verhältnis steht zu den damit zu erreichenden Zielen». Aus diesem Grund tendieren die ICT-Animatoren dazu, ICT-Aktivitäten an bestehende und erprobte Unterrichtseinheiten anzubinden, und achten außerdem darauf, dass die Vorbereitungszeit in einem vertretbaren Rahmen bleibt. Lehrmittelentwicklung spielt dabei eine entscheidende Rolle. So bietet z. B. ein Lehrmittel für Deutsch als Fremdsprache die Möglichkeit, dass die Inhalte einer Einheit online oder auf einer CD mit interaktiven Übungen und Materialien vertieft behandelt werden können. Und da die Übungen von den Inhalten und Methoden her einen engen Zusammenhang zum verwendeten Lehrmittel haben und einfach eingesetzt werden können, werden diese oft und gern verwendet.

Wie in allen Sekundarschulen des Kantons ist im ersten Jahr eine Wochenstunde ICT-Unterricht für alle Schüler/-innen Pflicht. Hier erfolgt nach der Vermittlung von grundlegenden Anwendungskenntnissen und Tastaturschreiben auch eine Einführung in die Funktionen und Arbeitsweisen von educanet[2]. Im zweiten Jahr steht dann nur noch eine Wochenstunde während eines Halbjahres zur Verfügung, und im Abschlussjahr ist gar kein Computerunterricht mehr in der Stundentafel reserviert. Die Schüler/-innen können sich jedoch im letzten Schuljahr für eines von drei Angeboten entscheiden: entweder eine Wochenstunde naturwissenschaftliches Praktikum, visuelle Gestaltung oder Informatik- und Multimediaunterricht. Um projektorientierten Unterricht besser zu ermöglichen, werden diese Einheiten in zwei Wochenstunden während eines Halbjahres zusammengefasst.

Jede Schülerin und jeder Schüler erhält beim Eintritt in die Schule einen persönlichen Zugang zu educanet^2 und wird einer Klasse auf educanet^2 zugewiesen. Pierre Fidanza als educanet^2-Administrator geht dabei sehr gezielt auf Wünsche ein: Möchte etwa eine Lehrperson, dass ihre Schüler/-innen eigene, individuelle Webseiten gestalten, wird auch manchmal für jede Schülerin und jeden Schüler eine Klasse eingerichtet, da Lernende im Privatbereich keinen Website-Generator haben. Die Präsentation der Ergebnisse eines Literaturprojekts gewann so an Attraktivität für die Schüler/-innen. Bei einer anderen Gelegenheit wurde das Wiki von educanet^2 in einem Zusatzkurs in Französisch verwendet. Dabei arbeiteten die Lernenden in Vierergruppen, mehrheitlich von zu Hause aus, mit der Aufgabenstellung, einen vorgegebenen Text zu ergänzen und zu erweitern. Ausnahmslos alle Lernenden verfügen zu Hause über Internetanschluss, so können die Lehrpersonen auch online Aufgaben stellen, die von zu Hause aus zu bearbeiten sind.

Der Französischlehrer Olivier Le Cam legt alle Präsentationen und Unterlagen seines Unterrichts in den entsprechenden Ordnern seiner Klasse ab, was von den Schüler/-innen sehr geschätzt wird. Sie verwenden die Unterlagen zur Vorbereitung auf Prüfungen und finden zusätzliches Übungsmaterial. Diese Zusatzübungen können per Mail zur Korrektur an den Fachlehrer geschickt werden. Sacha und René, zwei Schüler des zweiten Jahres, die sich auf eine KV-Ausbildung vorbereiten, sind sehr angetan von diesen Möglichkeiten: «Das ist wirklich sehr praktisch, ich kann so in aller Ruhe die Lektionen noch einmal durchgehen und habe zusätzliche Übungen, die ich je nach Zeit und Lust lösen kann. Und das auch, wenn ich meine Unterlagen in der Schule vergessen habe. Es wäre genial, wenn alle Lehrpersonen ihre Unterlagen so zur Verfügung stellen würden. Was uns auch gefällt an educanet^2, ist, dass man seine Klassenkameraden online direkt kontaktieren kann. Genauso einfach erhält man auch von den Lehrpersonen oder dem Direktor eine Auskunft.»

Für Olivier Le Cam ist es wichtig, jede Schülerin und jeden Schüler direkt anzusprechen und ihnen ihren individuellen Arbeitsweisen entsprechende Unterstützung anzubieten. Mit den Angeboten auf educanet^2 ist das möglich. In seinem Sprachunterricht „Englisch als Zweitsprache" stellt er Texte als mp3-Files zur Verfügung. Die Lernenden laden diese zu Hause herunter, können sie auf ihre mobilen Geräte übertragen und zeit- und ortsunabhängig zur Vorbereitung auf die nächsten Lektionen anhören. Diese Methode kommt den Lernenden weit mehr entgegen, als wenn die Texte nur in den Unterrichtsstunden bearbeitet würden. «So sind die Texte jederzeit verfügbar und können dann angehört werden, wenn die Gelegenheit für die Schülerinnen und Schüler günstig ist.»

Mathilde und Manon, zwei Schülerinnen der siebten Klasse, haben educanet[2] im Englisch- und Deutschunterricht bei der Sprachlehrerin Bettina Zimmermann verwendet, um ein Sprachportfolio zu erstellen. Im Verlaufe dieses ehrgeizigen Projekts haben alle Schüler/-innen eine Auswahl ihrer Arbeiten im Portfolio dargestellt.

Abbildung 3:   Arbeit am Sprachportfolio auf educanet²

Mathilde hat mithilfe des Website-Generators eigene Texte in Französisch, Deutsch, Englisch und sogar auf Chinesisch publiziert.[1] Sie lernt schon seit einigen Jahren in ihrer Freizeit Chinesisch. Auf educanet² präsentiert sie von ihr verfasste deutsche Texte, die sie in gesprochener Form mit dem Computer aufgezeichnet hat.[2] Die mündlichen und schriftlichen Texte unterschiedlicher Inhalte werden durch selbst erstellte interaktive Übungen ergänzt, welche mit den entsprechenden Werkzeugen von educanet² erstellt wurden. Dabei stellt Mathilde auch sprachübergreifende Überlegungen und strukturelle Erkenntnisse dar, die auf zukünftige sprachliche Lernaktivitäten übertragbar sind. Das Portfolio ist öffentlich zugänglich, ein Gästebuch gibt Besuchern die Gelegenheit, Rückmeldungen, Lob und auch Kritik, anzubringen.

---

[1] http://dlfr.educanet2.ch/mathildey046
[2] http://dlfr.educanet2.ch/manonr045

Der Website-Generator wird auch im Informatik- und Multimediaunterricht der obersten Jahrgangsstufe eingesetzt. Der Kurs wird von Jacques Masset, dem Lehrer für visuelle Gestaltung, angeboten. Die Arbeiten und Aktivitäten der zwölf Schüler/-innen werden ebenfalls in einem Portfolio dokumentiert. Z. B. gestalten die Lernenden, ausgehend von Fotos, die sie in der Stadt aufgenommen haben, einen Flyer, welcher Lehrpersonen ansprechen und sie dazu animieren soll, an einem «World Café» zum Thema Gesundheit teilzunehmen. Dort sollen Ideen diskutiert werden, wie dieses Thema an der Schule durch die Schüler/-innen, aber auch durch die Lehrpersonen, gelebt werden kann. In einem ersten Schritt werden die Fotos bearbeitet und Texte eingefügt. Eine wichtige Rolle für die hohe Motivation der Schüler/-innen bei diesem Projekt spielt sicherlich die Tatsache, dass am Schluss nur die beste der zwölf Arbeiten verwendet und gedruckt wird. Der Lehrer ist während der Arbeit im Hintergrund aktiv, begleitet die Schüler-/innen bei Fragen und Unsicherheiten und ermutigt sie, die verschiedenen Funktionen und Filter der Software auszuprobieren. Seine Hinweise und Hilfestellungen fokussieren weniger auf den technischen Aspekt der Arbeit als auf die gestalterischen und künstlerischen Möglichkeiten mit den digitalen Medien. «Im Umgang mit dem Computer sind die Kenntnisse der Schülerinnen und Schüler meinen eigenen manchmal voraus. Das stört mich aber in keiner Weise, im Gegenteil, ich habe die Möglichkeit dazuzulernen. Und die Lernenden, die in schulischen Leistungen oft nicht sehr erfolgreich sind, bekommen die Gelegenheit, mir und ihren Mitschülern gegenüber echte Erfolgserlebnisse zu haben». Jacques Masset steuert den Unterricht einfühlsam und mit Umsicht, aber bestimmt. So zögert er nicht lange und schreitet ein, als er feststellt, dass ein Schüler während der Recherche auf einer Website gelandet ist, welche mit dem gestellten Thema nichts zu tun hat. Und er weist immer wieder darauf hin, Ausdauer zu zeigen und der eigenen Arbeit gegenüber kritisch zu sein. Die kreative Arbeit mit den Fotos ist für die Schüler/-innen sehr motivierend; die Veröffentlichung der Resultate mithilfe des Website-Generators stellt kein Problem dar, obwohl die betreffenden Lernenden des dritten Schuljahres der niedrigsten Leistungsklasse angehören. Die Resultate übertreffen die Erwartungen, die Schüler/-innen verlassen nach diesen zwei Lektionen das Zimmer mit dem Gefühl, etwas Eigenes geleistet und geschaffen zu haben.[3]

So motivierend diese Beispiele sind, für Bernard Gasser stellen sie erste Schritte in die richtige Richtung dar, sind aber noch nicht Ausdruck einer umfassenden Neuausrichtung des Unterrichts. Nach einer ersten Phase der Einführung mit der Produktion von Unterlagen befinden sich die Lehrpersonen jetzt in der Phase der Reflexion, wie ICT in den alltäglichen Unterricht integriert werden

---

[3] *http://cjolimont.educanet2.ch/7maxime*

soll. Die Plattform educanet² mit ihren Funktionen scheint dabei ein geeignetes Medium zu sein, obgleich sie gelegentlich als zu rigide und unbeweglich empfunden wird. Dem steht die Meinung der Schüler/-innen gegenüber, denen die Plattform sehr gefällt. Sie schätzen insbesondere, dass sie sich durch ihren nüchternen und professionellen Eindruck, welcher der schulischen Arbeit entspricht, von den Plattformen abhebt, die sie in ihrer Freizeit benutzen. «Wenn ich mich für die Arbeit entscheide, gehe ich auf educanet², wenn ich spielen oder mit meinen Freunden kommunizieren will, benutze ich andere Plattformen». Diese Ansicht sollte eigentlich die Lehrpersonen darin bestärken, weiterhin die zahlreichen Werkzeuge von educanet² für schulische Zwecke zu benutzen und vermehrt Unterlagen und Aktivitäten auf der Plattform anzubieten.

Schulportrait: Sekundarschule Vuillonnex, Genf

Gideon Urbach
Übersetzung Andreas Fehlmann

Die Sekundarschule Vuillonnex (cycle d'orientation du Vuillonnex COVU) ist die am weitesten von der Stadtmitte entfernte Schule von Genf. Vom Quartier Jonction aus über die Route de Chancy nach Onex und von da an entlang der Rhone Richtung Bellegarde, liegt die Schule unweit von Rebparzellen und Ackerland.

Abbildung 1: Sekundarschule Vuillonnex

Die 750 Schülerinnen und Schüler stammen mehrheitlich aus der ländlichen Genfer Umgebung, in der sich nur wenige Migrations- oder Arbeiterfamilien finden. Dementsprechend gehören die meisten Schüler/-innen dem Niveau A an, der anspruchsvollsten Schulstufe. Im Niveau B sind einige Schüler/-innen der Schulstufe C integriert. Im Allgemeinen erleichtert diese relative Homogenität der Schüler/-innen die Arbeit der Lehrpersonen, hat aber auch zur Folge, dass der Schule ein kleineres Budget zur Verfügung steht als anderen Schulen der Stadt Genf. Auch, wenn die Schule aus diesen Gründen wenig außerschulische Angebote kennt, so gibt es doch eihe Gruppe von etwa 40 Schüler/-innen, die in einer Musikgruppe mitspielen. Zudem werden regelmäßig Solidaritätsprojekte mit Partnerschulen aus Afrika durchgeführt, wie beispielsweise mit dem zwischen der 9. Klasse Niveau B und Benin.[4]

Der Direktor ist erst kürzlich zum Team gestoßen. Wie er selbst sagt, hält sich seine Begeisterung für ICT im Unterricht in Grenzen. Er hat sich jedoch nach den Gepflogenheiten der Schule gerichtet, stützt sich doch die Verwendung von ICT hier auf eine längere Tradition. Seit dem Start von educanet^2 im Jahr 2004 wird die Plattform in der Schule eingesetzt; dies vor allem wegen des Engagements von Claude Poscia, ehemaliger Co-Präsident der Arbeitsgruppe Informatik und seit sechs Jahren Abteilungsleiter. Ihm und seiner Gruppe ist es zu verdanken, dass die Administration der COVU nun gänzlich mit educanet^2 abgewickelt wird. Dazu gehört etwa die Verwaltung der Daten der Lehrpersonen, die Kommunikation innerhalb des Kollegiums und in den verschiedenen Arbeitsgruppen, die Administration der Sitzungen sowie, als exotisches Beispiel, die Verwendung des Wikis, um fehlbare Schüler/-innen Strafarbeiten schreiben zu lassen. Diese Arten der Verwendung der Plattform haben langjährige Gewohnheiten verändert, so gehören die chronisch überfüllten Zettelablagefächer mehr und mehr der Vergangenheit an. In der Einführungsphase wurde während zwei Monaten parallel auf elektronischem und gedrucktem Weg kommuniziert; seit Beginn 2007 verkehren die 100 Mitarbeitenden nur noch digital über educanet^2. Als unmittelbare Konsequenz gewöhnten sich alle daran, mindestens dreimal wöchentlich ihren E-Mail-Eingang zu überprüfen. Zu Beginn wurde u. a. die Abhängigkeit vom Computer kritisiert, in der Zwischenzeit zeigen sich viele Vorteile. «Heute werden praktisch alle Werkzeuge und Funktionen von educanet^2 genutzt», berichtet Claude Poscia. Bei der E-Mail-Funktion wünscht er sich allerdings mehr Speicherplatz, da nicht alle Benutzer so diszipliniert seien, die Anhänge in die Dateiablage zu legen und per Mail einen Link darauf zu verschicken. Des Weiteren wäre eine Suchfunktion sowie die Möglichkeit, Mailtexte formatieren zu können, von Vorteil.

Ein neues Werkzeug muss gründlich und seriös eingeführt werden. Für wenig geübte und neu eintretende Lehrpersonen werden daher regelmäßig Weiterbildungsveranstaltungen auf freiwilliger Basis organisiert, welche den Umgang mit educanet^2 thematisieren. Die Erfahrungen zeigen, dass zwei zweistündige Veranstaltungen ausreichend sind. Zu Beginn der siebten Klasse erhalten alle Schüler/-innen ihren persönlichen Benutzernamen und ein Passwort zur Plattform sowie eine kurze Einführung durch die Klassenlehrperson. Als Neuerung wird im laufenden Jahr diese Einführung durch Schüler/-innen der neunten Klas-

---

[4] Projektwebsite siehe http://covu.educanet2.ch/911b

sen gegeben: Mit dem Tutorensystem wird jeder Klasse eine Partnerklasse sowie jedem neueintretenden Lernenden ein Coach zugeteilt, der die Neulinge in die Verwendung von educanet² einführt. Als Erstes erstellen die neuen Schüler/-innen ihr Profil und individualisieren ihr Passwort. So sind sie bereits nach knapp vier Monaten in der Lage, die Aktivitäten der Schule auf elektronischem Weg zu verfolgen. Alle kennen Plattformen wie Facebook, Hotmail oder MSN; die Verwendung der Mailfunktion und der Dateiablage von educanet² stellt daher mehrheitlich kein Problem dar. Im ersten Jahr wird ein obligatorisch zu belegender Kurs angeboten, in dessen Verlauf weitere Funktionen von educanet² vorgestellt werden.

Die Übergänge zwischen administrativer und pädagogischer Zielsetzung sind fließend. Auf der Ebene der Institution sind in der Dateiablage Schulfotos, Informationen zur Klasseneinteilung und aktuelle Nachrichten der Schule abgelegt sowie alle Reglemente, Merkblätter und Checklisten, die sich an neu eintretende Lehrpersonen richten. Auf diese Weise aufbereitet, sind die genannten Inhalte jederzeit und auch von zu Hause aus abrufbar. Diese Unterlagen können sowohl im Unterricht verwendet werden (z. B. als Schreibanlass im Sprachunterricht), können aber auch von Eltern eingesehen werden. Der Abteilungsleiter betont, dass auf der Plattform keine vertraulichen Angaben über die Mitarbeitenden oder über Schüler/-innen zu finden seien. Dazu werde eine ausschließlich intern verfügbare Datenbank verwendet.

Neben der Präsentation der Schule auf educanet² wurden auch die einzelnen Gruppen und Klassen der Schule dargestellt; zu jeder real existierenden Klasse findet sich die entsprechende virtuelle. Jede Klasse verfügt zudem über eine Gruppe, in der alle Lehrpersonen dieser Klasse Mitglied sind. Zudem besteht für jedes Unterrichtsfach sowie für die Klassenlehrpersonen je eine Gruppe. Die Mathematiklehrpersonen unterhalten über diese Gruppe z. B. eine öffentliche Website mit reichhaltigen und strukturierten Inhalten sowie Links zu weiteren nützlichen Seiten. Die Art der Verwendung von Gruppen ist klar nach dem Verwendungszweck geregelt: In der einen tauschen sich die Lehrpersonen der gleichen Klasse aus, in der anderen stehen die Fachlehrpersonen in Kontakt zueinander. Die Gruppen dienen sowohl dem fachlichen Austausch als auch der Klassenführung. In Vuillonnex werden die Gruppen ausschließlich von den Lehrpersonen genutzt; das trägt auch dazu bei, die Plattform übersichtlich zu halten.

Claude Poscia gibt zu, dass die Administration und das Aktualisieren von educanet² einen nicht zu unterschätzenden Aufwand für ihn und sein Team bedeutet, einen «sacré boulot», aber dieser Einsatz wird von seinen Kolleginnen und Kollegen einvernehmlich gewürdigt, sie möchten die Plattform nicht mehr missen. «Man kann so viele Administratoren einsetzen, wie man will, es braucht aber einen Hauptverantwortlichen. Bis anhin waren keine Pannen und Vorkommnisse zu verzeichnen, abgesehen von einigen beleidigenden Äußerungen von Schülern untereinander. Aber auf educanet² kann der Urheber leicht festgestellt werden.» Das interne Wiki der Plattform wird von Lehrpersonen unter anderem auch zur Administration von Sanktionen verwendet und enthält Fotos aller Schüler/-innen. War es bis anhin manchmal schwierig, bei Vorkommnissen in der Pause oder außerhalb der Schule die Betreffenden identifizieren zu können, ist dies jetzt leichter möglich. Die Nutzung des educanet²-Wikis ist jedoch nicht nur darauf beschränkt. Viel öfter werden hier z. B. die schulöffentlich zugänglichen Fotos des «Escalade-Laufes» angeklickt.

Ein anderes oft und gern verwendetes Werkzeug sind die Mailinglisten. Auf educanet² können Lehrpersonen solche in eigener Regie anlegen und verwalten – eine Möglichkeit, die bei den kantonalen Werkzeugen nicht gegeben ist. So ist es nun nicht mehr nötig, einen vom Direktor in drei Exemplaren unterschriebenen Brief zu verschicken und drei Monate auf eine Antwort zu warten. Jeder Abteilungsleiter und auch der Direktor können die Mailinglisten nach ihrem Gutdünken anlegen und benutzen. Auf Institutionsebene wird zudem auch der «Stundenplan» verwendet, darauf werden diejenigen Lektionen und Schulangebote eingetragen, welche nicht Teil des regulären Unterrichts sind, also Aufgabenhilfe und Nachhilfestunden oder Lektionen zum Nachsitzen. Wie in vielen Kantonen wird im Kanton Genf an alle Lernenden eine Schulagenda abgegeben, die offiziell verwendet werden muss. Der Administrator der Schule hat dafür gesorgt, dass darauf auch der Zusatz «….@covu.educanet2.ch» abgedruckt ist. Jeder Schüler und jede Schülerin muss diese Adresse mit seinen oder ihren persönlichen Angaben ergänzen. Somit ist educanet² auch offiziell Teil des Schulsystems.

Die Plattform educanet² bietet den Lehrpersonen und Lernenden alle benötigten Werkzeuge zur Kommunikation. Die junge Sekretärin Elodie Dupont hat im Rahmen ihrer Maturitätsarbeit der Berufsmaturitätsschule die Vor- und Nachteile dieser Plattform untersucht. Als Nachteil vermerkt sie in dieser Arbeit, dass das Sekretariat eine enorme Menge an Informationen zu bewältigen habe, da es bei den meisten Mailinglisten und Gruppen als Adressat verzeichnet sei. Und weil in den versendeten Informationen oft auch triviale oder halbprivate enthalten seien und auch polemische Beiträge vorkämen, sei es häufig nicht einfach, in der Informationsflut den Überblick zu behalten. Die Lehrpersonen hingegen schätzten es, sich frei und ungezwungen online austauschen zu können und nicht mehr den Informationen nachrennen zu müssen. Céline Gaillard, die seit sechs Jahren an der Schule ist und auch die Zeiten vor der Einführung von educanet² kennt, hat dazu eine klare Meinung: „Selbst wenn das Sekretariat manchmal von Informationen überschwemmt wird, wird dadurch auch Transparenz geschaffen, denn die Dinge werden angesprochen und beim Namen genannt. Man merkt auf diese Weise gut, welche Themen unter den Nägeln brennen. Voraussetzung dazu ist allerdings, regelmäßig auf educanet² eingeloggt zu sein».

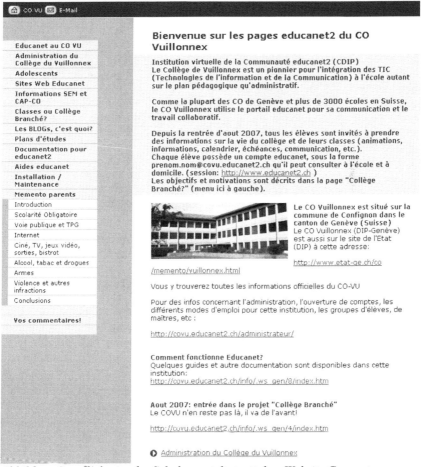

Abbildung 2: Webseite der Schule, gestaltet mit dem Website Generator von educanet²

Auch über die Schulgrenzen hinaus wird die Plattform rege genutzt. So wurden schon viele «Partner Logins» für Eltern eröffnet. Die Vorgehensweise der Veröffentlichung von Informationen für die Eltern ist dabei klar und einfach: Alle an die Eltern gerichteten Informationen werden in der Institution unter «Mitteilungen» publiziert. Und da die Eltern auch über einen Privatbereich mit E-Mail-Funktion verfügen, können sie Mitteilungen an Lehrpersonen schicken, ohne ihre eigene private Mailadresse verwenden zu müssen. Bei den «Lesezeichen» werden geordnete Linkvorschläge angeboten. Unter der Adresse covu.educanet2.ch/info findet der öffentliche Auftritt der Schule nach außen statt. Auf dieser Seite wird eine Vielzahl von Informationen zur Verfügung gestellt, von Satellitenfotos der Schule über Berichte zur Kampagne gegen Internetpornografie bis zu den Adressen der anderen Oberstufenschulen des Kantons.

Um die Arbeit mit der Plattform zusätzlich zu beleben, hat die Schule das Label «Klassen mit Anschluss», «classe branchée», kreiert. Das bedeutet, dass sich die Klasse an die folgenden Arbeitsprinzipien hält: In den Schüleragenden werden alle Aufgaben und Prüfungstermine eingetragen. Die Lehrpersonen verwenden durchgängig die Funktion «Aufgaben». Die Dateiablage wird verwendet, um Hausarbeiten abzulegen sowie zur Ablage der Korrekturvorlagen. Die Lernenden sollen auf diese Weise befähigt werden, ihre schulische und außerschulische Terminplanung zu führen und selbstständig mit Arbeitsunterlagen umzugehen. Dieses Projekt wurde durch den Abteilungsleiter initiiert und begann mit zwei achten Klassen. Die betroffenen Lehrpersonen und auch die Eltern unterstützten die Idee, wobei anzumerken ist, dass letztere oft nur schwer für neue Ideen zu gewinnen sind. Bei den Lehrpersonen begeisterten sich vor allem jene sofort für das Projekt, die die Hauptfächer der Klasse unterrichteten, die anderen schlossen sich nach und nach an. Die Eltern wurden am Ende des Schuljahres 2005/2006, zum Zeitpunkt der Einschreibung, informiert. Vorerst sollten eine oder zwei Klassen nach diesem Modell geführt werden. Zum Erstaunen der Direktion genügten allein die Informationen über die Projektidee auf einer Website, um das Interesse von mehr als 80 Eltern zu wecken. Vor der Lancierung des Projekts wurde die ICT-Infrastruktur der Schüler/-innen zu Hause ermittelt. Es zeigte sich, dass im Jahr 2005 98 % der Familien über mindestens einen Computer verfügten, davon besaßen 90 % einen Internetanschluss, mehrheitlich über einen Breitbandzugang oder per Kabel. Jérémy, Zoé und ihre Klassenkameraden bestätigen, dass «auf educanet² viel Übungsmaterial abgelegt ist. Das kann man in der Schule oder auch zu Hause bearbeiten, ohne immer alles ausdrucken zu müssen.» Ziel ist die «papierlose Schule» im Hinblick auf die täglichen Informationen und die Unterrichtsunterlagen. Auch wenn die Nutzung von educanet² etwa in den Klassen vom Niveau B oder den Abschlussklassen weniger intensiv ist, sind auch diese Klassen eigentliche «Klassen mit Anschluss».

Die treibende Kraft hinter der Einführung von educanet² war Claude Poscia in seiner Funktion als Präsident der Arbeitsgruppe Informatik. Educanet² wurde auf Weisung «von oben» eingeführt, welche das Lehrerkollegium zur Nutzung der Plattform verpflichtete. Die regelmäßig geführten «Klassen mit Anschluss» tragen das Ihre dazu bei, dass auch pädagogische Szenarien weiterentwickelt werden. Céline Gaillard und Yves Dunand, Fachlehrpersonen für Französisch resp. Mathematik, merken an, dass «die Kollegen sich zuerst dagegen gesträubt haben. Doch jetzt kommen sie nicht mehr daran vorbei.» Nur etwa 80 % der Lehrpersonen seien zu Hause mit dem Internet verbunden, und nur etwa 30 % nutzen mit ihren Klassen Computer oder educanet[2], schätzt Yves Dunand. Die Informations- und Kommunikationstechnologien scheinen unter einem Generationenkonflikt zu leiden. «Die Mehrheit der Lehrpersonen arbeitet immer noch bevorzugt mit den Medien, die sie in ihrer Ausbildung kennengelernt haben: Hellraumprojektor und Video», fügt Céline Gaillard an. Sie selbst sieht Herausforderungen digitaler Medien jedoch positiv. «Ich finde, es war ein Wendepunkt und brachte Unruhe, aber auch Bewegung in die Schule. Ich stehe voll dahinter.» Der teilweisen Unbeweglichkeit des Kollegiums steht das Interesse und der selbstverständliche Umgang der Schülerinnen und Schüler mit den neuen Medien gegenüber. So wurden kürzlich auf educanet[2] zehn Gratis-Eintrittskarten für ein Fußballspiel angeboten – sie waren blitzschnell weg.

Niemand an der COVU-Schule sieht in educanet[2] ein Allheilmittel. Der Abteilungsleiter meint jedoch abschließend: «Ich denke, was wir da machen, ist gut. Es ist positiv für die Lehrpersonen wie auch für die Schülerinnen und Schüler, dass sich neue Möglichkeiten ergeben.»

Schulportrait: Primarschule Pfyn

Barbara Wespi

Schon von weitem ist das Schulhaus Pfyn auf der Anhöhe in der Thurebene im Kanton Thurgau zu erblicken: Das Gebäude der Primarschule ist ein ehemaliges Schloss aus dem 16. Jahrhundert mit großzügigen, teilweise mit Stuck verzierten Räumen und steht auf dem höchst geschichtsträchtigen Städtlihügel. Die Grundmauern des Schulhausareals sind die Überreste eines der größten spätrömischen Kastelle der Schweiz. „Pfyn ad fines" (=„an der Grenze") lag an der Grenze der römischen Provinzen Raetia und Maxima Sequanorum. Als die Grenze des Imperiums am Ende des 3. Jahrhunderts auf Bodensee und Rhein zurückgezogen wurde, befand sich hier eine zentrale Stelle der Grenzsicherung. Auf sensible Art und Weise wurde die wechselvolle Geschichte des Ortes in den Jahren 2003/2004 beim Umbau der neuen Schulgebäude berücksichtigt. Auf der zum Teil gedeckten Plattform des ehemaligen Kastells können sich die Kinder in den Unterrichtspausen austoben.

Abbildung 1:   Schulhaus Pfyn

Ein großzügiger, zweistöckiger Kindergarten wurde im alten Fachwerkhaus, „der Trotte Pfyn", im ehemaligen Ökonomiegebäude des Schlosses eingerichtet. Hier befinden sich auch ein Mehrzweckraum, eine Leseecke und das transitorische Museum zu Pfyn. Dort werden neben Originalfunden aus der Pfahlbauerzeit (Pfyner Kultur) und Römerzeit auch Materialien aus der Living Science Serie „Pfahlbauer von Pfyn" und Bilder aus dem Ortsleben gezeigt. Die Schüler/-innen der Primarschule Pfyn lernen und leben buchstäblich auf der Geschichte. Themen wie „die Pfahlbauer", „die Römer" oder „das Mittelalter" lassen sich lebensnah miterleben. Mithilfe des Hauswarts der Anlage hat die Mittelstufenabteilung von Primarlehrer Thomas Meyenhofer ein Pfahlbauhaus errichtet, so dass die im Jahre 1944 ausgegrabene jungsteinzeitliche Siedlung Pfyn-Breitenloo in der Phantasie der Kinder wieder aufzuleben beginnt. Situierter, lebensnaher Unterricht wird an der Primarschule Pfyn mit modernem ICT-Einsatz gekoppelt – eine bereichernde Kombination von Gestaltungsmöglichkeiten, insbesondere für eine Schule, die im Mehrklassensystem unterrichtet.

Die Politische Gemeinde Pfyn wird seit dem 1. Januar 1998 von den beiden Ortsgemeinden Dettighofen und Pfyn gebildet, erstreckt sich von der Thurebene nordwärts bis auf das Plateau des Seerückens, eine Fläche von rund 13 km^2, und zählt ca. 1.850 Einwohner. Pfyn ist gut erschlossen, zentrumsnah, naturverbunden und familienfreundlich. Die nahe gelegene Autobahnzufahrt zieht Familien an, welche die idyllische, ländliche Wohnsituation schätzen und ihrem Broterwerb im nahe gelegenen Frauenfeld oder Winterthur nachgehen. In der Primarschule Pfyn werden ca. 150 Kinder von 16 Lehrpersonen unterrichtet. 1996 wurde das Mehrklassensystem eingeführt. Zurzeit sind die Kinder in drei Unterstufenabteilungen (1.-3. Klasse), zwei Mittelstufenabteilungen (4.-6. Klasse) sowie in eine Kleinklasse eingeteilt. In jeder Abteilung werden 17 bis 23 Kinder jahrgangsübergreifend gemeinsam unterrichtet.

Der Impuls zur Umstellung auf den Mehrklassenunterricht ging von den Lehrpersonen aus. Thomas Meyenhofer, der vor seiner Zeit an der Primarschule Pfyn 22 Jahre lang an einer kleineren Mehrklassenschule mit je einer Unter- und einer Mittelstufenabteilung unterrichtete, sieht das altersdurchmischte Lernen als großes Plus: „Die Kinder lernen voneinander, Vieles geschieht selbstverständlich unter den Schülerinnen und Schülern." Zu nennen sei auch der Vorteil bezüglich des sozialen Lernens in einer Mehrklassenabteilung: „Die Kinder werden nicht in starre Rollen gepresst, aus denen auszubrechen in einer fixen Gruppe recht schwierig ist. Die Rollen werden laufend neu konstituiert. Der Anführer und Klassenbeste der dritten Klasse beispielsweise ist zu Beginn der vierten Klasse wieder der Kleine, der von den Großen lernt und sich anpassen muss. Umgekehrt haben auch schwächere Schülerinnen und Schüler die Chance, den Kleinen etwas beizubringen, und werden sich dabei bewusst, welche individuellen Fortschritte sie zu verzeichnen haben." Im Mehrklassenunterricht stellt sowohl selbstständiges Arbeiten als auch die Zusammenarbeit in Partner- oder Gruppenarbeit eine Selbstverständlichkeit dar. Diese Erfahrungen erleichtern den Übergang in die Sekundarschule, an welcher alle ca. 60 Kinder eines Jahrgangs in einer Lernlandschaft unterrichtet werden. Mit der Flüsterkultur, der Altersdurchmischung und der intensiven Nutzung von Computer und Internet im Unterricht werden die Kinder der Primarschule Pfyn optimal auf die Anforderungen der weiterführenden Schule vorbereitet.

Leider bleibt laut Erich Schaffer, Präsident der Primarschulgemeinde Pfyn, für die technische Ausstattung der Schule wenig Geld übrig, da Umbau und Unterhalt des Schlosses Unmengen finanzieller Mittel verschlinge. Der engagierte Primarlehrer und ICT-Verantwortliche Thomas Meyenhofer wusste sich zu helfen: Aus eigener Initiative gab er eine Annonce für Gebrauchtcomputer auf. Von einer Bank bekam die Schule ihre ersten Rechner geschenkt, welche Meyenhofer in unzähligen Stunden unentlöhnter Arbeit in seiner Freizeit aufrüstete und vernetzte. „Alles, was gratis zu bekommen war, konnte ich im Schulhaus einbauen. Der Internetanschluss wird von der Swisscom kostenlos zur Verfügung gestellt, die Löcher in der Wand für die Vernetzung hat der Hauswart B. Kekeritz für mich gebohrt", erzählt Thomas Meyenhofer. Die Gebrauchtcomputer hätten auch ihre Tücken, oftmals fielen Geräte aus, denn sie waren ja ausgemustert worden, da der Wartungsaufwand den Firmen zu groß war. Weitere Schwierigkeiten ergaben sich bei der Neuinstallation von möglichst einheitlichen Betriebssystemen und Software auf der sehr heterogenen Hardware. Mithilfe eines Kollegen wurde im Jahr 2003 eines der Pentium II Geräte mit zwei Netzkarten und HDs ausgerüstet und mit der in Deutschland speziell für Schulen entwickelten Open Source Software „Arktur" als Server bis ins Jahr 2008 genutzt. Der Kopierer der Schule wurde ab 2004 als zentraler Drucker für alle PCs des Schulhauses installiert. Mit der Innenrenovation 2004 konnte die technische Ausstattung und Vernetzung im Schulhaus integriert werden, sodass nun alle Schulzimmer mit mindestens sechs Computern inklusive Internetanschluss ausgestattet sind. Sogar in den beiden Kindergärten ist je ein Computer mit einfachen Lernspielen im Einsatz, um beispielsweise den Umgang mit der Maus zu üben.

Auch in pädagogisch-didaktischer Hinsicht unternahm Thomas Meyenhofer große Anstrengungen, um den Einsatz digitaler Medien an seiner Schule zu fördern. Die Arbeit mit dem Computer im Unterricht begann damit, dass drei Lehrpersonen der Mittelstufe jeden Donnerstag gemeinsam Lerneinheiten vorbereiteten und einen gemeinsamen Wochenplan erstellten. „Hätten wir je eine 4., 5. und 6. Klasse unterrichtet, wäre die Zusammenarbeit nur beschränkt möglich gewesen. Da aber alle drei eine 4. bis 6. Klasse unterrichteten, erstellten wir einen gemeinsamen Wochenplan, den jede Lehrperson noch mit abteilungsspezifischen Schwerpunkten ergänzte", erzählt Thomas Meyenhofer. Solche Möglichkeiten der Zusammenarbeit sind ein wichtiger Vorteil der Mehrklassenschule. „Bei dieser Arbeit spielten auch zunehmend Aufträge im PC-Bereich eine wichtige Rolle. Und so wurde diese Arbeit auf der Mittelstufe ganz zwanglos selbstverständlich." Dabei ging es zunächst vor allem um Anregungen für hilfreiche Lernsoftware, später aber zunehmend auch um die Möglichkeiten von educanet[2], mit denen Thomas Meyenhofer bereits früh experimentierte.

Im Jahr 2004 meldete Meyenhofer die Primarschule Pfyn auf educanet[2] an und übernahm seither auch die regelmäßigen Anmeldungen und administrativen Aufgaben auf der Plattform. Mit individuellem Coaching führte er alle interessierten Lehrpersonen in den Gebrauch der Werkzeuge der Plattform ein. Dennoch arbeiten nicht alle Lehrpersonen im Team gleich intensiv mit der Plattform. Viele nutzen educanet[2] momentan lediglich als Kommunikationsplattform auf der Ebene des Lehrpersonenteams (u. a. für den Austausch von Unterrichtsmaterialien) und haben den Einsatz im Unterricht noch nicht gewagt. Die Abgabe der Noten für die Zeugnisse und verschiedene administrative Aufgaben werden bereits im ganzen Lehrpersonenteam über educanet[2] abgewickelt.

Seit dem Jahr 2008 haben die Rahmenbedingungen des Kantons für den freiwilligen Einsatz von Informations- und Kommunikationstechnologien an der Primarschule für neue Impulse gesorgt. Pro Schüler/-in erhält die Schule einmalig 169.- Franken. Dieser Betrag ist in 30 % Start- und 70 % Umsetzungsbeitrag aufgeteilt. Den Startbetrag erhält die Schulgemeinde, wenn sie die Hardwarevoraussetzungen erfüllt (pro fünf Kinder einen PC, pro Klasse mindestens einen PC mit Internetzugang sowie einen Drucker), ein ICT-Konzept vorlegt und die Lehrpersonen über Anwenderkompetenzen verfügen. Um in den Genuss dieser finanziellen Unterstützung seitens des Kantons zu kommen, arbeitet die Projektgruppe ICT der Primarschule Pfyn nun ein Konzept für die Informatik aus und legt der Behörde Vorschläge für das etappenweise Erneuern des Netzwerks und der Arbeitsstationen vor. Seitdem der Kanton von den Lehrpersonen einen Nachweis der Qualifizierung ihrer ICT-Kompetenzen verlangt, hat Thomas Meyenhofer unentlöhnt bereits schulinterne Weiterbildungskurse angeboten, welche mit Online-Aufgaben auf educanet[2] zur weiteren Vertiefung ergänzt werden. Diese würden von den Lehrpersonen jedoch unterschiedlich intensiv genutzt. Den Umsetzungsbeitrag erhält die Schulgemeinde allerdings erst, wenn das Konzept im Alltag verankert ist und die Schulkinder über die geforderten Kompetenzen verfügen. Hat die Schulgemeinde bis 2013/2018 diese Bedingungen nicht erfüllt, verfallen die Einmalbeiträge, und die Schülerpauschale wird um den dann fälligen ICT-Beitrag gekürzt.

Schulportrait: Primarschule Pfyn 155

An der Primarschule Pfyn wachsen die Schülerinnen und Schüler selbstverständlich in die Arbeit mit Computer und Internet hinein. Die älteren Kinder zeigen den jüngeren, wie es geht. Über technische Probleme wissen die Lernenden nichts zu berichten; die Plattform funktioniere einwandfrei, wenn man nicht das Passwort vergesse. „Ich gehe etwa drei Mal in der Woche zu Hause auf educanet^2", meint ein Drittklässler, „die Arbeit mit educanet^2 macht Spass und ist überhaupt nicht schwierig."

Schrittweise werden die Lernenden in die verschiedenen Funktionen von educanet^2 eingeführt. Mail, Chat, Forum und Umfragen beherrschen die Kinder problemlos. Das traditionelle Aufsatzschreiben über aktuelle Erlebnisse des Schullebens oder der Freizeit der Kinder bekommt mit educanet^2 einen besonderen Reiz: Mit dem Homepagegenerator, welchen schon die Drittklässler bedienen, erstellen die Kinder selbstständig Websites, laden ihre Berichte hoch und bebildern diese.

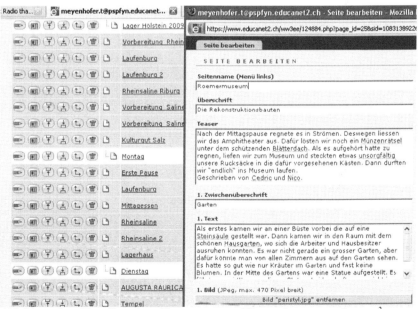

Abbildung 2: Erstellen einer Homepage zum Klassenlager mit educanet^2

Eltern, Freunde und Verwandte haben damit die Möglichkeit, am schulischen Leben der Kinder und ihren Arbeiten Anteil zu nehmen. Die Texte für ein öffentliches Publikum zu schreiben, motiviert die Lernenden und spornt sie dazu an, richtige und gute Arbeiten zu verfassen. Ist die Klasse auf einer Schulreise oder im Skilager, wird täglich dokumentiert, was sie erlebt und gesehen hat. Gespannt warten die Kinder auf Rückmeldungen per E-Mail von „draußen".

Längere Arbeiten (Dossiers) zu einem bestimmten Thema erstellen die Primarschüler/-innen auf dem Präsentationsprogramm „Impress" von Open Office und präsentieren sie in der Klasse sowie im Internet. Wann immer möglich, arbeitet Thomas Meyenhofer mit Open Source-Produkten. Windows als Betriebssystem wird nur eingesetzt, weil viele Lernprogramme dafür programmiert sind. Auch seine Korrekturen bringt Thomas Meyenhofer oftmals nicht mehr auf Papier an, sondern direkt in einem elektronischen File, das er zurück an die Lernenden schickt. Die Selbstreflexion über erstellte Arbeiten wird über das Umfrage-Tool von educanet[2] angeregt: „Wie beurteilst du dein Dossier?", ist eine der Fragen, welche die Lernenden online beantworten.

Bei der Arbeit mit Basisfunktionen von educanet[2] erwerben Schülerinnen und Schüler ICT-Kompetenzen, welche für ihre weitere schulische oder berufliche Laufbahn hilfreich sind. Dazu gehört auch, dass die Kinder schon in der Primarschule bezüglich Sicherheit im Internet aufgeklärt werden. Herr Meyenhofer lud ein professionelles Informationsteam in seine Klasse ein, welches die Kinder über die Gefahren im Internet informierte. Thomas Meyenhofer sieht es vor allem als Problem an, dass viele Schülerinnen und Schüler ihre persönlichen Daten im Internet, z. B. auf sozialen Netzwerkdiensten, nicht genügend schützen. Eltern wüssten zudem über die Online-Aktivitäten ihrer Kinder nicht Bescheid und seien bezüglich der Gefahren, denen ihre Sprösslinge mit der Computer- und Internettechnologie ausgesetzt sind, überfordert. Der Schulpräsident, Erich Schaffer, möchte educanet[2] deshalb in Zukunft verstärkt auch dazu nutzen, Eltern vermehrt über Schulprozesse zu informieren und ihnen die Möglichkeit zu geben, sich auch mit eigenen Beiträgen zu beteiligen.

In den meisten Fächern wird an der Primarschule Pfyn per Wochenplan gearbeitet, d. h. die Schülerinnen und Schüler bekommen anfangs der Woche eine Liste mit den Lernzielen der Woche und entsprechenden Übungen, die sie nachgängig selbstständig bearbeiten, während die Lehrperson individuelles Coaching anbietet. Der Wochenplan und die Arbeitsmaterialien werden jeweils auf educanet[2] hochgeladen und können somit auch von den Eltern, etwa wenn ein Kind den Plan in der Schule vergessen hat, von zu Hause aus eingesehen werden. Bei vielen Aufträgen muss selbstständig mit Lernsoftware gearbeitet werden. Die Kontrolle gestaltet sich mehr oder weniger schwierig, je nachdem, ob es möglich ist, die Resultate innerhalb der Software individuell abzuspeichern. Auch kommen ergänzende Arbeitsblätter und kleine Tests zum Einsatz. Der Besucher einer Lektion der Pfyner Mittelstufenabteilung nimmt die Lehrperson im Hintergrund auf den ersten Blick gar nicht wahr. Obwohl die Klasse mit 23 Lernenden eher groß für eine Mehrklassenabteilung ist, arbeiten die Schülerinnen und Schüler sehr ruhig und konzentriert alleine oder zu zweit an ihren jeweiligen Aufgaben, dabei darf nur geflüstert werden. Einige Kinder haben mit einer Wäscheklammer Schildchen mit einer Nummer auf ihren Pulten befestigt, was bedeutet, dass sie Hilfe seitens der Lehrperson benötigen. Der Reihe nach wird ein Kind nach dem anderen von der Lehrperson aufgerufen. In Lernsituationen wie dieser ist die Rolle der Lehrperson vielmehr die einer Lerninitiatorin und -begleiterin als die eines Wissensvermittlers bzw. einer Wissensvermittlerin. Die Verantwortung für das Lernen wird vermehrt den Kindern übertragen. Aufgaben, die im traditionellen Unterricht nur von der Lehrperson wahrgenommen werden konnten, werden manchmal auch an die Lernenden delegiert.

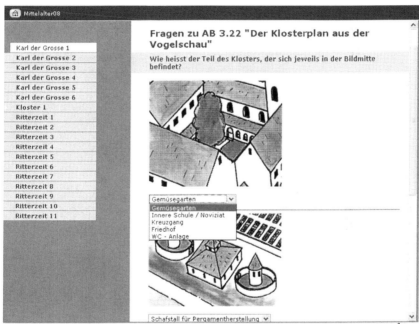

Abbildung 3: *Multiple-Choice-Test zum Thema „Mittelalter" auf educanet^2*

Unter dem Motto „Schüler trainieren Schüler" erstellen die Kinder selbstständig Tests auf educanet^2 oder mithilfe der Software HotPotatoes, in denen Vertiefungsfragen zum aktuellen Unterrichtsthema behandelt werden (Abbildung 3) und die von ihren Mitschüler/-innen anschließend gelöst werden. Dies mache den Kindern großen Spaß, erzählt Thomas Meyenhofer. Dass die Kinder Verständnisfragen für andere formulieren können, setze voraus, dass sie den Stoff selbst verstanden haben. Auch Verständnisschwierigkeiten werden dabei aufgedeckt. Die Kinder haben die Möglichkeit, sich gegenseitig bei Problemen oder Begriffsunklarheiten weiterzuhelfen. Z. B. wurden während der Lektüre des Romans „Caius ist ein Dummkopf" alle Kinder beauftragt, zu jedem Kapitel Verständnisfragen zu formulieren. Der resultierende Verständnistest bestand zu einem Drittel aus Fragen der Lernenden, zu einem weiteren Drittel aus dem Quiz der Zentrale für Klassenlektüre und zum Rest aus Fragen, die von der Lehrperson formuliert wurden.

Daneben gibt es an der Primarschule Pfyn noch zahlreiche weitere ICT-Projekte. Technisch besonders versierte Lehrpersonen – wie etwa Thomas Meyenhofer – bieten schon in der Primarstufe im Bereich bildnerisches Gestalten computerunterstützte Kunstprojekte an. In der klassenübergreifenden Projektwoche haben die Kinder seiner Gruppe die Möglichkeit, eigene Trickfilme herzustellen, welche sie auf educanet[2] veröffentlichen. Der Einsatz von Computer- und Internettechnologie erleichtert und unterstützt den Unterricht bezüglich Individualisierung und macht das Schulleben – mit dem Einsatz des Homepagegenerators – zu einem öffentlichen Ereignis. Was in der Schule geschieht, dürfen alle sehen; die Online-Pforten stehen Interessierten zu jeder Tages- und Nachtzeit offen.

Schulportrait: Primarschule Ruopigen

Dominik Petko

Die Primarschule Ruopigen liegt in Reussbühl, einer Vorortsgemeinde von Luzern, die nächstens als neuer Stadtteil in die Kantonshauptstadt integriert wird. Die Schule ist inmitten größerer Wohnblöcke gelegen, aus denen sich ein wesentlicher Teil der kulturell und sprachlich sehr heterogenen Schülerschaft rekrutiert. Die meisten Eltern sind Arbeiter und mittlere Angestellte. Das Gebäude aus den siebziger Jahren des letzten Jahrhunderts wirkt von außen zunächst wie ein geschlossener Betonbau, an dem nur auf einer Seite Fenster sichtbar sind. Im Inneren zeigt es sich mit seinen Klassenzimmerwänden aus Glasbausteinen dagegen überraschend luftig und lebendig.

Abbildung 1: Das Hauptgebäude der Primarschule Ruopigen

Mit 450 Schülerinnen und Schülern aus 27 Nationen und 40 Lehrpersonen gehört die Primarschule Reussbühl zu den eher großen Lehranstalten. Multikulturalität ist Teil der Schulidentität. Die Schule beteiligt sich an diesbezüglichen kantonalen Projekten, etwa der Einführung integrativer Förderungsmaßnahmen, und bietet verschiedene spezielle Unterstützungsangebote - von besonderer Sprachförderung, dem Einbezug von Dolmetschern für Eltern bis zur Koordination von

Familienhilfen. Von allen Schülerinnen und Schülern und allen Eltern wird regelmäßig die Schulhausordnung unterschrieben. Die Gewalt im Schulhaus befindet sich auf erfreulich tiefem Niveau.

Die ersten Computer brachten die Lehrpersonen selbst mit in den Unterricht. Dabei handelte es sich zumeist um ausrangierte Geräte unterschiedlichster Herkunft. Vor zwei Jahren konnte dann ein ganzer Klassensatz von 17 gebrauchten Desktop-Computern von der Sekundarschule der Gemeinde übernommen werden. Mit diesen Rechnern wurde ein freies Klassenzimmer in einen Computerraum umfunktioniert. Zusätzlich wurden noch 14 Notebooks gekauft, die in einem Schrank des Computerraumes deponiert wurden und seitdem in Klassenzimmer ausgeliehen werden können. Da kein Notebookwagen zur Verfügung steht, müssen die mobilen Computer samt Verlängerungskabeln und Mehrfachsteckdosen mit Umhängetaschen in die Klassenzimmer getragen werden, wobei Lehrpersonen auf die tatkräftige Hilfe der Schülerinnen und Schüler angewiesen sind. Der Internetzugang wird im Computerzimmer via Wireless LAN sichergestellt, das jedoch auch schnell an seine Grenzen stößt, wenn eine ganze Klasse am Internet arbeitet. Im Computerraum steht zusätzlich ein Server zur Verfügung. Im Lehrerarbeitszimmer finden sich zwei weitere Computer mit Internetzugang. Mit dem Ausstattungskonzept des Computerraumes ist die Primarschule Ruopigen unter Primarschulen eine Ausnahme. Zwar gibt es immer noch Computer in den Klassenzimmern, die nach wie vor von den Lehrpersonen selbst beschafft und administriert werden, jedoch sind diese nicht ans Internet angeschlossen und werden vor allem für Textverarbeitung und den Einsatz von Lernsoftware eingesetzt. Die alltägliche Computernutzung orientiert sich am Ergänzungslehrplan ICT der Zentralschweizerischen Kantone, der seit 2004 in Kraft ist. Besondere Bedeutung beim Einsatz neuer Medien haben zudem die sogenannten „Poolstunden", die neben den vorgeschriebenen Wochenstunden in den Kernfächern den Schulen erlauben, im Unterricht besonderes Gewicht auf selbst gewählte Schwerpunkte zu legen. An der Primarschule Ruopigen wurde ein Teil der Poolstunden auf die Arbeit mit ICT vergeben.

Die Anmeldung bei educanet[2] erfolgte auf Initiative der Gemeinde, die die Arbeit mit educanet[2] für alle Gemeindeschulen, zu denen außer der Schule Ruopigen noch drei weitere Primarschulen und zwei Sekundarstufenschulen gehören, für offizielle Kommunikationszwecke als verbindlich erklärte. Im Schulhaus Ruopigen sahen sowohl die ICT-Beauftragte als auch die Schulhausleitung in der Einführung von educanet[2] weiteres Potenzial. Alle Lehrpersonen wurden auf der Plattform angemeldet und erhielten somit eine persönliche Mailadresse. Das Abrufen dieser Mail, die zur offiziellen Kommunikation innerhalb der Schule genutzt wird, wurde für Lehrpersonen mindestens zweimal pro Woche als verpflichtend erklärt. Fanden an der Schule bis anhin wöchentliche Sitzungen statt, in denen die Schulleitung die Lehrpersonen über aktuelle Entwicklungen informierte, wurden diese mit der Einführung von educanet^2 überflüssig. Jeden Dienstag verschickt die Schulleitung seither an alle Lehrpersonen einen Newsletter mit relevanten Informationen. Die Meldungen in diesem Newsletter stammen jedoch nicht nur von der Schulleitung und den übergeordneten Stellen allein, auch die Lehrpersonen können Informatives einreichen. Nach Einschätzung von Lehrerin Barbara Schüpfer hat sich dieses Vorgehen bewährt. Sie würdigt die präzise Kommunikation und die klare Trennung zwischen schulisch relevanter E-Mail, welche über die Lernplattform verschickt wird, und privater E-Mail bei einem anderen Provider. In einem zweiten Schritt wurden auch die Protokolle weiterer Sitzungen konsequent auf die Dateiablage der Plattform gespeichert. Nicht nur auf Ebene von Lehrpersonenkonferenzen, sondern auch in den einzelnen internen Arbeitsgruppen (z. B. zu den Themen Schulprojekte, Schulhausplatz, Gewaltprävention etc.) machten die beteiligten Lehrpersonen von der Gruppenfunktion der Plattform Gebrauch, in deren Dateiablage alle wichtigen Dokumente strukturiert in Ordnern ihren Platz finden..

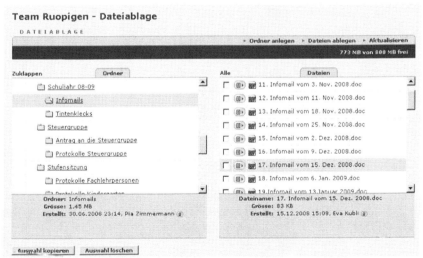

Abbildung 2: Die Dateiablage des Lehrerkollegiums

Seit kurzem wird auch der Kalender der Lernplattform verstärkt für administrative Zwecke genutzt. Hier finden sich die wichtigen Daten der Schule, und die Terminliste erleichtert es, hier die Übersicht zu behalten. Auch die Reservation von Computerraum und Notebookpool erfolgt seit neuestem über den Kalender einer eigens dafür eingerichteten Arbeitsgruppe auf educanet[2]. Der direkte Austausch hat sich mit der Einführung dieser Kommunikationsmöglichkeiten geändert. Schulleiterin Eva Kubli erlebt die Kommunikation als effizienter und transparenter. Zwar sei sie noch den ganzen Tag im Büro ansprechbar, immer mehr Anfragen und Absprachen erfolgten jedoch per Mail. Als entscheidend für die umfassende Veränderung sieht sie die konsequente Umstellung unter gleichzeitiger Aufgabe der alten Strukturen. So bleibe auch zögerlichen Lehrpersonen kaum eine Alternative, als sich mit den neuen Informationsmöglichkeiten auseinanderzusetzen.

Damit educanet[2] auf diese Weise genutzt werden konnte, waren intensive Weiterbildungsmaßnahmen nötig. Nachdem sich zuerst die ICT-Beauftragte Pia Zimmermann auf regionalen Weiterbildungsveranstaltungen mit der Plattform vertraut gemacht hatte, organisierte sie in Absprache mit der Schulleitung schulhausinterne Weiterbildungen für das Kollegium. Da die Voraussetzungen innerhalb der Lehrerschaft im Umgang mit Computern und Internet sehr heterogen waren, gestaltete sie die Weiterbildungen individuell nach Wissensstand gestaffelt. Gruppen mit vergleichbaren Vorkenntnissen wurden in unterschiedlichem Tempo und mit mehr oder weniger ausführlichen Anleitungen in die Funktionen eingeführt. Für Lehrpersonen mit besonders geringen Vorerfahrungen wurden Einzelcoachings angeboten, wobei die ICT-Beauftragte die grundlegenden Konzepte und Prozeduren Schritt für Schritt erklärte und einübte. Nach Ansicht von Schulleiterin Eva Kubli war ein wesentlicher Erfolg der Veranstaltungen, dass es hier gelang, den Lehrpersonen die Angst vor den neuen Technologien zu nehmen. Dies sei vor allem dadurch erzielt worden, dass in den Weiterbildungskursen möglichst auf „Informatikersprache" verzichtet und das Wissen von Kollegin zu Kollegin bzw. Kollegen vermittelt wurde. Der Aufwand dieser Unterstützung wurde mit einer Stundenentlastung in ihrem Pensum als Lehrerin entlöhnt. Heute sind die Lehrpersonen derart mit der Plattform vertraut, dass sie sie nicht nur problemlos nutzen können, sondern auch fehlende Funktionen und Wünschbares bemerken. Beispielsweise werden für die Kooperation zwischen den Lehrpersonen Synchronisationsmöglichkeiten mit anderen Mailprogrammen gewünscht oder umfangreichere Kalenderfunktionen. Für die Arbeit mit den Schülerinnen und Schülern wird dies dagegen noch als eher zu kompliziert und unübersichtlich eingestuft.

Der Einsatz der Lernplattform für Unterrichtszwecke ist an der Primarschule Ruopigen noch kaum verbreitet. Dennoch sind die ersten Schritte in diese Richtung innovativ. In den sogenannten Poolstunden, die für besondere Inhalte zur Verfügung stehen, besucht die ICT-Beauftragte Pia Zimmermann verschiedene Klassen und führt gemeinsam mit der Klassenlehrperson Lektionen durch, in der die Verwendung von Computer, Internet und educanet[2] eingeübt wird. Im

Schulportrait: Primarschule Ruopigen

Teamteaching erhalten Klassenlehrpersonen einen praktischen Einblick, wie mit digitalen Medien im Unterricht gearbeitet werden kann. Die Klassenlehrpersonen sind dabei nicht nur in einer Beobachterrolle, sondern können unmittelbar im Rahmen ihrer Möglichkeiten auch lehrend aktiv werden. Dieser innovative Ansatz schulinterner Weiterbildung zeigt erste Erfolge. Lehrpersonen verlieren die häufig vorhandene Scheu und beginnen, die erlebten Möglichkeiten wiederholt einzusetzen und eigenständig zu erweitern.

Für die Schülerinnen und Schüler ab der dritten Klasse geht es in diesen Lektionen noch nicht darum, die Lernplattform zielgerichtet für die Arbeit in den üblichen Schulfächern einzusetzen. Stattdessen werden im Umgang mit der Lernplattform Grundfunktionen des Internet eingeübt.

Abbildung 3: *Pia Zimmermann erklärt an educanet^2 den Gebrauch der E-Mail-Funktion*

So kann bereits beim Einloggen in die Plattform die Bedeutung von Passwörtern, deren präzise Eingabe und die nötige Sicherheit thematisiert werden. In einer anderen Lektion erhalten Schülerinnen und Schüler den Auftrag, auf eine E-Mail, die sie von der Lehrperson bekommen haben, zu antworten und der Antwort ein Bild anzuhängen. In ihrer E-Mail fragt Lehrerin Pia Zimmermann die Schülerinnen und Schüler, ob sie je auf dem Pilatus waren, einem nahe gelegenen Berg. Die etwa neunjährigen Lernenden stehen damit nicht nur vor der Aufgabe, die E-Mail zu öffnen und zu lesen, sondern in einer Antwort ihre Erlebnisse zu formulieren, was aufgrund mehrheitlich sehr eingeschränkter Kenntnisse im Tastaturschreiben eine längere Zeit in Anspruch nimmt.

Die Lehrerin diskutiert mit Schülerinnen und Schülern dabei wichtige Konventionen des Mailgebrauchs, z. B., warum eine Anrede und ein Schlussgruß wichtig sind oder ob man die Lehrerin, die man im echten Leben mit „Frau Zimmermann" anredet, in der E-Mail mit „Liebe Pia" anschreiben darf. Das Anhängen eines Bildes des Pilatus setzt eine Internetrecherche voraus und die Fähigkeiten, ein Bild aus dem Internet lokal abzuspeichern. Zu erklären ist außerdem der Aufbau einer E-Mail-Adresse und die Bedeutung der Betreff-Zeile. Ähnliche Möglichkeiten bieten sich zur Erklärung von Webseiten, Blogs, Wikis, Foren, Chats, Kalendern und Dateirepositorien.

Im Umgang mit der geschützten Umgebung der Plattform hat die Lehrperson Gelegenheit, Aspekte zu thematisieren, die deutlich über den Gebrauch dieser spezifischen Lernplattform hinausreichen. Diese dient als geschütztes Experimentierfeld, innerhalb dessen viele Funktionen des Internet ausprobiert und in vereinfachter Form vermittelt werden können. Im Unterschied zu den entsprechenden kommerziellen Webdiensten sind die Funktionen der Plattform gesammelt verfügbar und einfacher aufgebaut, wobei Pia Zimmermann sich für ihre Schülerinnen und Schüler teilweise einen noch einfacheren Aufbau wünschen würde. Die passwortgeschützte Umgebung erlaubt zudem ein gefahrloseres Experimentieren, etwa zu den Themen des Persönlichkeitsschutzes im Chat oder der urheberrechtsgeschützten Inhalte. Haben Schülerinnen und Schüler den Umgang mit der Plattform erlernt, so werden die Funktionen auch für private Zwecke eingesetzt. Schülerinnen treffen sich nachmittags im Chat oder schreiben sich Nachrichten über den Messenger. Die Plattform bietet für Primarschülerinnen und Primarschüler dabei nicht nur eine geschützte Umgebung, sondern auch verhältnismäßig schnelle Erfolgserlebnisse. Junglehrerin Christina Giger erlebt eine große Motivation bei der Nutzung von Online-Werkzeugen: „Meine Schülerinnen und Schüler sind begeistert, wenn sie nicht nur Kinderaufgaben machen, sondern auch Dinge ausprobieren können, die in der Erwachsenenwelt eine echte Rolle spielen". Und Aktivitäten auf der Lernplattform würden für die Kinder in diese Kategorie fallen.

Eva Kubli sieht den heutigen Stand der Integration von ICT und Lernplattformen als Zwischenschritt eines längeren Prozesses: „Man muss eben kleine Schrittli machen und nicht alles auf einmal angehen." Im Schulhaus Ruopigen war eine Gruppe von zwei bis drei engagierten Verantwortlichen nötig, um die heute gemachten Entwicklungen anzustoßen. Wichtig war dabei auch der Austausch mit den Nachbarschulen, aus denen zusätzliche Impulse kamen. Nachdem engagierte Freiwillige die neuen Möglichkeiten erprobt hatten, konnten diese dann weitere Kolleginnen und Kollegen ermutigen, bevor allgemeinverbindliche

Entscheidungen getroffen wurden. Diese beziehen sich jedoch vor allem auf die Nutzung der Plattform im Lehrpersonenteam. Bei der Integration der Lernplattform in den Unterricht steht die Schule noch relativ am Anfang. Neben den besonderen Lektionen existieren erst wenige Projekte. Erste Experimente, im Unterricht auch mit der Wikifunktion der Plattform zu arbeiten, sind bei einzelnen Lehrpersonen in Vorbereitung. Eine intensivere Nutzung erfordere vermutlich auch einen stärkeren Wandel der Lehrpersonenrolle, meint Eva Kubli, wobei Lehrpersonen immer stärker eine Coachingfunktion übernehmen würden.

Primarschule Blumenfeld, Zuchwil

Barbara Wespi

Drei dunkelhaarige Köpfe beugen sich über einen Laptop, die Kindergesichter sind gerötet, die Augen strahlen. „Mit educanet² zu arbeiten, macht Spaß!", meint Aida aus Serbien. „Wir lernen, wie man eine Seite machen, Bilder hochladen und Aufsätze ins Internet stellen kann." Die Gruppe „Supergirls", bestehend aus drei Mädchen mit drei unterschiedlichen Nationalitäten, sucht nach Bildern für ihre persönliche Homepage. Erfolgreich platzieren sie den rosa Panther mit zwinkernden Augen mitten auf der Seite. Der Begrüßungstext steht schon: „Es ist sehr toll, dass ihr uns besucht. Man kann sich hier nicht langweilen!!". Lautstark wird diskutiert, wie die nächste Seite benannt werden soll. Die Lieblingswitze der drei Schülerinnen werden hier ihren Platz finden, denn schließlich soll der virtuelle Besuch Spaß machen.

Abbildung 1:   Schulhaus Blumenfeld

Spaß und Freude steht den 22 Schülerinnen und Schülern der 4. Primarklasse von Klassenlehrer Dieter Fischlin ins Gesicht geschrieben. Motiviert und diszipliniert arbeiten die Kinder in kleinen Gruppen selbstständig auf der Lernplattform educanet². Was der 63-jährige Primarlehrer hier vollbringt, ist angesichts der Zusammensetzung seiner Klasse keine Selbstverständlichkeit: 80 % der Kinder haben einen Migrationshintergrund. Für die aus der Türkei, Monte Negro, Thailand, Portugal, Sri Lanka oder Serbien eingewanderten Eltern ist Deutsch eine Fremdsprache; die Kinder müssen die anspruchsvolle intellektuelle Leistung vollbringen, zwischen ihrer Muttersprache, dem Hochdeutschen und dem Schweizerdeutschen zu wechseln. Die Primarschule Blumenfeld in Zuchwil lebt die kulturelle Durchmischung ihrer Schülerschaft, beim diesjährigen gemeinsamen Weihnachtssingen wurden die Festtagswünsche in 15 verschiedenen Sprachen gesprochen.

Ein hohes Gewaltpotenzial, Disziplinschwierigkeiten und niedriges Leistungsniveau in der Schülerschaft einerseits, Burnout oder Unmotiviertheit der Lehrpersonen andererseits sind häufig genannte Vorurteile gegenüber Schulen mit einem hohen Anteil an Kindern mit Migrationshintergrund. Nichts davon ist in Dieter Fischlins Klasse spürbar: 22 Augenpaare richten sich gespannt auf Besucher, bestürmen sie mit Fragen, beantworten ruhig und engagiert während 45 Minuten Fragen zu ihrem Unterricht mit Computern und Internet. Spaß an der neuen Technologie und ein freudvoller, lockerer Umgang mit der deutschen Sprache kennzeichnen das Arbeitsklima der 4. Primarklasse. Die Kommunikationsfähigkeit und der Gebrauch der deutschen Sprache scheinen durch die Beschäftigung mit der Lernplattform educanet² besonders gefördert zu werden.

Zuchwil ist ein Vorort der Stadt Solothurn mit ungefähr 9000 Einwohnerinnen und Einwohnern, davon besitzen etwa 40 % einen ausländischen Pass. Im Verlauf des 20. Jahrhunderts wurde die Gemeinde von einem enormen Wachstum und vom Wandel von der Land- zur Industriegemeinde geprägt. Die beiden in der Gemeinde ansässigen Industriebetriebe Scintilla AG (heute BOSCH) und Sultex AG ziehen bis heute eine große Zahl ausländischer Mitarbeitender an. Dieter Fischlin, der schon seit 40 Jahren im selben Schulzimmer unterrichtet, hat die unterschiedlichen Einwanderungswellen miterlebt: „Anfangs waren es Italiener, dann vor allem Türken, nun kommen sie aus allen Weltteilen zu uns." Mühe habe ihm dies nie bereitet, erklärt er fröhlich. Auch seine eigenen vier Kinder seien in den Zuchwiler Schulen unterrichtet worden, geschadet habe ihnen dies nicht, im Gegenteil: „Die Kinder hatten so die Chance zu lernen, mit dem kulturellen Mix zurechtzukommen. Alle vier sind ‚gut herausgekommen', haben ihr Studium oder eine Berufslehre erfolgreich abgeschlossen und stehen mit beiden Beinen im Leben", meint er schmunzelnd. Die kulturelle Durchmischung seiner

Schülerschaft sieht er als Herausforderung. Wie bei allen anderen Klassen gehe es ihm darum, jedem Kind dort, wo es stehe weiterhelfen zu können. Manchmal sei es hart, dem schweren Schicksal eines Kindes mehr oder weniger tatenlos zusehen zu müssen. Zum Beispiel, wenn nach dem nächsten Weihnachtsfest ein thailändisches Mädchen, welches noch nicht lange in der Schweiz lebe, wieder ausgewiesen werde. Die Schülerin habe in kürzester Zeit Deutsch gelernt und sich sehr gut in die Klasse integriert, erzählt Dieter Fischlin.

Die Gemeinde Zuchwil verfügt über ein Oberstufenzentrum (Bezirksschule, Sekundarschule, Oberschule, Werkklasse) für Schülerinnen und Schüler des 7. - 9. Schuljahres und drei Quartierschulhäuser für Kinder im Primarschulalter (1. - 6. Schuljahr: Primarschule, Einführungsklasse, Kleinklasse). Diesen drei Schulhäusern sind auch die Kindergärten angegliedert. Jedes Schulhaus wird von einer eigenen Schulleitung geführt. Eine übergeordnete Schuldirektion koordiniert die Zusammenarbeit. Auf der übersichtlichen Homepage der Primarschule Blumenfeld werden aktuelle Projekte dokumentiert. Um ihre Qualität laufend zu optimieren, legt die Schule expliziten Wert auf die verstärkte Individualisierung des Unterrichts. Zwei zusätzliche Lektionen – für die 3. bis 6. Primarklasse – für Gruppenunterricht oder im Teamteaching eröffnen hierbei neue Möglichkeiten. Außerdem bietet die Gemeinde Zuchwil Deutschzusatzunterricht für fremdsprachige Kinder an. Auch Projekte zur Elternzusammenarbeit gehören zum Schulprogramm. Das Schulhaus Blumenfeld möchte das Gemeinschaftsgefühl u. a. durch Weihnachtssingen oder einem klassenübergreifenden Projekt zum Thema „geistige und körperliche Gesundheit" vermehrt stärken, wie dem Leitbild der Schule zu entnehmen ist. Ein weiterer Schwerpunkt der Schule liegt in der Förderung des Informatikverständnisses.

Die Entwicklung des Computereinsatzes verlief in der Primarschule Blumenfeld über einen längeren Zeitraum. In den neunziger Jahren seien es einige „Freaks" des Kollegiums gewesen, die sich in ihrer Freizeit intensiv mit Computern beschäftigt und diese auch in der Schule eingesetzt hätten, erzählt Stephan Hug, Direktor der Schulen von Zuchwil. Dank des starken persönlichen Interesses konnten sich diese - zumeist männlichen - Lehrpersonen Kompetenzen aneignen, welche auch der Schule zugute kamen und den ICT-Einsatz in der Schule maßgeblich vorantrieben. Im Jahr 2001 stellte die Schule ein Grobkonzept zu den Informatikmitteln im Unterricht zusammen, in welchem die bisher eher unkoordiniert gewachsenen Ideen Einzelner gesammelt und in eine für die ganze Schule geltende Form gegossen wurde. Von der 3. Klasse an sind seitdem alle Schulzimmer mit jeweils drei Laptops und Wireless-Internetanschlüssen ausgestattet. Der Vorteil von Laptops gegenüber fixen Rechnern wurde darin gesehen, dass die Laptops weniger Platz beanspruchen, leiser und transportabel sind. So können die Notebooks zwischen den Klassen ausgeliehen oder zu auswärtigen schulischen Anlässen mitgenommen werden. Außerdem lassen sich Notebooks für die Wartung und Reparatur leichter transportieren. Dass Notebooks erst ab der 3. Klasse zur Verfügung stehen, begründen die Lehrpersonen der Zuchwiler Schulen damit, dass der Einsatz digitaler Medien erst dann sinnvoll sei, wenn die Kinder selbstständig lesen können. Nichtsdestotrotz lassen einige – vor allem jüngere - Lehrpersonen die Erst- und Zweitklässler an älteren Rechnern mit Lernspielen arbeiten. Die meisten Lehrpersonen besitzen weitere Geräte in Zweitnutzung, welche zwar nicht mehr dem neuesten Stand der Technik entsprechen, für die Erreichung bestimmter Unterrichtsziele jedoch durchaus noch brauchbar sind. In die Wartung dieser Geräte wird allerdings nicht mehr investiert. Dass sie dennoch so erstaunlich lange ihren Dienst tun, liegt nach Dieter Fischlins Einschätzung daran, dass die Schülerinnen und Schüler sehr sorgfältig mit ihnen umgehen und es daher nur selten zu Schäden kommt. Mit dem einheitlichen Informatikkonzept hat die Schule seit 2001 auch ein professionelles Supportkonzept aufgebaut, welches schulintern bei technischen, aber auch didaktischen Schwierigkeiten Unterstützung bietet. Erst seit Januar 2009 jedoch ist das Budget laut Schuldirektor Stephan Hug ausreichend, um eine Lehrperson für diese Dienste angemessen zu entschädigen. Für die bislang freiwillige und unentlöhnte Arbeit ist nun von der Gemeinde ein 60 bis 70 %-Pensum zur Verfügung gestellt worden. „Es war große Überzeugungsarbeit zu leisten, um bei den politischen Entscheidungsträgern die Widerstände gegenüber einem ausgebauten Supportsystem zu überwinden. Zwar fordert der Kanton Solothurn mit der Einführung des Schulfachs ICT den Einsatz von Computer und Internet in den Schulen, die dabei entstehenden immensen Kosten werden aber den Gemeinden aufgebürdet. „Das führt von Gemeinde zu Gemeinde zu großen Unterschieden in der technischen Ausstattung", erklärt Stephan Hug. Die städtische Prägung der Vorortsgemeinde Zuchwil trug dazu bei, dass in der Gemeindeverwaltung großes Verständnis für den Ausbau des Fachs ICT in der Schule herrschte. Die technische Ausstattung der Schule ermöglicht heute zwar theoretisch ein intensives Arbeiten mit Computer und Internet im Unterricht, wird jedoch laut Hug praktisch noch viel zu wenig genutzt.

Primarlehrer Dieter Fischlin, dessen Pensionierung nahe bevorsteht, ist gleichzeitig Schulleiter, ICT-Verantwortlicher sowie ICT-Ausbilder und kann dies bestätigen. Laufend werden schulintern, aber auch –extern, entsprechende Weiterbildungen angeboten. Trotzdem stellt Fischlin bei Lehrpersonen Vorbehalte gegenüber ICT fest, sowohl gegenüber dem Einsatz von Computern und Internet im Unterricht als auch gegenüber dem Einsatz elektronischer Medien in der eigenen Unterrichtsvorbereitung. Einige Kolleginnen und Kollegen nutzen den Computer und das Internet zwar für Lernsoftware oder für Internetrecherchen zur Erstellung von Schülerarbeiten, darüber hinaus kommen die neuen Möglichkeiten jedoch noch kaum zum Einsatz.

Es war denn auch Dieter Fischlin, der die Initiative für eine Anmeldung auf educanet^2 ergriff. Seither ist er jedoch praktisch der einzige Lehrer in der Primarschule Blumental, der intensiv mit educanet^2 im Unterricht experimentiert. Die anderen Lehrpersonen fangen erst zögerlich an, sich mit der Plattform – vorerst eher für administrative Zwecke innerhalb des Lehrpersonenteams – auseinanderzusetzen. In Dieter Fischlins aktuell vierter Klasse wird seit Beginn des Schuljahres im Rahmen eines ICT-Projekts intensiv mit educanet^2 gearbeitet. Dafür hat er sie in Gruppen von jeweils drei bis fünf Schülerinnen und Schülern aufgeteilt, welche selbstständig eine Internetseite auf educanet^2 gestalten und anschließend betreuen. Die Auswahl und Erarbeitung der Inhalte ihrer Website nehmen die Schüler/-innen selbst vor. Bilder und selbstverfasste Texte werden auf die Website hochgeladen. Die Fähigkeiten des Lesens und Schreibens ermöglichen ihnen dabei den Zugang zu einer digitalen Welt, die ihnen sonst verschlossen bliebe.

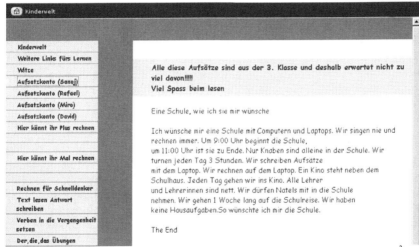

Abbildung 2: Aufsatzschreiben mit dem Homepagegenerator von educanet^2

Positive Reaktionen auf ihre Beiträge spornen die Kinder zur Weiterarbeit an. Der Öffentlichkeitsfaktor spielt eine wichtige Rolle, denn die Kinder möchten gute und fehlerfreie Texte zeigen. Eine Begründung seitens der Lehrperson, weshalb Aufsätze überarbeitet werden sollten, erübrigt sich; den Schüler/-innen leuchtet von selbst ein, dass sie sich nur mit guten Arbeiten im Internet präsentieren möchten. Ganz nebenbei lernen die Kinder, wie wichtig es ist, sich auch bei der Rechtschreibung an die festgelegten Regeln zu halten. Wenn beim Login-Passwort auch nur ein Buchstabe falsch geschrieben wird, funktioniert das Einloggen nicht. Präzises Arbeiten, das Erlernen der deutschen Sprache und der Umgang mit der Internettechnologie gehen Hand in Hand.

Rege genutzt werden von den Kindern darüber hinaus die Mail- und Quick-Message-Funktionen, welche ihnen ermöglichen, mit Klassenkameraden und Freunden anderer Klassen zu kommunizieren. Die informelle Vernetzung von Lernenden innerhalb der Primarschule, aber auch zwischen den Zuchwiler Schulhäusern, wird so gefördert. Weitere Funktionen, wie etwa das Wiki, das Forum oder die Umfragefunktion, verwendet Fischlin in seiner Klasse bisher noch nicht. Einstimmig und mit leuchtenden Augen betonen die befragten Kinder, dass die Arbeit mit educanet² ihnen sehr viel Spaß bereite. Gemailt und gechattet wird in den verschiedenen Muttersprachen, auf Hochdeutsch und auf Schweizerdeutsch. Die meisten Blumenfelder Kinder haben Deutsch als Zweitsprache gelernt, die Unterschiede in der Beherrschung dieser Sprache innerhalb der Klassen sind groß. Umso überraschender ist der freudvolle, ungehemmte und engagierte Umgang mit der Sprache bei den Kindern aus Dieter Fischlins Klasse.

Durch die Arbeit mit educanet² werden die Kinder schon früh für bestimmte übergreifende Themen im Umgang mit neuen Medien sensibilisiert. Dazu gehört z. B., sich über das Thema Privatsphäre und Öffentlichkeit Gedanken zu machen. Was möchte ich von mir zeigen? Wie wird man auf meine zur Schau gestellten Werke reagieren? „In educanet² müssen wir keine Angst haben, da sind wir sicher", meint eine Schülerin. Im Gegensatz zu anderen Chatrooms bietet educanet² einen geschützten Raum. Nur, wer über die Schule registriert ist, kann sich überhaupt darin einloggen. Da die mit educanet² erstellten Homepages jedoch öffentlich zugänglich sind, lässt sich daran der Unterschied zwischen öffentlichen und geschützten Umgebungen thematisieren. Dieter Fischlin hat einen aktuellen Anlass genutzt, um die Schüler/-innen über die Gefahren von Pädophilie und Kindesmissbrauch durch die anonyme Kontaktaufnahme Erwachsener mit Kindern übers Internet aufzuklären. Auf der öffentlich sichtbaren Homepage treten die Kinder nur mit ihren Vornamen auf und vermeiden die Angabe sensibler persönlicher Informationen. Im Zusammenhang mit der Erstellung der Homepage thematisiert er mit seiner Klasse außerdem den Umgang mit Quellen, Zitaten und Bildern aus dem Internet. Die Kinder lernen, dass man fremde Bilder nicht in die eigene Homepage integrieren darf. Fremdmaterial muss als solches gekennzeichnet werden, im Internet Gefundenes sollte auf seine Richtigkeit überprüft werden, und aus recherchierten Informationen für einen Vortrag muss etwas Eigenes entstehen. Dieter Fischlin ist überzeugt, dass schon in der Primarschule der richtige Umgang mit der explodierenden Informationsmenge gelernt werden sollte, was für das eigenständige, lebenslange Lernen immer bedeutsamer wird. Dies sei umso wichtiger, wenn in Familien mit Migrationshintergrund manchmal nur wenige Bücher vorhanden seien, diese Familien dann überraschenderweise aber über einen Computer mit Internetanschluss verfügten. Dieser könne genutzt werden, um auch weniger privilegierten Kindern einen Zugang zu Wissensquellen zu ermöglichen. Dieter Fischlin stellt seiner Klasse auf educanet^2 Links zu Suchmaschinen für Kinder und Lernspielen im Internet sowie weiterführende individualisierende Lernmaterialien zur Verfügung. Voraussetzung für die Nutzung solcher Angebote ist jedoch die Vermittlung von entsprechenden ICT-Kompetenzen.

Dieter Fischlin erprobt ständig neue Einsatzweisen der Lernplattform. So erstellt er auf educanet^2 auch Tests, mit denen Kinder ihre Kenntnisse in Französisch, Deutsch oder auch Mathematik überprüfen und verbessern können.

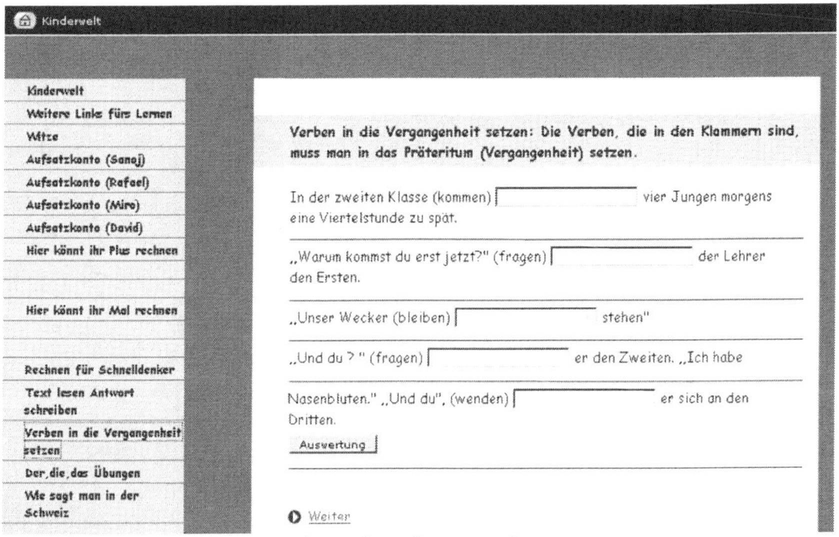

Abbildung 3:   Ein Test zur deutschen Grammatik

„Wenn ich ein Projekt mit Internet- oder Computereinsatz plane, lege ich Wert darauf, dass der Einsatz der Technologie einen Mehrwert in die Unterrichtslektion einbringt, welchen ich mit einer traditionellen Methode nicht hätte", erklärt Fischlin. Dieser Mehrwert kann je nach Unterrichtseinheit beispielsweise in der Vermittlung von allgemeinen ICT-Kompetenzen, der vermehrten und erleichterten Individualisierung oder dem Zugang zu weiteren Informationen liegen. Mit einem Meteo-Projekt ließ er Schülerinnen und Schüler über Web-Cams mit Temperaturanzeige die Wetterentwicklung an unterschiedlichen Orten und verschiedenen Ländern beobachten und dokumentieren. Vergleichend dazu konstruierte er mit der Klasse Wetterstationen, die er im Umfeld der Schule aufstellte. Solche Projekte vermitteln mediale und reale Erfahrungen. Die freie Wahl der Web-Cam ermöglichte zudem auch Kindern mit Migrationshintergrund, sich mit ihrem Herkunftsort zu befassen und über die Wetterbeobachtung eine Brücke zwischen ihrer neuen und ihrer alten Welt zu schlagen. Anderssprachige Webseiten können in den Unterricht einbezogen werden, die Erinnerung der Kinder an ihr Herkunftsland und die Kenntnisse in ihrer Muttersprache erfahren Wertschätzung im Unterricht.

Mit der Einführung des stufenübergreifenden ICT-Entwicklungskonzepts für die Schulen des Kantons Solothurn ist für alle Klassen ab der 3. Primarstufe zusätzlich eine Wochenlektion für das Fach Medienbildung im Stundenplan vorgesehen. Dies stellt ein schweizerisches Novum dar. In keinem anderen Kanton wird ICT in den Schulen so großgeschrieben wie in Solothurn. Somit müssen sich alle Solothurner Lehrpersonen vermehrt mit dieser Thematik auseinandersetzen. Widerstände der Lehrerinnen und Lehrer wurden von der Schuldirektion ernst genommen: „Dank obligatorischer Einführungskurse, dem sanften Druck zur Weiterbildung und dem schulinternen technischen und didaktischen Support stelle ich heute viel weniger Widerstand fest. Bei mangelhaften ICT-Kompetenzen sind die anfänglichen Berührungsängste gegenüber der Technik verständlich. Heute haben wir eine breite Akzeptanz von ICT unter den Lehrpersonen; mehr als die Hälfte hat schon einen sehr guten Umgang damit", schätzt Stephan Hug. Dennoch hätten die Lehrpersonen oftmals noch zu wenig Kenntnis darüber, wie man Computer und Internet im Unterricht effektiv einsetzen kann. Mit dem neuen kantonalen ICT-Konzept sowie mit der Anstellung von jungen Lehrpersonen, welche mit Computer und Internet aufgewachsen sind und die in der Ausbildung bereits gute Kompetenzen erworben haben, werde sich der ICT-Einsatz laufend verbessern. Weitere Chancen für eine Weiterentwicklung sieht die Schuldirektion im Bereich des Ausbaus des multimedialen Unterrichts. Neue Unterrichts- und Lehrmittel sehen beispielsweise den Einsatz von Anschauungsmaterial über einen Beamer oder interaktive, multimediale Lernsoftware vor. Den Einsatz von educanet[2] versuchte die Zuchwiler Schuldirektion insbesondere dadurch zu fördern, dass sie alle Sitzungsprotokolle auf der Plattform ablegte. Trotz dieser Maßnahme werde educanet[2] im Team weder für den Mailkontakt noch für den Austausch von Unterrichtsmaterial genutzt; für letzteres sei der zur Verfügung stehende Datenspeicher zu klein, merkt Dieter Fischlin an. Obwohl pro Schulhaus inzwischen ein Supporter zur Verfügung steht, welcher die Neuanmeldungen von Lehrpersonen und Lernenden auf der Lernplattform vornimmt, bleibt die Resonanz relativ gering. Widerstände gegenüber der neuen Plattform gibt es allerdings nicht, da deren Benutzung freiwillig ist. Die Beispiele aus dem Unterricht von Dieter Fischlin können jedoch zeigen, wie sinnvoll ein Einsatz sein kann. Die Vermittlung einer positiven Einstellung für den Umgang mit Computern und Internet - nicht nur als Unterhaltungs- sondern als sinnvolles Arbeitsinstrument - schon in der Primarschule ist nicht nur gesellschaftlich von Bedeutung, sondern bietet Kindern aus bildungsfernen Familien oder Familien mit Migrationshintergrund die Chance, sich Wissen und Kompetenzen anzueignen, zu welchen sie ohne dieses Medium keinen Zugang hätten.

Lernplattformen entwickeln sich rasend langsam

Beat Döbeli Honegger

Sieht man von historischen, netzbasierten Autorensystemen wie TICCIT und PLATO (Nievergelt, 1975) ab, so existieren Lernplattformen seit etwa zehn Jahren. Ihre derzeitige Nutzung an Schweizer Schulen lässt sich grob wie folgt charakterisieren:

- Etwa die Hälfte der Schweizer Schulen nutzt eine Lernplattform (Barras & Petko 2007, S. 105).
- Ein Anteil von 92 % dieser Schulen setzt die von Bund und EDK öffentlichen Schulen kostenlos zur Verfügung gestellte Lernplattform educanet^2 ein (a. a .O.).
- Von den zahlreichen Funktionen von educanet^2 werden nur E-Mail und gemeinsame Dateiablage von mehr als der Hälfte der User genutzt. Forum, Chat, Online-Tests hingegen werden nur von wenigen eingesetzt (Petko, in diesem Band, S. 34).

Petko (in diesem Band, S. 34) bemerkt zum letzten Punkt, dass für diese Funktionen keine Lernplattform notwendig wäre, hier jedoch offensichtlich ein (institutionelles) Bedürfnis befriedigt werde. Dies zeigt, dass bereits für die Gegenwart die Gründe für den Einsatz von Lernplattformen nicht restlos geklärt sind. Noch unklarer ist die weitere Entwicklung. Zehn Jahre hat es gedauert, bis die Hälfte der Schweizer Schulen eine Lernplattform nutzt – dauert es nun weitere zehn Jahre, bis alle Schulen Lernplattformen nutzen werden? Oder naht bereits das Ende heutiger Lernplattformen, wie dies zahlreiche Expertinnen und Experten voraussagen?

1 Lernplattformen – Potenziale und Herausforderungen

Heutige Lernplattformen seien starr, proprietär, zu zentralistisch und nur bedingt für Lehr- und Lernprozesse geeignet (Attwell, 2007; Craig, 2007; Kerres, 2006, Lane, 2008). Tabelle 1 führt zahlreiche derzeit in der Literatur zu findende Vor- und Nachteile traditioneller Lernplattformen auf.

Tabelle 1: Vor- und Nachteile, Potenziale und Herausforderungen traditioneller Lernplattformen an Schulen

Traditionelle Lernplattformen bieten	Vorteil/Potenzial	Nachteil/Herausforderung
- ein einziges Login für zahlreiche Werkzeuge	- Nutzende müssen sich nicht mit verschiedenen Logins herumschlagen	
- einen Zugang für alle Lehrenden und Lernenden einer Schule	- Alle Lehrenden und Lernenden sind im gleichen System zu finden, was die interne Kommunikation und die Schulung erleichtert	- Einbinden von Externen oft aufwändig bzw. nicht möglich - Lernende verlieren mit dem Verlassen der Schule den Zugang
- einen geschützten Bereich im Netz	- Urheberrechts- und Jugendschutzprobleme sind gering	- Austausch mit dem restlichen Internet ist erschwert: - (Automatischer) Import externer Inhalte - Benachrichtigung über Veränderungen nach außen - Export von Inhalten in andere Plattformen
- eine vorgegebene Auswahl an Werkzeugen	- Nutzende müssen sich nicht mit der Auswahl von Werkzeugen auseinandersetzen	- Nicht genutzte Werkzeuge lassen sich oft nicht ausblenden, Neulinge werden durch Werkzeugvielfalt erschlagen - Werkzeuge lassen sich weder ergänzen noch ersetzen - Unter Umständen wird eine bestimmte Lerntheorie/Didaktik durch die Lernplattform nahegelegt.
- eine einheitliche Nutzungsoberfläche für alle Werkzeuge	- Geringer Lernaufwand insbesondere für Neulinge	- Oberfläche lässt sich nur begrenzt an Bedürfnisse der Nutzenden und der Organisation anpassen
- fixe Strukturen	- Hilfreich für Neulinge	- Einengend für erfahrenere Nutzende
- oft eine zentrale Lösung	- Entlastung für Lehrpersonen und einzelne Schulen	- Bedürfnisse einzelner Lehrpersonen und Schulen lassen sich nur schwer umsetzen
- eine klare Rollenverteilung	- Sicherheit für Lehrpersonen	- erschwerter Rollenwechsel und
- langsame Entwicklungszyklen	- Stabile und verlässliche Umgebung	- verspätete Berücksichtigung aktueller Trends
- eine organisationsorientierte Sichtweise und Struktur	- Sichtweise und Bedürfnisse der Schuladministration lassen sich gut abdecken	- Sichtweise und Bedürfnisse der einzelnen Lehrenden und Lernender lassen sich nicht optimal abdecken

Lernplattformen entwickeln sich rasend langsam 179

Hier soll jedoch nicht die Diskussion weitergeführt werden, ob heutige Lernplattformen zweckmäßig und damit zukunftsträchtig seien. Stattdessen soll der Schwerpunkt auf langfristige zeitliche Entwicklungen gelegt werden, die vielleicht erklären, warum Expertenaufmerksamkeit und unbemerkte Breitennutzung so auseinanderklaffen (Petko, im Vorwort).

2 Trends der Entwicklung

2.1 Hardware entwickelt sich weiterhin rasend schnell
Ein während der letzten vierzig Jahre erfolgreiches Prognosewerkzeug im Bereich ICT ist das *Gesetz von Moore*. Gordon Moore, Mitgründer des Chipherstellers Intel, prognostizierte 1965, dass sich mindestens für die nächsten zehn Jahre die Anzahl der elektronischen Bauteile pro Chipfläche alle 18 Monate verdoppeln ließe (Moore, 1965). Er extrapolierte dazu die erreichten Integrationsdichten von 1959 bis 1965. Da seine Prognose für die vergangenen 45 Jahre mit erstaunlicher Genauigkeit zutraf, wurde sie bald als „Moore'sches Gesetz" bekannt.

2.2 ICT-Verfügbarkeit nimmt in- und außerhalb der Schule weiter zu
Das Moore'sche Gesetz ermöglichte die heutige Durchdringung der Gesellschaft mit ICT, die auch vor Kindern und Jugendlichen nicht halt macht. So besitzen 75 % der 12 - 19-Jährigen in Deutschland einen eigenen Computer und gar 95 % ein eigenes Mobiltelefon (MPFS, 2009). Diese zunehmende Vollausstattung mit ICT macht auch Umsetzungen eines persönlichen Computers pro Schulkind möglich, wie sie Alan Kay bereits 1972 mit seiner Vision des *dynabook* skizziert hat (Kay, 1972). Das Konzept des *One-to-One-Computing* ist der Phase einzelner Forschungsprojekte entwachsen, seine breite Umsetzung wird nicht mehr nur propagiert (z. B. Chan et al., 2006), sondern in Aufsehen erregenden Großprojekten auch realisiert. Im Rahmen des vom MIT initiierten *One-Laptop-per-Child (OLPC)*-Projekts wurden bis Ende 2009 1.4 Millionen schulspezifischer Lerncomputer an Kinder in Entwicklungsländer abgegeben (OLPC, 2009). Doch nicht nur in Entwicklungsländern, sondern auch in Europa existiert seit 2008 ein großes, staatlich unterstütztes One-to-One-Projekt. Im Rahmen des Projekts *Magalhães* sollen in den nächsten Jahren in Portugal eine halbe Million Intel Classmate Computer an Schülerinnen und Schüler abgegeben werden.

2.3 „Mangelnde Geräte" in zehn Jahren kein Nutzungshindernis mehr
Somit ist davon auszugehen, dass bald alle Schulkinder über ein privates oder von der Schule abgegebenes, computerartiges Gerät verfügen werden, das unter

anderem als Taschenrechner, Diktiergerät, Wörterbuch, Lexikon, Fotoapparat, Videokamera, GPS und Internetzugang benutzt werden kann. Mit dieser technischen Vollausstattung wird „mangelnde Geräteausstattung" als am zweit häufigsten genanntes Hindernis zur ICT-Nutzung in der Schule (Barras & Petko, 2007) ausgeräumt sein. Die Nutzung von Computer und Internet wird sich in der Schule mit mobiler One-to-One-Ausstattung quantitativ und qualitativ noch einmal stark verändern (Roschelle & Pea, 2002). Lernplattformen könnten davon profitieren, müssen sich aber auf veränderte Rahmenbedingungen einrichten: kleinere Bildschirme, andere Eingabemechanismen, andere Nutzungsorte und -gewohnheiten, stärkere Ausrichtung auf mobil erstellten multimedialen Content.

2.4 Die Bedeutung des Internets nimmt stetig zu
Dem Moore'schen Gesetz folgend, wurden durch laufend sinkende Kosten für Rechenleistung, Speicherkapazität und Datenübertragung neben persönlicher Geräteausstattung auch zahlreiche – zum Teil sogar kostenlose – Dienste im Internet ermöglicht, für die früher die Installation eines Programms auf dem lokalen Computer notwendig war. Abgesehen von Situationen, in welchen viele Multimediadaten verarbeitet oder lokale Peripheriegeräte (Scanner, Digitalkamera etc.) genutzt werden müssen, lassen sich bereits heute die meisten Computerarbeiten einer Schule zumindest in technischer Hinsicht mit Diensten erledigen, die nicht mehr auf dem lokalen Computer oder auf einem Server im Schulhaus laufen (Döbeli Honegger & Tscherter, 2006). Für Nutzende hat dies den Vorteil, dass sie nicht mehr von einem bestimmten Computer abhängig sind, sondern jederzeit von jedem Ort (anderes Schulzimmer, zuhause) auf Programme und Daten zugreifen können. Für die Schule haben solche Dienste den Vorteil, dass der Betrieb entsprechender Angebote sowohl physisch als auch personell an Spezialisten ausgelagert werden kann. Aus technischer Perspektive wird diese Verlagerung ins Netz als *cloud computing* bezeichnet.

Der ebenfalls gebräuchliche Begriff des *Web 2.0* betont eher die veränderte Wahrnehmung und Nutzung des Internets, welche auch die strikte Aufhebung der Unterscheidung zwischen Produzierenden und Konsumierenden enthält. Neben besonders einfachen *Content Management Systemen* wie *Weblogs* oder *Wikis* werden dazu auch *social networking*-Plattformen (z. B. facebook, schuelerVZ) gezählt, die bei Kindern und Jugendlichen sehr beliebt sind (MPFS, 2009).

Lernplattformen wie educanet[2] lassen sich als frühes Beispiel von cloud computing bezeichnen. Technisch und physisch hat die Lernplattform die Schule bereits verlassen und ist in den Cyberspace gewandert. Die systemtechnische Betreuung geschieht durch hauptamtliche Spezialisten (im Falle von educanet[2] finanziert durch Bund und Kantone), nicht mehr durch Lehrpersonen nebenher.

Organisatorisch ist die Lernplattform jedoch noch immer mit der Schule verbunden: Bei educanet² erfolgt die Administration der Nutzenden und der schulspezifischen Bereiche durch die Schule selbst.

Hingegen sind Lernplattformen eher dem Web 1.0 zuzurechnen, da sie eine strikte Trennung zwischen (produzierenden) Lehrpersonen und (konsumierenden) Lernenden vornehmen. Erst in jüngerer Zeit werden Lernplattformen mit Web 2.0-Werkzeugen (Weblogs, Wikis) ergänzt.

2.5 Schulen verlieren langsam, aber sicher die technische Kontrolle über ICT
Somit wird sich die Schule zukünftig wieder weniger mit Beschaffung und Installation von Hard- und Software beschäftigen. Vereinfacht formuliert, wird die Hardware zu den Nutzenden und die Software ins Internet wandern (siehe Abbildung 1). Die Schule verliert damit die *Gatekeeperfunktion* zu ICT-Hard- und Software: Technisch und ökonomisch gesehen, können Lehrende und Lernende selbst bestimmen, welche ICT-Infrastruktur sie nutzen wollen. Dies betrifft auch Lernplattformen: Während in der Vergangenheit mit offiziellen Lernplattformen eine knappe Ressource zur Verfügung gestellt wurde, wird das bisher von Lernplattformen abgedeckte Funktionsspektrum bald allgemein verfügbar und praktisch kostenlos sein. Damit entfällt eine der bisherigen Motivationen zur Nutzung von Lernplattformen. Zudem sind Kinder und Jugendliche an zunehmend attraktive Oberflächen und Funktionen von *social networking*-Plattformen gewohnt. Sie werden somit im Allgemeinen wenige Probleme mit der Bedienung von schulischen Lernplattformen, dafür aber entsprechende Erwartungen bezüglich Funktionsumfang und Stil haben. Es ist fraglich, ob Lernplattformen mit dem Tempo und den Ressourcen außerschulischer Angebote werden Schritt halten können.

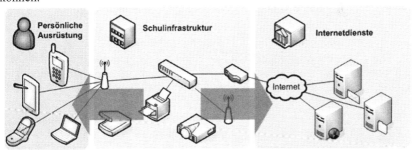

Abbildung 1: ICT-Infrastruktur verschiebt sich zu den Nutzenden und ins Netz (nach Döbeli Honegger & Tscherter, 2006)

2.6 Standardisierungen brauchen weiterhin lange
Das Moore'sche Gesetz ist unter anderem auch für die enorme Datenflut verantwortlich, die dank schneller Netzwerke und großer Speicherkapazitäten über die Welt hereinbricht. Um diese Datenflut einheitlich verarbeiten zu können, sind im Laufe der Zeit Standardisierungen auf immer höherer Abstraktionsebene entstanden. Ging es in den 1960er Jahren noch um die Größe eines Zeichens (Aus wie vielen bits besteht ein Byte?) (Bemer, 1959) und um erste herstellerübergreifende Zeichensätze für Computer (ASCII), so dauerte es weitere dreißig Jahre, bis mit *Unicode* ein erster Standard mit dem Ziel, alle bisher in der Menschengeschichte verwendeten Zeichen zu definieren, verabschiedet wurde. Aufbauend auf dieser *syntaktischen Standardisierung,* wurde und wird auch eine *semantische Standardisierung* von Computerdaten versucht. Doch während die Standardisierung auf syntaktischer Ebene heute weitgehend abgeschlossen scheint, ist noch unklar, ob und in welchen Gebieten sich semantische Standards werden durchsetzen können. Zwar ist der XML-Standard seit 1998 verabschiedet, das prognostizierte *Semantic Web* hat sich jedoch auch zehn Jahre später noch nicht allgemein durchsetzen können. Dies muss nicht bedeuten, dass solche Standards unmöglich sind. In Form von *Mikroformaten* (z. B. für Termine oder Adressbucheinträge) haben sich erste semantische Strukturen bottom-up durchsetzen können. Dies zeigt, dass auch im ICT-Bereich Standardisierungsbemühungen Jahrzehnte benötigen und der Erfolg semantischer Standardisierung auch heute noch nicht als sicher gelten kann.

Auch im Bereich von Lernplattformen existieren zahlreiche Versuche, E-Learning-Inhalte in standardisierter und damit wieder verwendbarer Form zu speichern oder entsprechende *Metadaten* zu definieren (z. B. AICC, SCORM, IMS) (Wiley, 2001). Doch auch hier kann nicht von einem etablierten Standard gesprochen werden, der große Verbreitung gefunden hätte. Zudem werden die bisherigen Versuche auch kritisiert, didaktische Dimensionen fast vollständig zu ignorieren (Schulmeister, 2003). Im Bereich der Schule spielen Content-Standards bisher praktisch keine Rolle. Angesichts der eben beschriebenen Zeithorizonte für IT-Standardisierungen im Allgemeinen ist es fraglich, ob sich im Schulbereich bis 2020 Content-Standards werden etablieren können.

2.7 Zeit für Identity Management scheint gekommen
Während im Bereich von Inhalten der Durchbruch semantischer Standards noch auf sich warten lässt, scheint er auf dem Gebiet des *Identity Managements* gekommen zu sein. Stehen im Internet immer mehr Dienste zur Verfügung, so wachsen die Kontoflut und damit das Bedürfnis nach effizienteren Anmeldeverfahren. Traditionelle Lernplattformen bieten diese Effizienz, indem sie mehrere

Werkzeuge mit einem einzigen Konto anbieten (siehe Tabelle 1). In den letzten Jahren sind nun mehrere Erfolg versprechende Projekte gestartet worden, um eine Standardisierung der Anmeldeprozeduren von Webdiensten voranzutreiben. Dies wird aus Systemperspektive als *Authentication and Authorization Infrastructure (AAI)* und aus Sicht der Nutzenden als *single sign on* bezeichnet. Im Jahr 2005 wurde das Projekt *OpenID* gestartet, das unterdessen von großen Internetfirmen wie Google, IBM, Microsoft, Facebook und MySpace unterstützt wird. Mit einer *OpenID-Identität* ist es möglich, seine Identitätsdaten nur noch an einem Ort zu hinterlegen und sich mit diesen Angaben bei allen OpenID-fähigen Systemen anzumelden.

Die Schweizer Hochschulstiftung *Switch* wurde für ihr auf Shibboleth aufbauendes Switch-AAI-System ausgezeichnet (Educause, 2009). Schweizer Hochschulangehörige können sich über ihr Hochschulkonto bei AAI-fähigen Systemen anderer Hochschulen anmelden und dort deren E-Learning-Angebote nutzen. Den Hochschulen ermöglicht das System die einfache Definition von Zugangsberechtigungen („Alle Medizin-Studierenden der Schweiz ab 7. Semester") und gegebenenfalls auch die Erfassung von Nutzungsgebühren. Solche AAI-Systeme werden in den kommenden Jahren auch für Schulen relevant. Einerseits könnten sie die Nutzung traditioneller Lernplattformen gefährden, da auch ohne Lernplattform nun zahlreiche Web 2.0-Werkzeuge mit nur einem Zugang nutzbar werden. Andererseits könnten sie auch zur Stärkung von Lernplattformen führen, da fehlende Komponenten zukünftig einfacher an bestehende Lernplattformen angebunden werden können. Eine dritte Variante besteht darin, dass schulische Lernplattformen zukünftig vor allem als *Identity-Provider* dienen werden, die den Zugang zu externen Angeboten ermöglichen. Diese Variante scheint besonders für die Schweiz interessant, da mit educanet^2 bereits eine gesamtschweizerische und vertrauenswürdige Plattform besteht, bei welcher derzeit etwa 40 % der Schulen angemeldet sind (Barras & Petko, 2007), und mit Switch-AAI bereits eine erprobte und technisch hochstehende Lösung verfügbar ist. Dies würde für die Einbindung externer Angebote völlig neue Möglichkeiten eröffnen (siehe unten).

2.8 Technologieadoption geschieht unterschiedlich schnell
Dass neue Technologie nicht unverzüglich und vorbehaltlos genutzt wird, zeigt sich auch im Falle von schulischen Lernplattformen. Schulen gelten allgemein als eher konservative Organisationen, die Veränderungen nur nach eingehender Prüfung und mit Verzögerung übernehmen (Oelkers, 2005). Dies zeigt sich beispielsweise beim Betrieb einer Homepage. Während bereits im Jahr 2005 82 % der Schweizer Unternehmen über eine eigene Homepage verfügten (BfS, 2005), so taten dies 2007 erst 54 % der Schweizer Schulen (Barras & Petko, 2007).

Unterschiede in der Innovationsgeschwindigkeit lassen sich jedoch nicht nur zwischen Unternehmen und Schulen ausmachen. Rogers (1962) postuliert mit seinem Innovationsmodell eine s-kurvenförmige Verbreitung von Innovationen, bei der sich verschiedene Gruppen bezüglich Innovationsgeschwindigkeit und Motivation unterscheiden lassen (siehe Abbildung 2).

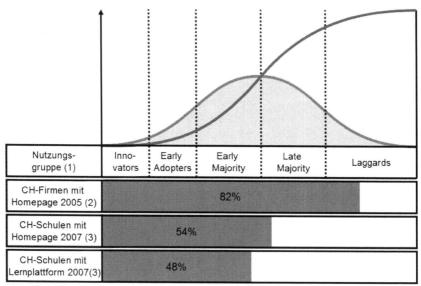

Abbildung 2: Bezüglich Innovativität unterschiedliche Nutzungsgruppen nach Rogers (1) (Rogers, 1962), Schweizer Unternehmen mit eigener Homepage (2) (BfS, 2005), Schweizer Schulen mit Homepage und Lernplattform (3) (Barras & Petko, 2007)

Während sich *Innovators* und *Early Adopters* für die Innovation interessieren und beim Einsatz auch in Kauf nehmen, dass ein gewisser Initialaufwand besteht und die Innovation noch nicht fehlerfrei funktioniert, schwindet diese Bereitschaft bei der *Early* und *Late Majority* zunehmend. Diese nehmen Innovationen nur auf, wenn ein tatsächlicher Mehrwert sichtbar und umsetzbar wird. Derzeit nutzt etwa die Hälfte der Schweizer Schulen eine Lernplattform (Barras & Petko, 2007), was ungefähr den Gruppen *Innovators*, *Early Adopters* und *Early Majority* entspricht (siehe Abbildung 2).

Gemäß oben gemachten Überlegungen müssten somit zur Überzeugung der *Late Majority* nicht mehr technische Funktionen, sondern pragmatische Mehrwerte und einfache Nutzung in den Vordergrund gestellt werden. Konkret für educanet[2] könnte dies bedeuten, dass der Fokus auf die Usability der derzeit meistgenutzten Funktionen und nicht das Hinzufügen zusätzlicher Funktionen gelegt würde. Bei dieser Gelegenheit muss davor gewarnt werden, Technologieadoption übervereinfachend als reines Generationenproblem zu betrachten, wie dies beispielsweise Prensky mit der Unterscheidung zwischen *digital immigrants* und *digital natives* macht (Prensky, 2001). In der Literatur wird verschiedentlich darauf aufmerksam gemacht, dass weder Generationenmodelle (Schulmeister, 2009) noch ausschließlich auf Individuen fokussierende Modelle (Fichman, 1992; Zellweger Moser, 2007) die Wirklichkeit erklären können.

2.9 Der Einfluss neuer Lehrpläne und Kompetenzorientierung
ICT ist bei weitem nicht das einzige Gebiet, in welchem Schulen mit Veränderungen konfrontiert sind. Einige dieser Veränderungen könnten aber zukünftig einen Einfluss auf schulische Informationssysteme haben. Weltweit ist in der Bildung eine Ausrichtung auf Kompetenzen (Rychen & Salganik, 2001) im Gange, was die Neuformulierung von Lehrplänen erfordert. In der Schweiz ist zudem mit dem Projekt *Lehrplan 21* (www.lehrplan.ch) erstmals ein gesamtdeutschschweizerischer Lehrplan für alle Volksschulen in Entwicklung. Diese Lehrplanentwicklungen finden zum ersten Mal in einer Zeit statt, in der das Bewusstsein für digitale Informationssysteme auch bei Entscheidungsträgern der Bildungspolitik gewachsen ist. Es ist somit denkbar, dass Lehrpläne zunehmend digital und auch hypertextuell navigier- und durchsuchbar zur Verfügung stehen und sich als Strukturen in schulischen Informationssystemen wiederfinden werden. Als bereits heute verfügbare Beispiele für diese Entwicklung seien die lehrplanorientierte Unterrichtsmaterialsammlung auf dem Zentralschweizer Bildungsserver (Zebis, o. J.) sowie die Modulbaukästen für die Berufslehre Informatik (i-ch, 2005) genannt.

2.10 Der Trend zur Omnimetrie
Ebenfalls einen Einfluss auf zukünftige schulische Informationssysteme dürfte die von Dueck *Omnimetrie* genannte, zunehmende „Sucht oder Notwendigkeit, alles zu messen" (Dueck, 2000), haben. Diese, auch vor dem Bildungssystem nicht Halt machende Entwicklung wird beispielsweise in Form von ECTS-Punkten oder PISA-Untersuchungen sichtbar. In der Schweiz sind im Schulbereich bereits mehrere entsprechende Test- und Einstufungssysteme in Gebrauch: *Stellwerk* (www.stellwerk.ch) als Standortbestimmungswerkzeug für Lernende im 8. und 9. Schuljahr, *Klassencockpit* (www.klassencockpit.ch) als Selbstevaluationsinstrument für Volksschullehrpersonen oder *Multicheck* als Eignungs- und Kompetenzanalyseinstrument zur Beurteilung von Lehrstellensuchenden. Insbe-

sondere *Multicheck* ist als nichtstaatliche Prüfstelle ein Novum im Schweizer Bildungssystem. Es ist durchaus denkbar, dass dieser Trend zur dauernden Leistungsmessung weiter anhält und somit auch Lernplattformen beeinflusst.

2.11 Eltern als treibende Kraft für schulische Informationssysteme?
Ein entsprechender Druck könnte durchaus von Elternseite kommen, da das Interesse der Eltern an der Schule wächst. Umgekehrt sollte auch die Schule selbst das Interesse der Eltern an der Schule fördern, da elterliches Interesse an Schulleistungen als wesentlicher Faktor für den Schulerfolg der Kinder gilt (Neuenschwander et al, 2005, BECTA, 2009b). Die technische Entwicklung bietet dafür verschiedene Möglichkeiten, davon sind auch 89 % der Eltern in England überzeugt (BECTA, 2009b). Das Internet als schulischer Informationskanal für Eltern ist heute bereits Alltag (Fuchs 2009). Neben öffentlichen Websites, die allgemeine Informationen zum Schulalltag vermitteln, wird in jüngerer Vergangenheit aber auch vermehrt versucht, Eltern mit Hilfe von *student information systems* über den Lernstand ihrer Kinder zu informieren (Petko, 2005; Bird, 2006; BECTA, 2009b). In England ist das Zurverfügungstellen von student information systems bis 2010 für Sekundarschulen und bis 2012 für Primarschulen Pflicht (BECTA, 2009b).

2.12 Gibt es bald größere digitale Contentprovider?
Eine weitere, im Kontext von Schule und ICT bisher wenig beachtete Interessengruppe stellen die Hersteller von Lehr- und Unterrichtsmaterial dar. Kommerzielle und kantonale Lehrmittelverlage waren bisher sehr zurückhaltend im Bereich von Onlineangeboten. Mehrere der bisher genannten Entwicklungen könnten dies jedoch in Zukunft verändern: Die steigende ICT-Verfügbarkeit an Schulen und bei den Lernenden sowie (wie z. B. in der Schweiz) ein einheitlicher Lehrplan vergrößern den Markt. Mangels etablierter Content-Standards werden Contentprovider vermutlich wenig Content anbieten, der sich in schulische Lernplattformen integrieren lässt. Abschreckend war für Lehrmittelverlage bisher allerdings weniger das Aufbauen einer eigenen Plattform, sondern das Administrieren der Nutzenden. Sollten zukünftige Lernplattformen als standardisierte Identity-Provider dienen, so wäre dieses Problem gelöst.

3 Fazit: Es dauert mindestens 10 Jahre

Im Vorwort dieses Buches spricht Petko eine Kluft zwischen Expertenmeinungen und tatsächlicher Breitennutzung an. Dieser Beitrag hat einige Erklärungsansätze für die Diskrepanz liefern können: Die rasche technologische Entwicklung trifft auf die relativ langsame Technologieadoptionsgeschwindigkeit von Schulen. Zudem beschäftigen sich *Innovators* und *Early Adopters* viel früher mit neuen Technologien als die große Mehrheit von *Early* und *Late Majority*. Zum Verständnis von Wahrnehmung versus tatsächlicher ICT-Nutzung an Schulen ist auch das von Fenn propagierte *hype cycle*-Modell hilfreich (Fenn 1995). Abbildung 3 zeigt, dass Wahrnehmung und tatsächliche Adoption einer Innovation gemäß der Modelle von Rogers und Fenn nicht korrelieren.

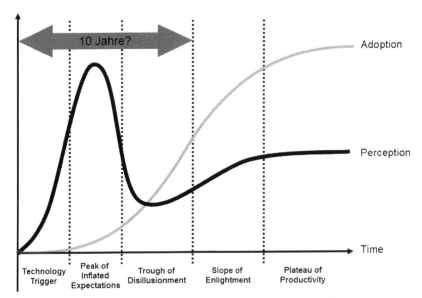

Abbildung 3: Adoption und Wahrnehmung von Innovationen korrelieren nicht: Innovationsadoption nach Rogers (1962) versus Innovationswahrnehmung nach Fenn (1995)

Das hype cycle Modell nach Fenn (1995) prognostiziert die Wahrnehmung einer technologischen Innovation von ihrer Entwicklung bis zur allgemeinen Nutzung. Gemäß Fenn setzt nach einem technologischen Auslöser *(technology trigger)* eine Phase überhöhter Erwartungen *(Peak of Inflated Expectations)* ein, die von einer Phase der Enttäuschung *(Trough of Disillusionment)* abgelöst wird, bevor nach einer Phase der realistischeren Einschätzung (Slope of Enlightment) das definitive Produktivitätsniveau *(Plateau of Productivity)* der neuen Technologie erreicht wird.

Es ist insbesondere aus Sicht von Technologieexperten, die das schnelle Innovationstempo nach Moore gewöhnt sind, ernüchternd festzustellen, dass von der Entwicklung einer neuen Technologie bis zur breiten Nutzung in der Schule mindestens zehn Jahre, wenn nicht mehr, vergehen. Aus dem *hype cycle*-Modell lässt sich ebenfalls herauslesen, dass der Mensch kurzfristige Entwicklungen über-, langfristige Entwicklungen hingegen unterschätzt. In diesem Sinne werden Lernplattformen an Schulen morgen noch praktisch gleich aussehen wie heute. Übermorgen jedoch...

4   Literatur

Attwell, G. (2007). *Personal Learning Environments - the future of eLearning.* Online: http://www.elearningeuropa.info/files/media/media11561.pdf [01.01.2010].

Barras, J.-L. & Petko, D. (2007). Computer und Internet in Schweizer Schulen. Bestandsaufnahme und Entwicklung von 2001 bis 2007. In B. Hotz-Hart (Hrsg.), *ICT und Bildung: Hype oder Umbruch* (S. 77-133). Bern: hep Verlag.

BECTA (Ed.) (2009a). *Exploiting ICT to improve parental engagement, moving towards online reporting. Toolkit for primary schools.* Online: http://publications.becta.org.uk/download.cfm?resID=39669 [01.01.2010]

BECTA (Ed.). (2009b). *Schools and Parents: A New Partnership. Technology supporting a new relationship with schools.*
Online: http://publications.becta.org.uk/download.cfm?resID=41244 [01.01.2010]

Bemer, R. W. (1959). A proposal for A Generalized Card Code for 256 Characters. *Communications of the ACM, 2* (9), 19-23.

BfS, Bundesamt für Statistik (2005). *IKT-Infrastruktur der Unternehmen in der Schweiz.* Online: http://tinyurl.com/bfs2005 [01.01.2010]

Bird, K. (2006). Student Information Systems. How Do You Spell Parental Involvement? *S-I-S. T.H.E. Journal, 33*(7), 38-42. Online: http://tinyurl.com/bird2006 [01.01.2010]

Breiter, A (2001). *IT-Management in Schulen. Pädagogische Hintergründe, Planung, Finanzierung und Betreuung des Informationstechnikeinsatzes.* Neuwied: Luchterhand.

Chan, T-K. et al. (2006). One-to-One Technology-enhanced learning. An opportunity for global research collaboration. *Research and Practice in Technology Enhanced Learning, 1*(1), 3-29. Online:
http://ctl.sri.com/publications/downloads/G11_RPTEL.pdf [01.01.2010]

Craig, E. M. (2007*).* Changing paradigms: managed learning environments and Web 2.0. *Campus-Wide Information Systems, 24* (3), 152-161.

Döbeli Honegger, B. (2005). *Konzepte und Wirkungszusammenhänge bei Beschaffung und Betrieb von Informatikmitteln an Schulen.* Zürich: ETH.

Döbeli Honegger, B. & Tscherter, V. (2006). *educaguide Infrastruktur. Beschaffung und Betrieb von ICT-Infrastruktur an allgemeinbildenden Schulen.* Bern: SFIB. Online: http://infrastruktur.educaguides.ch [01.01.2010]

Dueck, G. (2000). *Wild Duck. Empirische Philosophie der Mensch-Computer-Vernetzung.* Berlin <etc.>: Springer.

Educause (2009). *2009 EDUCAUSE Catalyst Award: Federated Identity Management Systems.* Online: http://tinyurl.com/switch2009 [01.01.2010]

Fichman, R.G., (1992) Information Technology Diffusion: A Review of Empirical Research. *Proceedings of the Thirteenth International Conference on Information Systems (ICIS), December, Dallas,* 195-206. Online: http://tinyurl.com/fichman1992 [01.01.2010]

Fuchs, B. (2009). *Erfolgreiche Öffentlichkeitsarbeit in der Schule.* Zürich: Orell Füssli.

Hartmann, W. (2008). Computer, Internet und Schulen in 20 Jahren. *Folio, 6*(2008), 36-39. Online: http://www.swisseduc.ch/bch_folio_0608_computer_schule.pdf [01.01.2010]

i-ch Informatik Berufsbildung Schweiz AG (2005). *Modulbaukasten für die Grundbildung Informatik.* Online: http://www.i-ch.ch/modulbaukasten/r3_grundbildung_de.html [01.01.10]

Kay, A. (1972). *A Personal Computer for Children of All Ages.* Proceedings of the ACM National Conference. Online: www.mprove.de/diplom/gui/Kay72a.pdf [01.01.2010]

Kerres, M. (2006). *Potenziale von Web 2.0 nutzen.* In A. Hohenstein & K. Wilbers (Hrsg.), *Handbuch E-Learning* (Kap 4.26, 16 S.). München: Deutscher Wirtschaftsdienst.

Lane, L. M. (2008). Toolbox or Trap? Course Management Systems and Pedagogy. *Educause Quarterly, 2008*(2), 4-6.

Moore, G. (1965) Cramming more components onto integrated circuits. *Electronics, 38*(8), April 19. Online: http://tinyurl.com/moore1965 [18.12.09]

MPFS – Medienpädagogischer Forschungsverbund Südwest (Hrsg.) (2009). *JIM-Studie 2009.* Online: http://tinyurl.com/mpfs2009 [01.01.10]

Neuenschwander, M. P. et al. (2005). *Schule und Familie. Was sie zum Schulerfolg beitragen.* Bern: Haupt.

Nievergelt, J. (1975). Interactive Systems for Education. The New Look of CAI. In: *Proc. IFIP Conf. on Computers in Education* (pp. 465-472). Online: http://bit.ly/6UgJRZ [01.01.2010]

Oelkers, J. (2005). *Bildungsstandards: Von der Zauberformel zum pragmatischen Instrument.* Online: http://tinyurl.com/oelkers05 [01.01.2010]

OLPC (2009). *OLPC Deployments.* Online: http://wiki.laptop.org/go/Deployments [01.01.2010]

Petko, D. (2005). Das virtuelle Klassenbuch. Offener Unterricht und Elternmitarbeit mit Schülerinformationssystemen. *neue schulpraxis, 2005*(9), 56-59.

Petko, D. & Moser, T. (2008). *E-Learning und Blended Learning in Schule und Berufsbildung. Deskriptive Resultate der Administratoren- und Administratorinnenbefragung der Lernplattform educanet² in der Schweiz.* Goldau: Institut für Medien und Schule, PH Zentralschweiz-Schwyz. Online unter: www.ims.phz.ch [01.01.2010]

Prensky, M. (2001). Digital Natives, Digital Immigrants. *On the Horizon, NCB University Press, 9* (5). Online: http://tinyurl.com/prensky2001 [01.01.2010]
Rychen, D. S. & Salganik, L. H. (2001). *Defining and Selecting Key Competencies.* Göttingen: Hogrefe.
Rogers, E. M. (1962). *Diffusion of Innovations.* New York: Free Press.
Roschelle, J & Pea, R. (2002). A walk on the WILD side, How wireless handhelds may change CSCL. *International Journal of Cognition and Technology, 1*(1), 145-168.
Schulmeister, R. (2003). *Lernplattformen für das virtuelle Lernen. Evaluation und Didaktik.* München: Oldenbourg.
Schulmeister, R. (2009). *Gibt es eine 'Net Generation'?.* Online: http://www.zhw.uni-hamburg.de/uploads/schulmeister_net-generation_v3.pdf [01.01.2010]
Wiley, D. A. (2001). *The Instructional Use of Learning Objects.* Online: http://reusability.org/read/ [01.05. 2005].
Zebis - Zentralschweizer Bildungsserver (o.J.). *Lehrplanorientierte Informations- und Unterrichtsmaterialsammlung.* Online: http://www.zebis.ch/zebis11.php [01.01.10]
Zellweger Moser, F. (2007). *The Strategic Management of E-Learning Support. Findings form American Research Universities.* Münster: Waxmann.

Autorinnen und Autoren

Prof. Dr. Beat Döbeli Honegger
Institut für Medien und Schule IMS
Pädagogische Hochschule Zentralschweiz - Hochschule Schwyz
Zaystr. 42
CH-6410 Goldau

Andreas Fehlmann
educa.ch - Schweizer Medieninstitut für Bildung und Kultur
Erlachstrasse 21 | Postfach 612
CH-3000 Berne 9

François Flückiger
educa.ch - Schweizer Medieninstitut für Bildung und Kultur
Erlachstrasse 21 | Postfach 612
CH-3000 Berne 9

André Frey
Institut für Medien und Schule IMS
Pädagogische Hochschule Zentralschweiz - Hochschule Schwyz
Zaystr. 42
CH-6410 Goldau

Thomas Moser
Institut für Medien und Schule IMS
Pädagogische Hochschule Zentralschweiz - Hochschule Schwyz
Zaystr. 42
CH-6410 Goldau

Prof. Dr. Dominik Petko
Institut für Medien und Schule IMS
Pädagogische Hochschule Zentralschweiz - Hochschule Schwyz
Zaystr. 42
CH-6410 Goldau

Gideon Urbach
educa.ch - Schweizer Medieninstitut für Bildung und Kultur
Erlachstrasse 21 | Postfach 612
CH-3000 Berne 9

Barbara Wespi
Institut für Medien und Schule IMS
Pädagogische Hochschule Zentralschweiz - Hochschule Schwyz
Zaystr. 42
CH-6410 Goldau